泰勒·斯威夫特
一代巨星的崛起

[英] 杰奎琳·斯诺登 (Jacqueline Snowden) 主编 刘勇军 译

TAYLOR SWIFT
RISE OF AN ICON

湖南文艺出版社　博集天卷

·长沙·

Christopher Polk/Getty Images

序言
PREFACE

20 年来，泰勒·斯威夫特已经证明自己不仅仅是一位歌手。她还是一代人的声音，是榜样，是文化现象，也是偶像。她取得了一个又一个成就，不断打破纪录。她创造出了一条属于自己的道路，颠覆了整个音乐界。她被《时代》杂志评为 2023 年年度人物，可谓理所当然。"时代之旅"全球巡演正在进行中，既是为了庆祝泰勒入行以来取得的成绩，也展示了她不可思议的表演能力和影响力。

从少年时代的"最具突破艺人"到全球超级巨星，本书将带你重温泰勒精彩的职业历程。从以她自己名字命名的乡村音乐风格的首张专辑，到充满复古 80 年代气息的《1989》，从精简独立音乐专辑《民间传说》(*Folklore*)和《永恒故事》(*Evermore*)，再到梦幻般的电子流行音乐《午夜》(*Midnights*)。在本书中，我们将一起了解这些年来她的音乐和风格是如何演变的，泰勒的人际关系和个人生活是如何影响她的歌曲创作和表演，以及她是如何利用自己的平台来支持她关心的事业的。随着"时代之旅"全球巡演继续席卷全球，我们也展望了未来，看一看泰勒在 2024 年及以后将有哪些大动作。你准备好了吗？

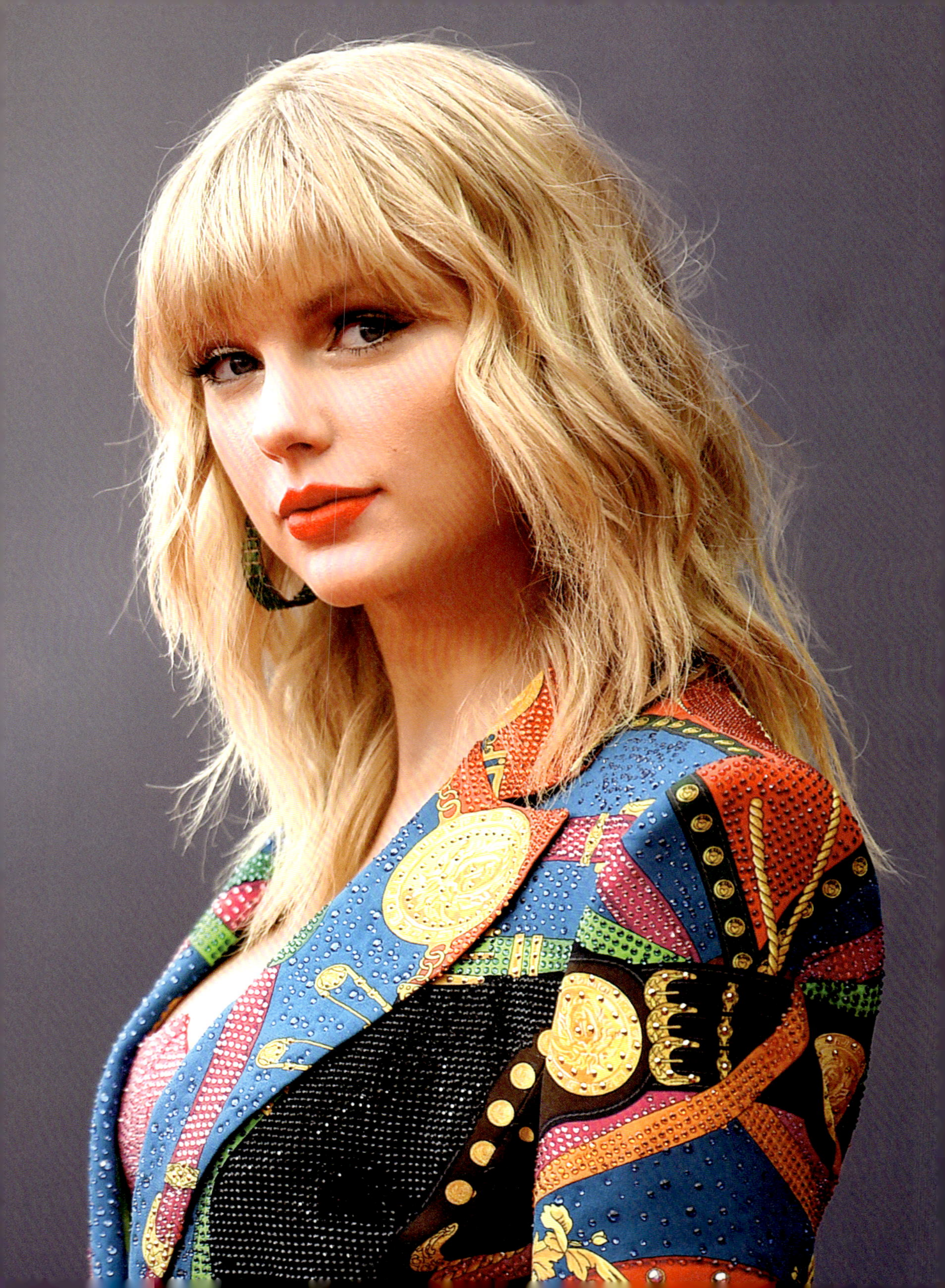

目 录
CONTENTS

第一章
成为"美国小姐" 1

第二章
泰勒·斯威夫特的进阶之路 22

第三章
泰勒的朋友圈 144

第四章
时尚与个性 174

第五章
成为超级巨星 205

第六章
"时代之旅"全球巡演,以及再创辉煌 230

DISCOGRAPHY
录音室专辑目录

《泰勒·斯威夫特》（2006年）36
TAYLOR SWIFT

《放手去爱》（2008年）44
FEARLESS

《爱的告白》（2010年）52
SPEAK NOW

《红》（2012年）60
RED

《1989》（2014年）68
1989

《名誉》（2017年）76
REPUTATION

《恋人》（2019年）84
LOVER

《民间传说》（2020年）94
FOLKLORE

《永恒故事》（2020年）104
EVERMORE

《午夜》（2022年）114
MIDNIGHTS

重制版

《放手去爱》（2021年）128
FEARLESS

《红》（2021年）132
RED

《爱的告白》（2023年）136
SPEAK NOW

《1989》（2023年）140
1989

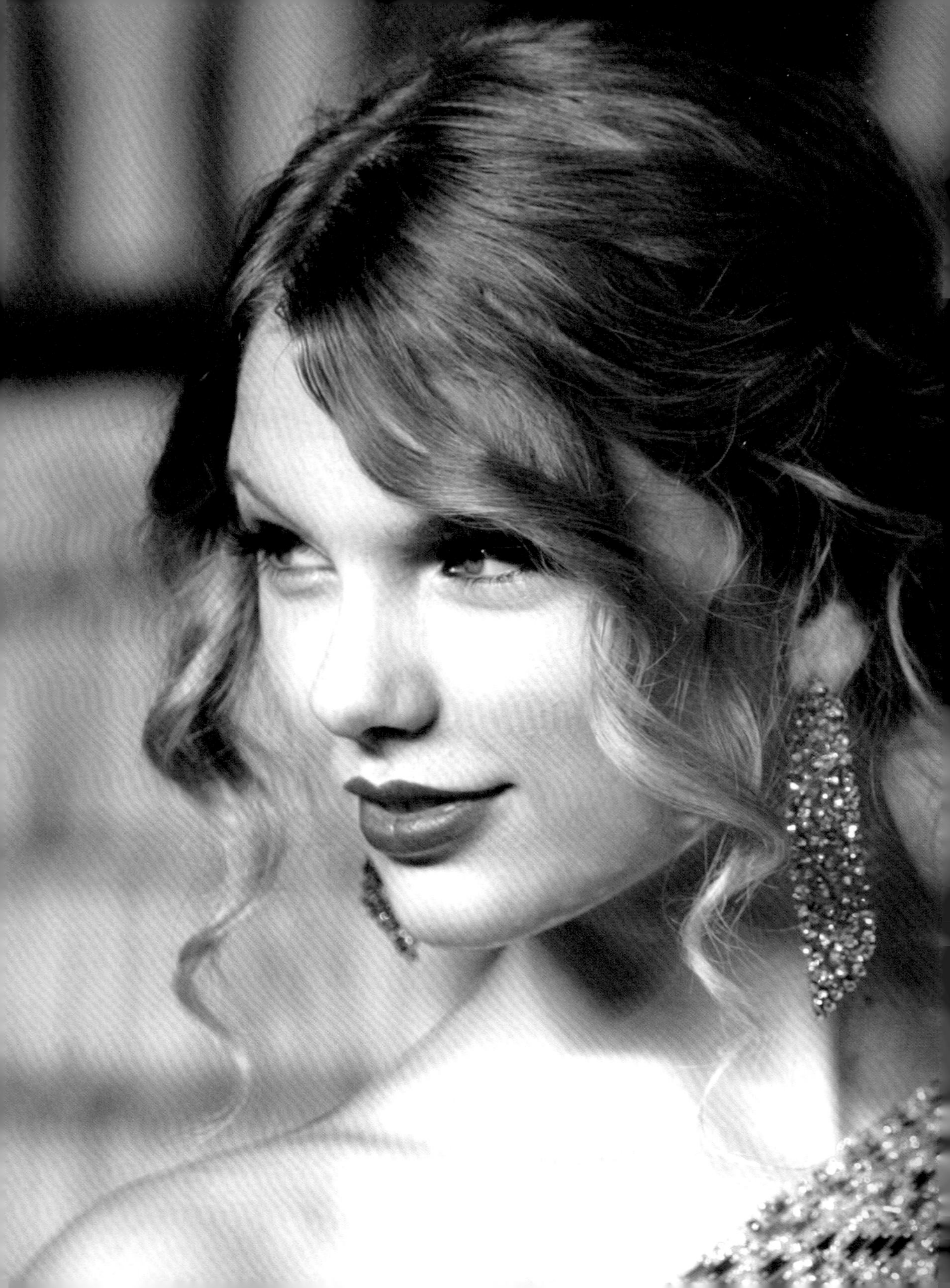

第一章

成为"美国小姐"

成为"美国小姐"

从圣诞树农场到乡村音乐之都,一起深入了解泰勒的入行历程。

1989年12月13日,泰勒·艾莉森·斯威夫特出生在宾夕法尼亚州的雷丁,她注定要成为举世瞩目的巨星。父母给她取了一个中性的名字"泰勒"(以美国唱作歌手詹姆斯·泰勒的名字命名),其中寄托了他们的期待,希望她有朝一日可以功成名就。在她还是个小婴孩的时候,光明的未来就已经铺陈在她面前了……

童年时代,泰勒基本上都住在宾夕法尼亚州的怀奥米辛。父亲斯科特和母亲安德烈娅带着泰勒和她的弟弟奥斯汀,一家人住在家庭圣诞树农场里。"我拥有最美好的童年。"泰勒在2009年接受《滚石》杂志采访时表示,"我可以自由地奔跑,想去哪里就去哪里。"农场里有马,泰勒因此练就了一身的好骑术,但她和许多其他小孩一样,也痴迷于童话故事、迪士尼歌曲,当然,音乐也是必不可少的。

右图:2008年,加利福尼亚州洛杉矶,18岁的泰勒在MTV音乐录影带奖颁奖礼上走红毯。

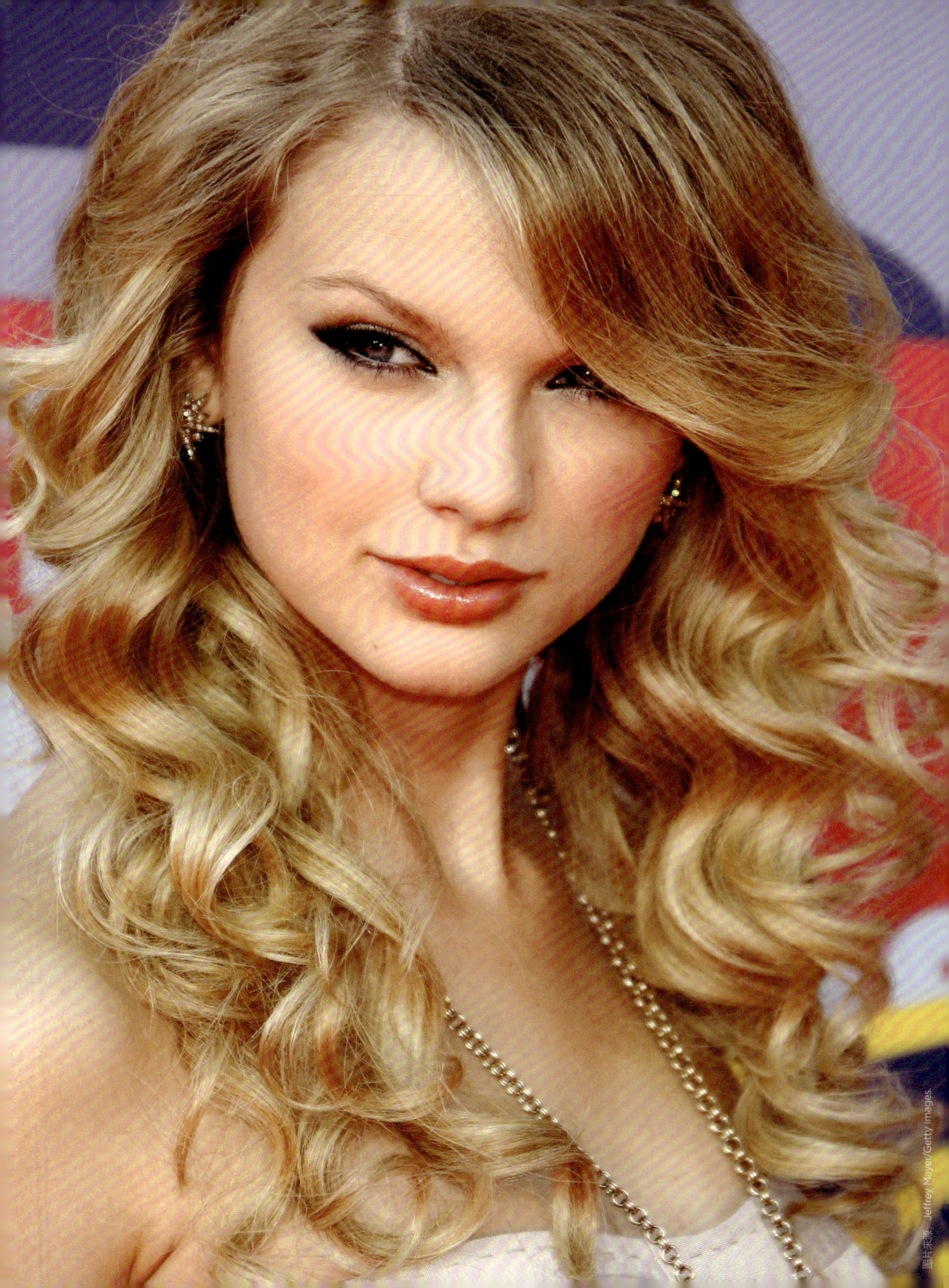

图片来源：Jeffrey Mayer/Getty Images.

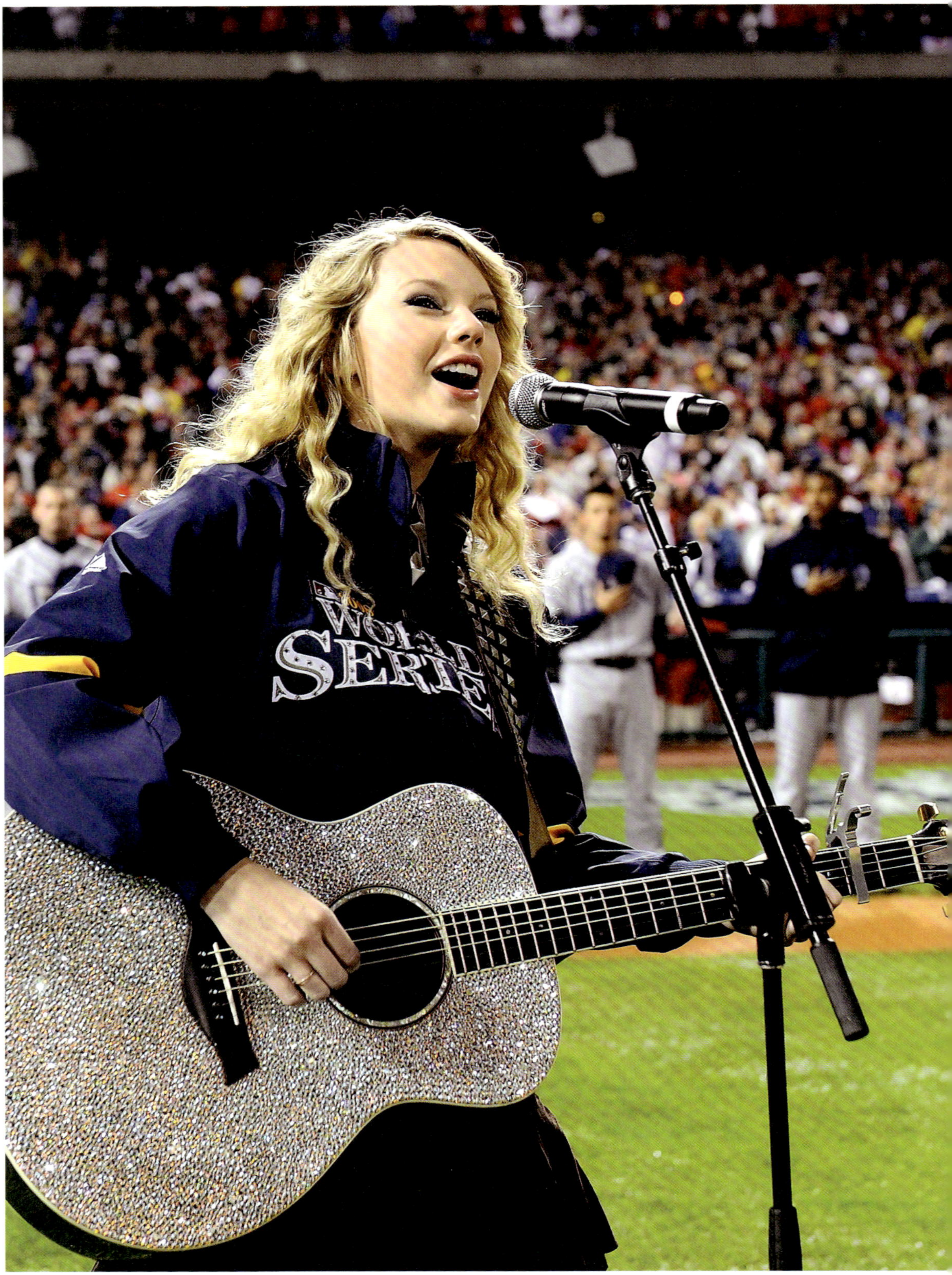

泰勒的外祖母玛乔丽·芬利是一位歌剧演唱家。斯威夫特一家表示，泰勒在很多品质上都与她很相似，正是玛乔丽激励外孙女成为一名歌手，泰勒在专辑《永恒故事》中也提及了此事。在2014年接受《时尚先生》采访时，泰勒称赞外祖母美丽优雅，"她站起来高歌一曲，那歌剧唱腔非常动听，完美极了。她的女高音真悦耳"。

斯威夫特一家人相亲相爱。泰勒表示，母亲安德烈娅·斯威夫特是她"在这个世界上最喜欢的人"，她称赞母亲除了为她设定远大的志向，还把她培养成了一个理智务实的人。安德烈娅曾是一名营销主管，在泰勒的事业蒸蒸日上、蜚声全球的过程中，安德烈娅发挥了关键作用，给了女儿巨大的支持。她还在泰勒的事业刚刚起步时帮助女儿在聚友网（MySpace）上创建了页面和网站。泰勒的前经纪人里克·巴克在2008年接受《娱乐周刊》采访时说："泰勒的父母都有着出色的营销头脑。我不想说什么'假装你能行，直到你成功'这种话，但看她的发展历程就能知道，哪怕是在还没签唱片合约的时候，她的一切事务也都被处理得非常专业。"

泰勒形容父亲斯科特·斯威夫特"就像一只大泰迪熊，无论我干什么，他都夸我做得很棒"。泰勒还补充说："他很有商业头脑。"然而，据报道，当被问及如何管理女儿的职业发展时，斯威夫特夫妇表示"这就像足球训练一样"。

在家人的鼎力支持下，泰勒从小就开始表演。安德烈娅经常带她去纽约百老汇看演出，泰勒还参加了音乐剧培训班，但她真正热爱的还是唱歌。10岁时，

———◆———

左图：2008年，年轻的泰勒在美国职棒大联盟的年度总冠军赛世界大赛上演唱国歌。

她就在当地的集市和各种活动上表演唱歌。11岁那年,她在费城76人队的一场篮球比赛上演唱了《星光灿烂的旗帜》。一曲唱罢,全场都为她起立鼓掌。

起初,泰勒会在母亲的陪伴下定期前往纳什维尔,把作品送到纳什维尔音乐街的唱片公司和制作人面前。"我带着我的卡拉OK歌曲试唱CD,歌声听起来像一只花栗鼠……"泰勒在接受《娱乐周刊》采访时回忆道,"妈妈带着

上图:泰勒小时候在宾夕法尼亚州怀奥米辛的家,斯威夫特一家在搬到田纳西州前一直住在那里。

弟弟坐在车里等，我就在音乐街上一扇接一扇地敲门。我会说，'嗨，我是泰勒，今年 11 岁。我想签唱片合约。打电话给我'。"

但是，并没有人打电话来要她翻唱的歌曲小样，于是泰勒很快意识到，要想成名，就要开始创作原创歌曲。

在 2008 年《娱乐周刊》的同一次采访中，安德烈娅·斯威夫特描述了女儿在 12 岁那年第一次接触 12 弦吉他时的情景："她认为这是世界上最酷的东西。"泰勒的固执和上进是出了名的，即使在那时，她也决心要战胜这种乐器，证明自己有能力当明星。她母亲还说："当然，我们马上说，'啊，不行，你的手指太小了'。有这句话就够了。永远不要对泰勒说'不可能'或'你做不到'。她开始练吉他，每天都要弹上 4 个小时。"

网飞 2020 年的纪录片《美国小姐》探索了泰勒的成名之旅。难得的是，从中可以看到她和家人的日常生活。一些视频展示了泰勒在各种活动中的表演，当时她年纪虽然小，台风却很老练，浑身上下洋溢着自信，而在其他片段中，可以看到她在家里用吉他演奏原创歌曲。

在其中一个家庭录影带的表演视频中，年轻的泰勒这样介绍她的一首原创歌曲："描写了一个女孩，她很……与众不同。"她开始把自己的人生经历和情感经历写进歌里，这成了一个传统，贯穿了她整个丰富多彩的职业生涯。"学校里的同学们对我的评价是'她是个怪胎，她很讨人嫌，我不想和她一起出去玩'，我向来都觉得他们说得不对。"泰勒在 2014 年接受《时尚先生》采访时解释道，"我一直记得自己在日记里是这样写的——我只要继续写歌就行了。我只需要坚持下去，也许有一天，我会变得不一样。我只需要坚持下去。"

> 在泰勒 14 岁时，全家做出了一个重大决定：离开宾夕法尼亚州，到田纳西州开始新生活。

作为一个意志坚定的孩子和一个自认为的完美主义者，这句口头禅确实成为现实。泰勒创作歌曲的原始动力来源于乡村音乐。在她 6 岁时，父母带她去看黎安·莱姆斯的演唱会，这激发了她对乡村音乐的热爱。

从那时起，泰勒开始以多莉·帕顿和佩茜·克莱恩等经典乡村歌手为榜样。她曾说过自己深受"90 年代伟大的乡村女歌手"的影响。沙妮娅·特温是她灵感的重要源泉。从音乐到时尚，菲丝·希尔在各个方面都是她的偶像。她还

右图："这绝对是我高三的辉煌时刻！" 2007 年，泰勒在获得美国乡村音乐协会新人奖时惊呼道。

2007年11月7日，田纳西州，美国乡村音乐协会奖颁奖礼。

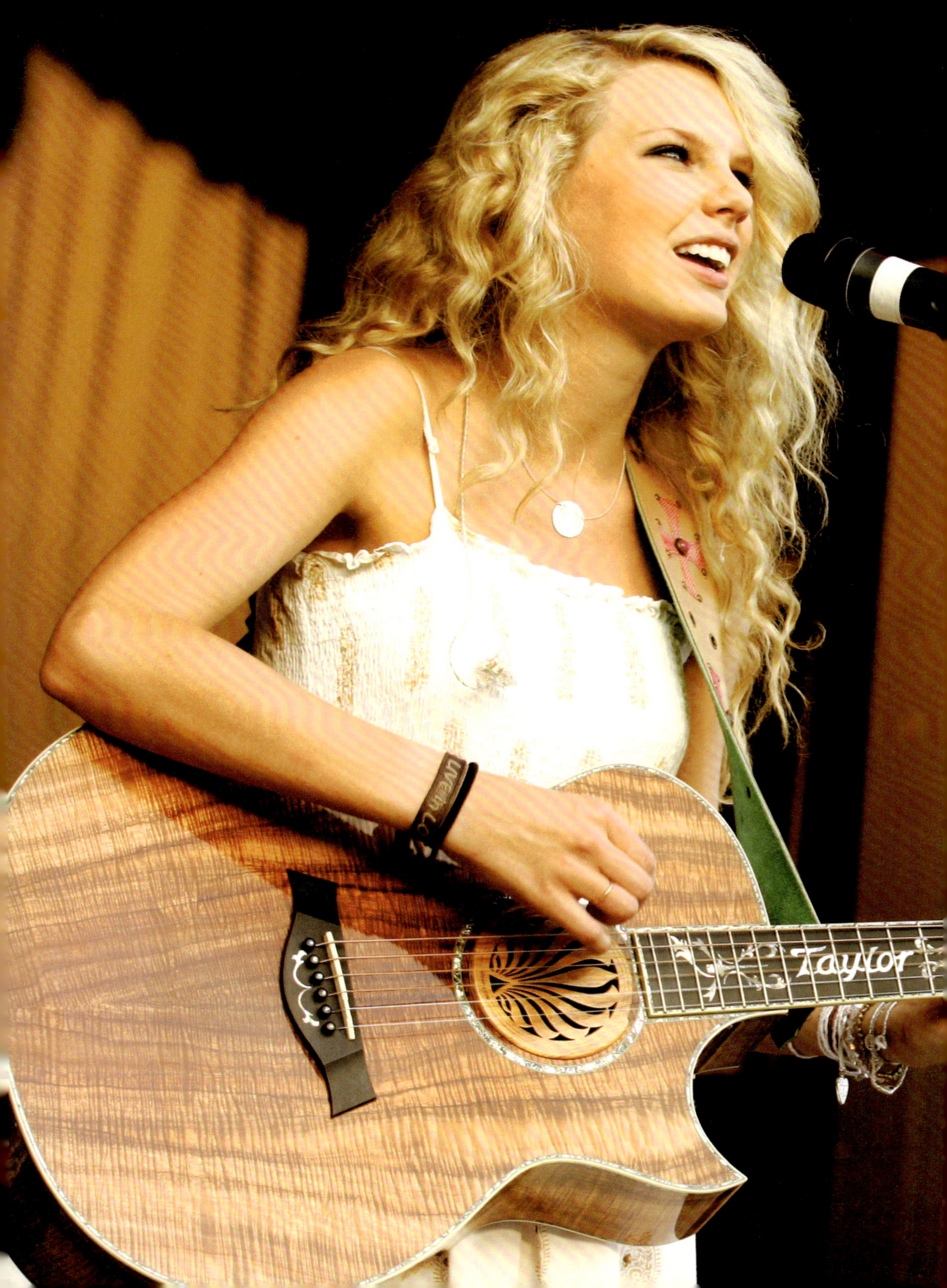
Taylor

"你在台上唱歌,台下回声不断,观众和你一起唱,他们会把每个词都唱出来。这是我最大的梦想。"

左图:2007 年 5 月 11 日,泰勒在堪萨斯城上台表演。

钦佩南方小鸡乐队，不仅因为她们纯粹的态度，还因为她们有能力演奏自己的乐器。许多其他的歌手都为她的灵感大熔炉做出了贡献（她过去是，现在仍然是布兰妮·史皮尔兹的超级粉丝），但泰勒选择通过乡村音乐在音乐界留下自己的印记。

"乡村音乐教会你如何工作。"泰勒在接受《时尚先生》采访时解释说，"我来自一个深深植根于歌曲创作、努力工作和善待他人的群体，这是最让我自豪的事。这是最好的训练。"

泰勒和家人都会全情投入工作中。13岁时，泰勒在纳什维尔的美国广播唱片公司的艺人发展项目中获得了一席之地，但一年后，她决定不续约，全身心地去实现自己的梦想——创作和录制原创音乐。

泰勒在2007年接受《娱乐周刊》采访时承认："在纳什维尔，没有多少人会放弃一份重要的唱片合约，但我偏偏这么做了。我想找一个真正能投入大量时间和精力的地方。"她接着说："我不想只当一个女歌手。我希望能具有与众不同的特质。我知道，那一定是我的创作能力。"

正是出于对创作和表演原创音乐的渴望，她才会在14岁那年成为索雅音乐版权公司（现为索尼音乐发行公司）有史以来最年轻的唱作歌手。

见她有着如此坚定的目标，斯威夫特一家明白到一件事：泰勒要发展自己的事业，不能只是定期去一趟著名的音乐之城，必须经常去才行。那个地方是歌手和唱片公司的聚集地，有着"世界歌曲创作之都"的美誉。父母坚定地认为应该支持女儿成为歌手的目标，同时尽可能让她过上"正常"的生活。所以在泰勒14岁那年，全家做出了一个重大的决定，离开他们在宾夕法尼亚州圣诞树农场的家，去田纳西州的亨德森维尔开始新的生活，这个小镇位于纳什维尔以北的地方，驱车 20 分钟便能到达。

泰勒完全沉浸在纳什维尔的音乐氛围中，开始更加努力地展示自己的音乐才华。在一个唱作歌手聚会上，大家聚在一起表演各自的作品，她遇到了纳什维尔一位重量级的词曲作者——利兹·罗斯。后来，罗斯与泰勒一起合作，创作了泰勒早期的一些专辑。在 2016 年接受《华盛顿邮报》采访时，罗斯称二人的合作为"我整个星期（做过）的最简单、最有趣的事"。说到泰勒创作歌曲的天赋，罗斯补充说："我们第一次一起写歌的时候，我走到外面说，'真

上图：2009 年，泰勒和弟弟奥斯汀。

搞不懂我在这里能做什么'。她其实并不需要我。"

纳什维尔的生活为泰勒提供了许多进入她所热爱的行业的重要机会。除了与他人合作创作歌曲，她继续制作 CD 和小样，并将它们寄给唱片公司，以便找到合适的平台，从而开创她后来与众不同、屡获大奖的音乐事业。

其中一份试唱小样落在了时任环球唱片公司高管斯科特·波切塔的办公桌上。在脱口秀《现在的拉里·金》中，波切塔透露了他去蓝鸟咖啡馆看她表演的情形。蓝鸟咖啡馆位于纳什维尔市中心外的一条商业街上，是一家不起眼的音乐场所，90 个座位上每晚都坐满了渴望听歌手表演原创作品的人。2014 年 11 月，15 岁的泰勒·斯威夫特就是其中一名表演者。在演出结束后，波切塔见了她和她的家人。

他们谈得很顺利，波切塔提出要把泰勒介绍给环球唱片公司，但后来波切塔建立了自己的唱片公司"大机器唱片"，泰勒给予了他信任并与之签约。"我觉得我需要自己的方向，也需要小唱片公司能给予的那种关注。"泰勒在 2007 年接受《娱乐周刊》采访时表示，"我想要一个需要我的唱片公司，他们要绝对依靠我的成功。我喜欢那种压力。"大机器唱片公司支持她发行了六张专辑，后来，二人为了泰勒的母带所有权产生了巨大的分歧，关系因此恶化。

在大机器唱片公司的支持下，泰勒录制了她的首张同名专辑，并于 2006 年 10 月 24 日发行。专辑中包含 11 首原创歌曲，由她自己创作或与他

—✦—

右图：2013 年，泰勒在后台与父母合影。她在 2008 年接受音乐杂志 *Blender* 采访时表示："为了让我追逐自己的梦想，父母不惜穿越大半个美国，举家搬迁。"

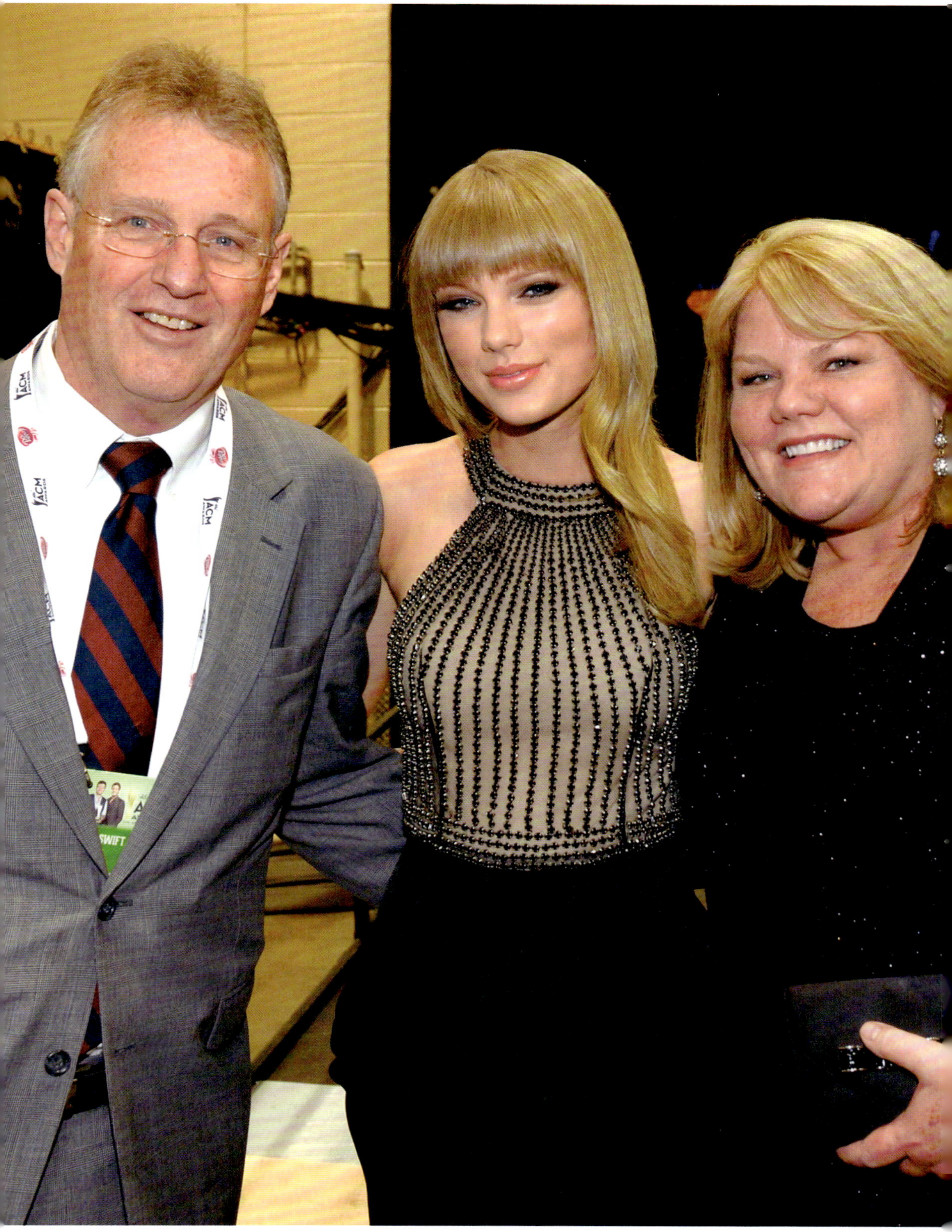
SWIFT

人合作，其中 5 首以单曲形式发行，第一首是《蒂姆·麦格罗》（"Tim McGraw"）。这首单曲以她最喜欢的一位乡村音乐歌手的名字命名，并受到其歌曲的启发，充分诠释了泰勒个人的歌曲创作风格。她承认，她是一边想着当时正在约会的一个男孩，一边写出了这首歌。至于创作的过程，她后来承认"在数学课上有了这首歌的灵感，开始在心里默默地唱"。

《蒂姆·麦格罗》朗朗上口，具有典型的泰勒风格，在乡村音乐排行榜上名列第六，在公告牌百强单曲榜上名列第三十三位，牢牢地奠定了泰勒前途光明的年轻歌手的地位，她毫不费力地弥合了乡村音乐和主流流行音乐之间的鸿沟。到 2007 年年底，泰勒的首张同名专辑已经成为白金唱片，仅在美国就卖出了 100 多万张，在年度畅销榜上排名第十九位，在年度最畅销女歌手榜上排名第十位，而在此时，她还没有高中毕业。2007 年 11 月，泰勒在美国乡村音乐协会奖颁奖盛典上斩获新人奖后，大声说道："这绝对是我高三的辉煌时刻！"

> 泰勒年少成名，脚踏实地，偶尔展现出憨憨的少年本色，俘获了大量的粉丝。

泰勒年少成名，脚踏实地，偶尔展现出憨憨的少年本色，俘获了大量的粉丝。聚友网上有数百万首歌曲和大量歌手，而她在社交媒体刚刚起步时便在网上展示真实的自己，从而脱颖而出。在粉丝眼里，她既平易近人，又能让人产生共鸣。"我只是个十几岁的孩子,你知道吗?"泰勒在 2008 年接受《华盛顿邮报》采访时说,"我不会试图表现得像一个成年人,假装把生活安排得井井有条,一点也不担心。"

随着首张专辑一炮而红,泰勒开始了庞大的巡演计划,并于 2007 年为菲丝·希尔和蒂姆·麦格罗等顶级乡村歌手的"灵魂对话"巡演担任开场嘉宾。母亲陪着她,并在一路上帮助她完成了高中学业。在兼顾表演和学业的同时,她也在创作新作品,下一张专辑的灵感已经开始涌现。到 18 岁时,泰勒已经成为百万富翁,但这只是个开始,她的职业生涯将走向更加辉煌的未来。

上图：2009 年，泰勒在迪克·克拉克新年摇滚之夜与包括瑞安·西克雷斯特在内的明星嘉宾一起庆祝。

19

✳

"很多人问我，'你那时候才十二三岁，哪里来的勇气去找唱片公司，直接进入音乐圈？'。这是因为我知道自己绝不会像在中学时那样遭到拒绝。在音乐行业，他们即便要拒绝你，至少也会做到彬彬有礼。"

— ✦ —

右图：泰勒从小就很有决心，不光对音乐抱有一腔热情，还要将这份热情转化为成功的事业，而这一切都发生在她十几岁的时候。

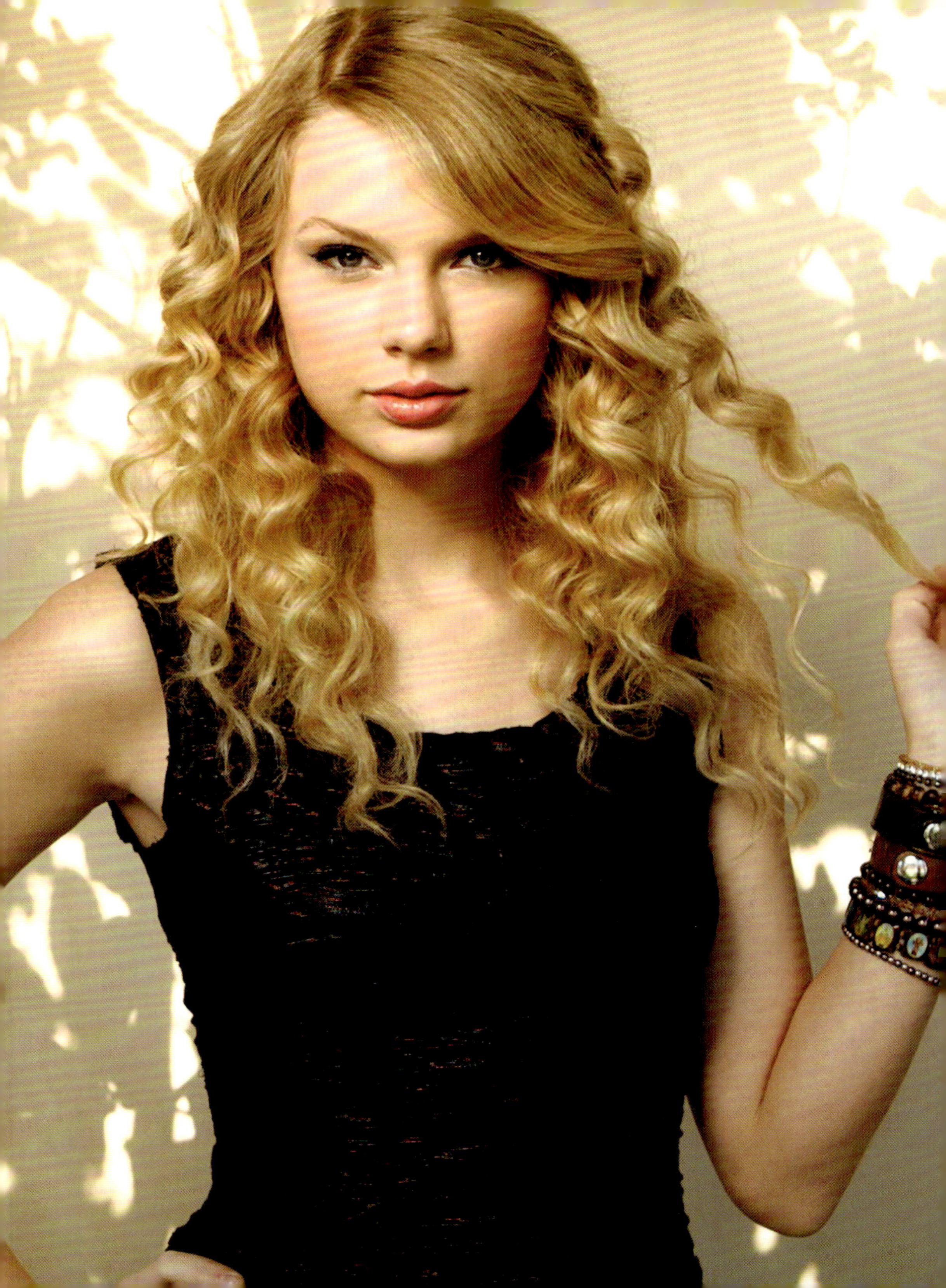

第二章

泰勒·斯威夫特的
进阶之路

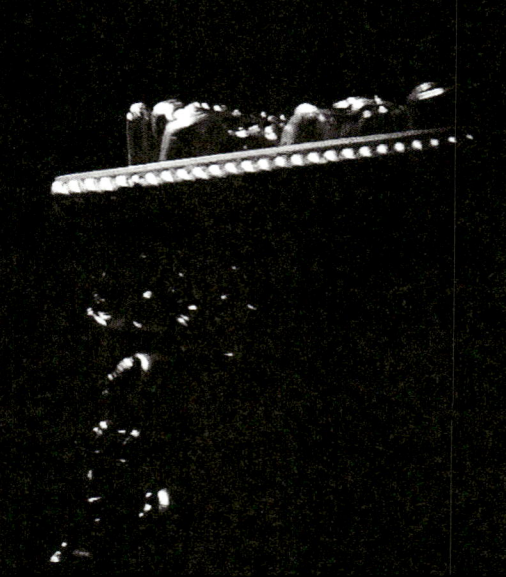

图片来源：Emma McIntyre/AMA2019/Getty images.

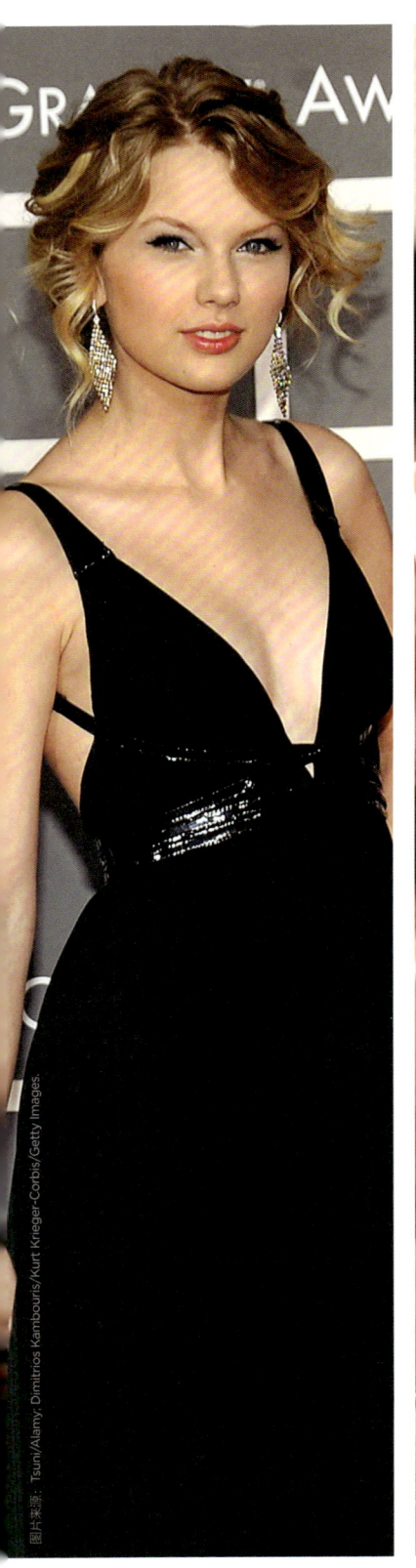

图片来源：Tsuni/Alamy; Dimitrios Kambouris/Kurt Krieger-Corbis/Getty Images.

泰勒·斯威夫特的进阶之路

这位天真单纯的乡村音乐新星将现实生活写进了畅销音乐，一跃成为屡破纪录的歌坛天后。

这位风靡全球的 16 岁少女在非凡的职业生涯中确实改变了很多。如今，30 多岁的泰勒已经是一位成熟的超级巨星。从首张同名乡村音乐专辑，到复古风格的《1989》，再到《午夜》梦幻般的电子流行音乐，她的每一张专辑都有着不同的风格。多年来，泰勒始终风格多变，不受流派限制，在歌曲中融合了从摇滚乐、电子乐到回响贝斯和嘻哈音乐的各种元素，但她非凡的歌曲创作天赋仍然是她音乐的核心，她的成功在很大程度上也要归功于这一点。

泰勒在纳什维尔刚刚出道之际，因歌曲创作脱颖而出。全家人从宾夕法尼亚州搬到田纳西州后，泰勒尽可能多地抽出时间写歌和表演。美国广播唱片公司向她提供了一份发展协议，此外，她在 14 岁的小小年纪便与索雅音乐版权公司签署了一份创作歌手合同。第二年，泰勒与大机器唱片公司签下了她的第

左图：从 2009 年格莱美音乐奖颁奖礼、2014 年纽约大都会艺术博物馆慈善晚宴到 2019 年全美音乐奖颁奖礼，泰勒 10 年来的红毯风姿。

一份唱片合约。放学后,她会匆匆赶到录音棚录歌,还经常与创作搭档利兹·罗斯分享学校里的八卦。就像在泰勒小时候影响她的乡村音乐明星一样,她和罗斯将泰勒的真实经历和情感生活写成了朗朗上口的歌曲,这些歌曲组成了泰勒在 2006 年发行的首张同名专辑。

专辑《泰勒·斯威夫特》的歌词不光展现了她的成熟,还叫人看到了她那不凡的才华。她在歌中唱的都是青少年的典型经历,比如开皮卡车、很晚溜出去见男友,但也探索了一夫一妻制、悲伤和不忠的主题。这是她给世界留下的第一印象,很好地建立了她不断发展的自成一格的形象。她还没有完全形成自己的观点和风格,但她的歌发自真心,还略带喜感。她已经起步,正一点点成为我们今天所知道和喜爱的唱片歌手。

专辑一发行,泰勒的生活就发生了巨大的变化。日常生活的平静被打破,2006 年那一年,她有大半年时间都在表演、宣传专辑,并与较大的乡村音乐乐队一起巡演,以提高知名度。人们喜欢她欢快的乡村音乐,也喜欢她真诚和引人共鸣的歌词。评论家们看到这么多的歌曲都是她的原创,不禁印象深刻。她很快就凭借创作表达深刻情感和内心感受的音乐而声名鹊起,这也获得了商业上的成功。业内人士很快意识到,她找到了一个未开发的市场,那就是喜欢听乡村音乐的青少年。她的歌曲《我们的歌》("Our Song")在乡村音乐排行榜上登顶,她开始斩获创作和唱功两个方面的奖项。

> 泰勒从十几岁时就开始朝着自己的人生理想迈进了。

在第一张专辑发行后的两年里，她忙着现场表演、录制电视节目，还为第一张专辑中的单曲拍摄音乐 MV。她在后台创作歌曲，并对她进入的这个行业有了很多的了解。18 岁那年，泰勒的第二张专辑《放手去爱》（*Fearless*）已经准备好发行了。她第一次把流行音乐元素融入专辑里，但这张专辑在音乐风格上与她的第一张唱片非常相似，泰勒仍然是一个乡村音乐歌手。她继续穿着牛仔靴参加活动和表演，还会穿着她标志性的夏季连衣裙和飘逸的礼服。

《放手去爱》开始赢得大奖。泰勒是当时最年轻的格莱美年度专辑大奖的获得者，《放手去爱》也成为 21 世纪迄今为止最畅销的专辑之一。她从十几岁时就开始朝着自己的人生理想迈进了。泰勒在成长，她越来越自信，越来越有吸引力，也一直在经验中学习。到这个时候，她已经是家喻户晓的名人，但她继续创作能与青少年的典型经历产生共鸣的歌曲。

泰勒在她 21 岁生日的前两个月推出了她的下一张专辑。《爱的告白》（*Speak Now*）向着多样化的音乐风格做出了微妙的转变，并开始偏离她的主题"爱情"。这是她完全独立创作的第一张专辑，没有接受任何外界的帮助。这张专辑包含她多年来独自创作的曲目，并添加了一些她在巡回演出期间独自在深夜创作的新曲目。乐风更加成熟，涉及的主题包括虚度青春、找到自己的声音，以及应对严厉的媒体批评。《爱的告白》是泰勒第一次向前任道歉，这反映了她从年少成名到此时的成长和成熟。这张流行音乐专辑中带有少量的乡村音乐元素，吸引了更多的听众，第一周就售出了 100 多万张。

2012年发行的专辑《红》（*Red*）是泰勒职业生涯中的一个重要里程碑。这张专辑融合了流行音乐、摇滚音乐、回响贝斯，还加入了电子和乡村音乐的元素。歌词主题比她之前的作品更黑暗，但热门歌曲依然不改初心。《我知道你是大麻烦》（"I Knew You Were Trouble"）和《我们再也回不去了》（"We Are Never Ever Getting Back Together"）都是分手歌，而《22》则是对青春的赞美。到这个时候，她已经在行业中闯出了名堂，并且能够开始与像艾德·希兰这样的大明星合作。这是泰勒真正改变形象的时期。阳光明媚的很好看的乡村风格的卷发不见了，取而代之的是深金色齐刘海。这一形象的改变大受欢迎，成为她的新标志，红唇也与她成为排行榜冠军的专辑相得益彰。

到《1989》发行时，泰勒已经完成了从乡村音乐歌手到主流歌手的转变。尽管她取得了惊人的成功，但登上全球舞台意味着整个世界都可以随意批评她。她凭借超强的音乐创作才能做出了回应。《通通甩掉》（"Shake It Off"）是她第五张专辑中的第一首单曲，是对那些针对她的无端谩骂的回应。《空格》（"Blank Space"）则是关于公众对她恋爱生活的看法的。她在小报上受到抨击，因为人们认为她交了太多的男朋友，但她发布了一首取笑这种情况的歌，这是她回击的天才方式。到这个时候，她已经有足够的信心来掌控媒体对她的看法，也有足够的天赋发行热门歌曲来做出回应。

2016年，泰勒与坎耶·维斯特备受瞩目的恩恩怨怨再次进入了人们的视野。他在歌曲《出名》（"Famous"）中使用了针对泰勒的侮辱性歌词，而泰勒拒绝受到这样的羞辱。在这之后，坎耶和他的妻子金·卡戴珊发布了一段录音，

— ✦ —

右图：2010年的泰勒。专辑《爱的告白》发行时，泰勒已经是音乐界最大牌的明星之一，而那一年她只有20岁。

图片来源：Matt Sayles/Associated Press/Alamy.

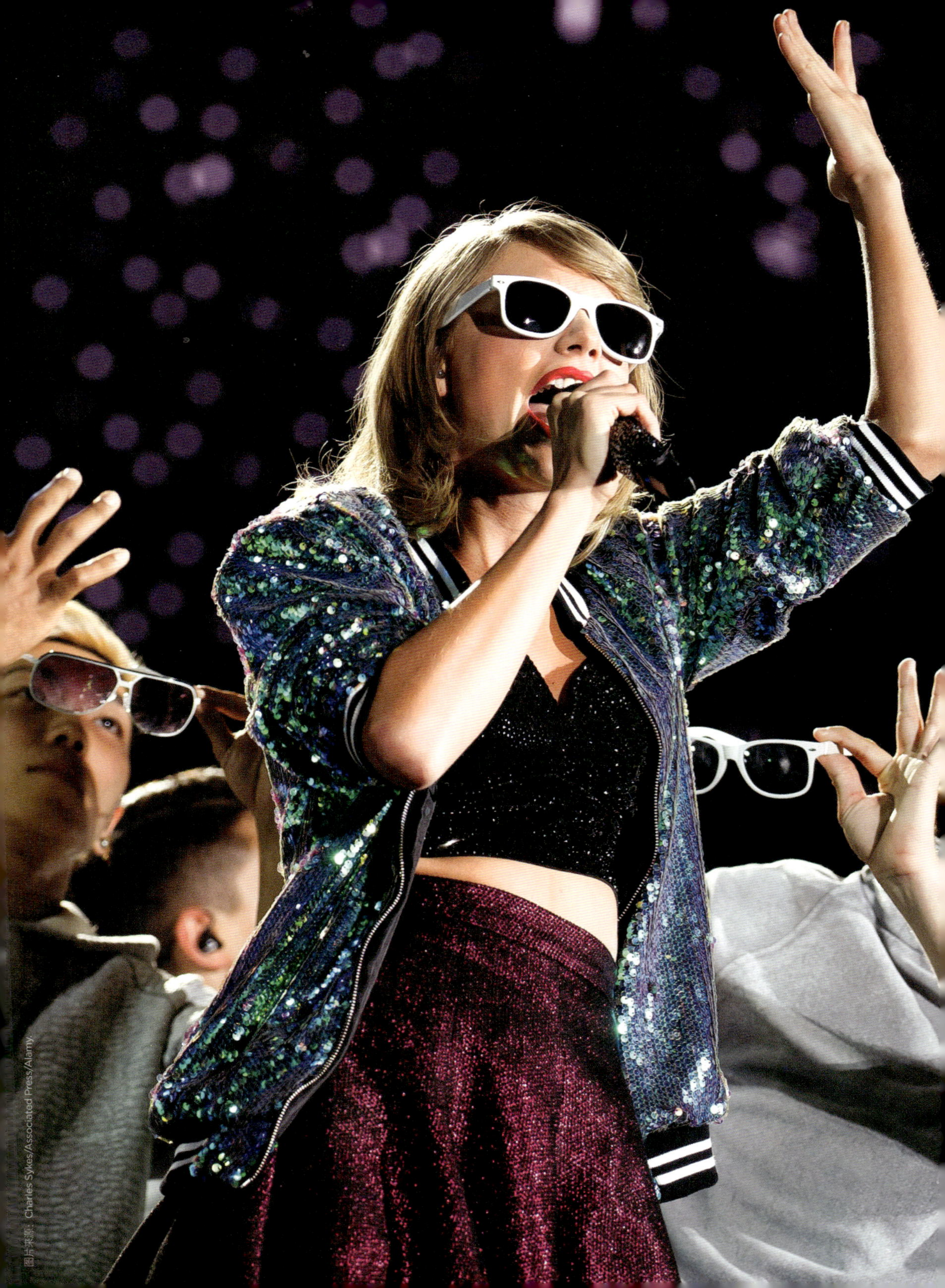

图片来源：Charles Sykes/Associated Press/Alamy.

图片来源：Don Arnold/TAS18/Getty Images.

上图：泰勒多年来尝试了不同的风格，但她依然自己写歌，这个特色从不曾改变。

左图：泰勒的时尚品位与她的音乐风格一起进化。《1989》的灵感来自20世纪80年代的流行音乐，泰勒的衣着风格也做出了相应的调整。

从中可以听到泰勒同意歌词的内容。这段视频其实是经过了恶意剪辑，目的是把责任推给泰勒。尽管如此，泰勒还是遭到了强烈的网暴，有一年时间没有公开露面。她在2020年的纪录片《美国小姐》中谈到了自己遭到全世界憎恨的经历。在她闭门不出的那段时间里，她评估了对自己来说真正重要的是什么，并开始写歌来表达内心的想法。她带着新专辑《名誉》（*Reputation*）重新回到聚光灯下。她的公众形象的确受到了打击，但她并没有被打败，而是把这次重大的挫折转化为契机，用歌曲揭示了歌手们面临着的无情仇恨。他们顶着巨大的压力，需要不断地重塑自我，不然就会被世人遗忘。她明确表示，尽管坎耶·维斯特出了一份力，但她的名声都是她自己赢得的。她从小就非常努力地追求音乐，想让全世界看到她不是一个可以被忽视的女人。

泰勒在几年前遭受过性侵，正是出于这个原因，她才努力让全世界关注一些重大问题。2013年，电台DJ戴维·米勒在拍照时把手伸进她的裙底进行猥亵。这起案件在2015年引起了公众的注意，当时，侵犯者不满泰勒把这件事公之于众，就对她提起了诽谤指控。她提起反诉，并在法庭上做证。法庭最终裁定泰勒胜诉，侵犯者既输掉了官司，也丢掉了工作。这场磨难强调了一个事实：大多数女性在遭遇性侵后都没有举报，而且，哪怕是举报了，其中许多案件也没有受到重视。在这次事件后，泰勒意识到她别无选择，只能以自己为平台来评论世界大事，为受压迫的人发声。

在第七张专辑发行前，泰勒还面临着一个阻碍。大多数唱片合约都要求艺人签字同意出让其音乐的所有版权，泰勒也不例外。因此，她并不是她前六张专辑的合法所有者。据报道，当她与大机器唱片公司续约时，她在谈判中提出出资买下这些专辑的所有权。首席执行官斯科特·波切塔一口回绝，毕竟保留她的音乐版权给公司带来了巨大的价值，他可以将其出售以获得可观的利润。各方对这件事的说法不一，但他确实给了她机会，要么为公司的投资组合交出更多的音乐，从而拿到专辑的所有权，要么续签10年合约。泰勒没有续签，而是与另一家名为"共和唱片"的唱片公司签约，条件是她保留于2019年8月发行的专辑《恋人》（*Lover*）的版权，这是她发行的第一张版权完全归属于她本人的专辑。她在网上公开讲述了自己的遭遇，以引起人们对年轻歌手被压榨金钱的问题的关注。

> 泰勒从一个遭人嘲笑和孤独的无名小卒，成长为全球超级巨星。

在《恋人》中，泰勒依然努力通过歌曲来为重大事件发声。在专辑发行前，已有3首单曲问世。第一首是《我！》（"ME!"），提倡自信和个性。泰勒希望年轻的粉丝们跟着她一起大声唱出歌词，激励他们去爱真实的自己。

两个月后，《你需要冷静一下》（"You Need to Calm Down"）面世。这是泰勒的歌第一次涉及政治内容，她大力支持LGBTQ+（性少数人群）群体，严厉批评那些反对和试图压制酷儿文化的人。2020年在她的家乡田纳西州举行的参议院初选是这首歌的灵感来源。在《美国小姐》中，泰勒表示共和党候选人玛莎·布莱克本赞成歧视同性恋者，反对女性同工同酬，不支持立法防止针对女性的暴力行为，还在提倡基督教价值观的平台上宣传自己。泰勒坚信仇恨不是基督教的价值观，并敦促观看音乐MV的观众投票给更好的候选人。

《恋人》专辑的第三首单曲讲的是女性每天都要面对的双重标准。歌曲《男中翘楚》（"The Man"）强调，比起男人，社会对女性的一言一行都有着不同的审视和解释标准，尤其是对她们的情感生活。令人遗憾的是，"恋人的节日"（Lover Fest）全球巡演因新冠疫情而被迫取消。于是她在2020年的封控期间创作、录制并发行了两张"姊妹"专辑：《民间传说》和《永恒故事》。泰勒与她的长期合作伙伴杰克·安东诺夫和国民乐队的亚伦·德斯纳以远程合作的方式共同制作了这两张专辑，他们不再使用《恋人》那种欢快的流行音乐，转而采用了一种简单的独立音乐。泰勒并没有像粉丝们期待的那样，以自身的经历创作歌曲，而是围绕一群虚构的人物创作伤感的故事，尝试不同的歌曲创作风格。

这两张唱片对歌迷和评论家而言都是一个大大的惊喜，而这不光是因为泰勒在发行前几个小时才宣布自己制作了这两张专辑。这两张专辑采用低保真音效，再加上泰勒不断发展的歌曲创作风格，因此与她之前的专辑有着很大的差别。许多音乐记者认为它们是她迄今为止的职业生涯中最好的两张专辑。

2022 年 10 月，泰勒带着她的第十张录音室专辑《午夜》回归流行音乐，但这张专辑与《1989》或《恋人》的流行风格有所不同。这张概念专辑的灵感来自她的"无眠之夜"，《午夜》探索了泰勒的焦虑和不安全感，以梦幻般的电子流行节奏为背景，歌词则是泰勒的自白。它成为 2022 年最畅销的唱片，评论家称赞这张专辑非常真诚（有时也很残忍），充满了自我反思。这可以说是她迄今为止最成熟的专辑，其中有一些黑暗的时刻，比如主打单曲《反英雄主义》（"Anti-Hero"），泰勒形容这是"一次真正的导览旅行，让我看到了自己身上所有叫我讨厌的地方"。这也是她最喜欢的原创歌曲之一，"我觉得这首歌句句发自肺腑"。

泰勒宣布自己时隔 5 年将再次举办巡回演出，这次巡演不仅包括自《名誉》以来发行的 4 张专辑，还包括她所有的过往作品。"时代之旅"全球巡演是一次庆典，展现了她非凡的成就，也是一场雄心勃勃的演出，囊括了她 10 张专辑中最好的歌曲。"时代之旅"精彩纷呈，屡破纪录，已经成为全球现象，展示了泰勒非凡的职业历程。

从一个痴迷唱歌的小孩到一个受人尊敬的音乐人和文化偶像，泰勒走过了一条漫长的道路，她愿意拿自己的名誉冒险，去做她认为正确的事。泰勒从一个遭人嘲笑和孤独的无名小卒，成长为在全球拥有数百万粉丝的超级巨星。尽管她写歌和表演已有将近 20 年，但她在短期内不会停下来，并将在未来的岁月里继续激励人们。

"时代之旅"全球巡演将带领歌迷们体验泰勒迄今为止的音乐发展历程。

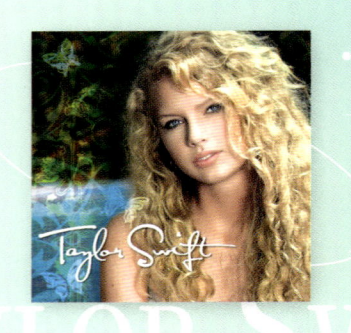

TAYLOR SWIFT
泰勒·斯威夫特

这是泰勒在 16 岁时发行的首张个人专辑，里面的许多歌曲都是她在上高一时创作的。

发行日期：2006 年 10 月

《蒂姆·麦格罗》（TIM MCGRAW）

这首歌的灵感是泰勒在高一上数学课时产生的。当时，她的男友比她大，即将毕业，学年结束后就要去上大学了。写这首歌帮助她缓解了内心的悲伤。她想捕捉到痛苦分手所带来的甜蜜与苦涩的滋味，以及分手后依然会长久留存的美好回忆。歌名《蒂姆·麦格罗》体现了泰勒对同名乡村音乐偶像的喜爱，他的音乐将永远让她想起高中时的第一次恋爱。泰勒把自己的想法告诉了乡村音乐制作人利兹·罗斯，两人只用了 20 分钟就完成了这首歌。

《烧掉的照片》（PICTURE TO BURN）

用泰勒本人的话说，这张专辑的第二首歌是毫不留情的坦白，讲述了高中时期一段"没有正式确立关系"的暧昧情感。男孩的傲慢和自私让泰勒倍感懊丧。她对他有着诸多抱怨，大声唱道："我恨死你那台从不让我开的破烂卡车！你是一个乡巴佬！"副歌中都是这样的发泄，整首歌也因此有了滑稽的一面。泰勒在流氓弗拉德乐队的巡演中作为嘉宾演唱了这首歌，并获得了观众的热烈反响，于是这首歌被作为单曲发行。

《冷酷如你》开启了一个传统：泰勒每张专辑的第五首歌都是最如实坦陈的情歌。

《泪洒吉他》（TEARDROPS ON MY GUITAR）

这首歌的灵感来自泰勒在学校里的一段单恋。男孩名叫德鲁，他只把她当作朋友，但他们在课堂上坐在一起，变得非常亲密。不久，他就坦白自己喜欢上了另一个女孩，泰勒强忍心碎点头附和，表示支持。有好几年的时间，她看着这对情侣约会，内心承受着巨大的折磨，却从未告诉过他自己的感受。当这首歌发行时，男孩试图联系泰勒，但她觉得太尴尬了，没有回复他的信息。

《一席之地》（A PLACE IN THIS WORLD）

泰勒写这首歌时只有13岁，当时她刚刚搬到纳什维尔去追求音乐梦想。她忘了自己写过这首歌，后来在整理专辑时将它找了出来。泰勒决定收录这首歌，它讲的是她作为一名歌手寻找自己在世界上的位置的，而这张专辑是她实现梦想的第一步。她考虑过用这首歌的名字来命名专辑，但最终还是用了自己的名字来命名，以帮助自己获得认可。

《冷酷如你》（COLD AS YOU）

这是泰勒在整张专辑中最喜欢的一首歌。她对一个男孩很感兴趣，但他态度冷淡，而她也受够了。这首歌讲述了她意识到他并不是自己想象中的那个人。她后悔为他找借口，并且意识到自己维系这段关系是在浪费时间。泰勒很满意自己和搭档利兹·罗斯创作的歌词，那些词不仅真诚，还透着脆弱。《冷酷如你》开启了一个传统：泰勒每张专辑的第五首歌都是最如实坦陈的情歌。

《局外人》（THE OUTSIDE）

泰勒在12岁的小小年纪创作了这首关于孤独的歌曲。她觉得自己在学校里一直遭人排挤，于是就用音乐来逃避。她比其他所有的女孩都高，当其他人都去参加聚会和彻夜狂欢时，她却痴迷于乡村音乐。她早上醒来，不知道学校里有没有人愿意和她说话，是不是又要面临被孤立的一天。回顾这段时期，泰勒表示很庆幸自己没有成为"社交宠儿"，否则她可能永远也找不到音乐的真谛。

《面带微笑》（TIED TOGETHER WITH A SMILE）

尽管依然相对年轻，泰勒却发现自己善于观察别人的挣扎，并能根据所看到的情形创作出不可思议的歌曲。这首歌讲的是泰勒的一个朋友，这个女孩在高中很受欢迎，还参加过选美比赛。学校里所有的女孩都嫉妒她，所有的男孩都对她感兴趣。女孩的生活看起来光鲜亮丽，但却患上了饮食失调症。泰勒是在得知朋友病情的那天写下这首歌的，并深深震惊于微笑的背后竟轻易隐藏着如此强烈的痛苦。

《保持青春》（STAY BEAUTIFUL）

其他乡村歌手都很敬佩泰勒有勇气在歌曲里提到真实的人。《保持青春》有关一个名叫科里的男孩。泰勒喜欢他，但两人从未在一起。她曾强调，她的许多情歌都是从别人身上观察得来的结果，并非她本人的经历。泰勒透露，她没怎么和男孩说过话，但光是看着他，她就受到了启发，写出了一首歌。唉，他们两个注定没有缘分，还来不及发生点什么，科里就搬走了。在他走后，她在学校的才艺表演上唱了这首歌。

泰勒只花了 20 分钟就写出了《我们的歌》。

《本应拒绝》（SHOULD'VE SAID NO）

这是专辑的第五首也是最后一首单曲，不仅达到了白金销量，还荣登乡村音乐排行榜榜首。它讲述的是在一段看似很完美的关系中遭遇了欺骗。这是泰勒 16 岁那年的一段经历，得知实情后，这首歌的名字立刻就出现在她的脑海里。她只用了 5 分钟就完成了副歌部分，把一些她在现实生活中分手时对男友说过的话写进了歌里。泰勒在 2008 年乡村音乐学院奖颁奖礼上演唱了这首歌，当时的表演令人难忘。

《玛丽的歌（啊，天哪）》〔MARY'S SONG (OH MY MY MY)〕

现如今，小报上有很多闹得沸沸扬扬的分手和不忠的事件，泰勒却决定从隔壁一对老夫妇那里获取灵感。这对夫妇是青

左图：2007 年 6 月，泰勒在美国乡村音乐协会音乐节上演唱了《蒂姆·麦格罗》。

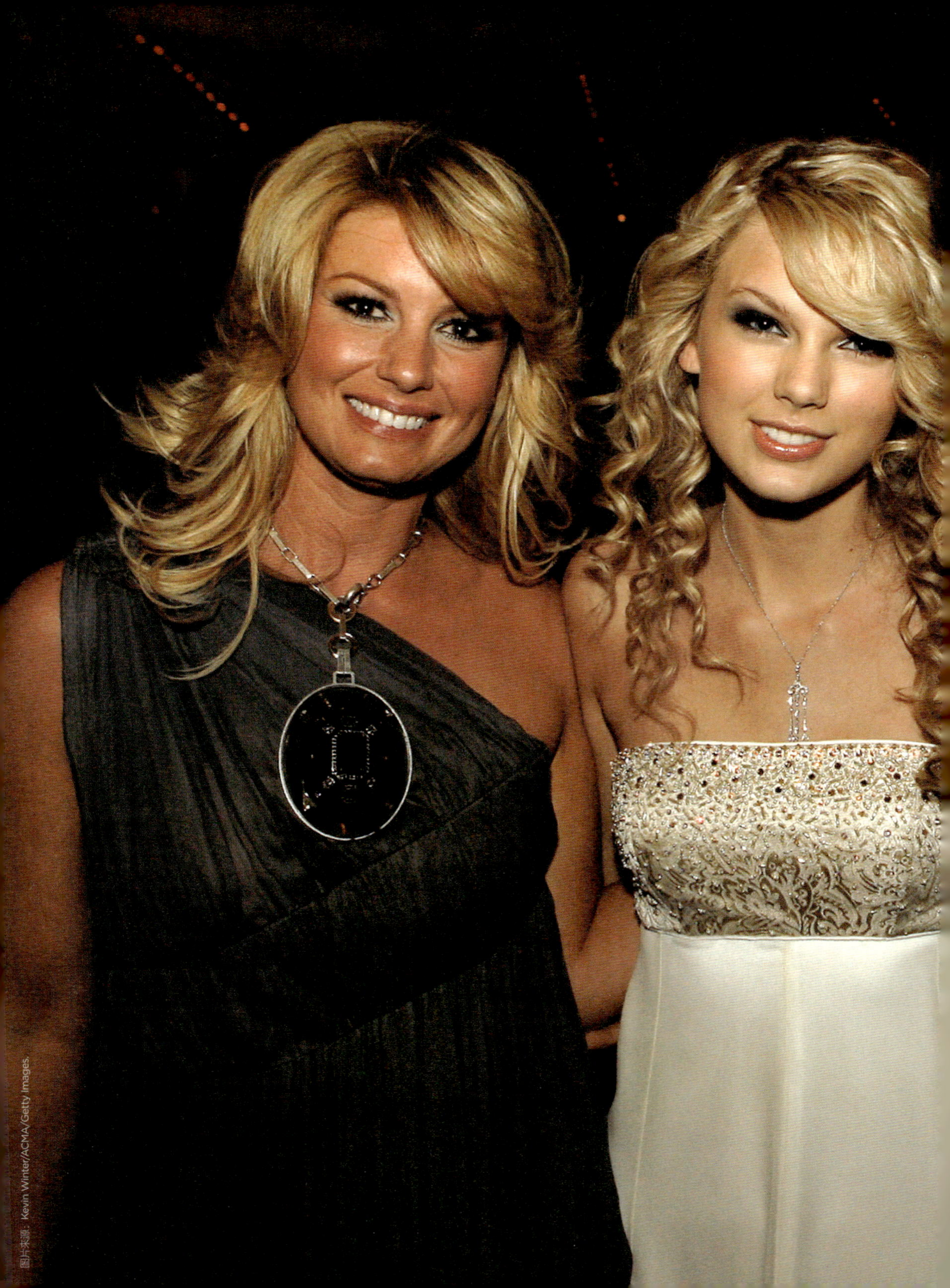

图片来源：Kevin Winter/ACMA/Getty Images.

梅竹马，在长大后坠入爱河。他们在婚后相伴多年，泰勒震惊地发现，她只要回到家，就能看到"永恒爱情"的模样。她写这首歌要表达的是：有时候爱情也可以恒久绵长，即使别人并不相信。

《我们的歌》（OUR SONG）

作为一个聪明的年轻女孩，在泰勒尚未为她的高中男友写歌时，她就为自己写了一首。就和《蒂姆·麦格罗》这首歌一样，她只花了20分钟就写好了《我们的歌》。泰勒在高一新生才艺表演中唱了这首歌，同学们只听了一遍，就能背出大段。《我们的歌》一经发行就大受欢迎，她也凭借这首歌获得了乡村音乐奖项的提名。人们很难相信一个如此年轻的女孩能够运用这样成熟的主题，讲述如此引人入胜的故事。

左图：在第四十二届乡村音乐学院奖颁奖典礼上，泰勒与她的两位偶像菲丝·希尔和蒂姆·麦格罗合影（她以蒂姆·麦格罗的名字命名了她的首支单曲）。

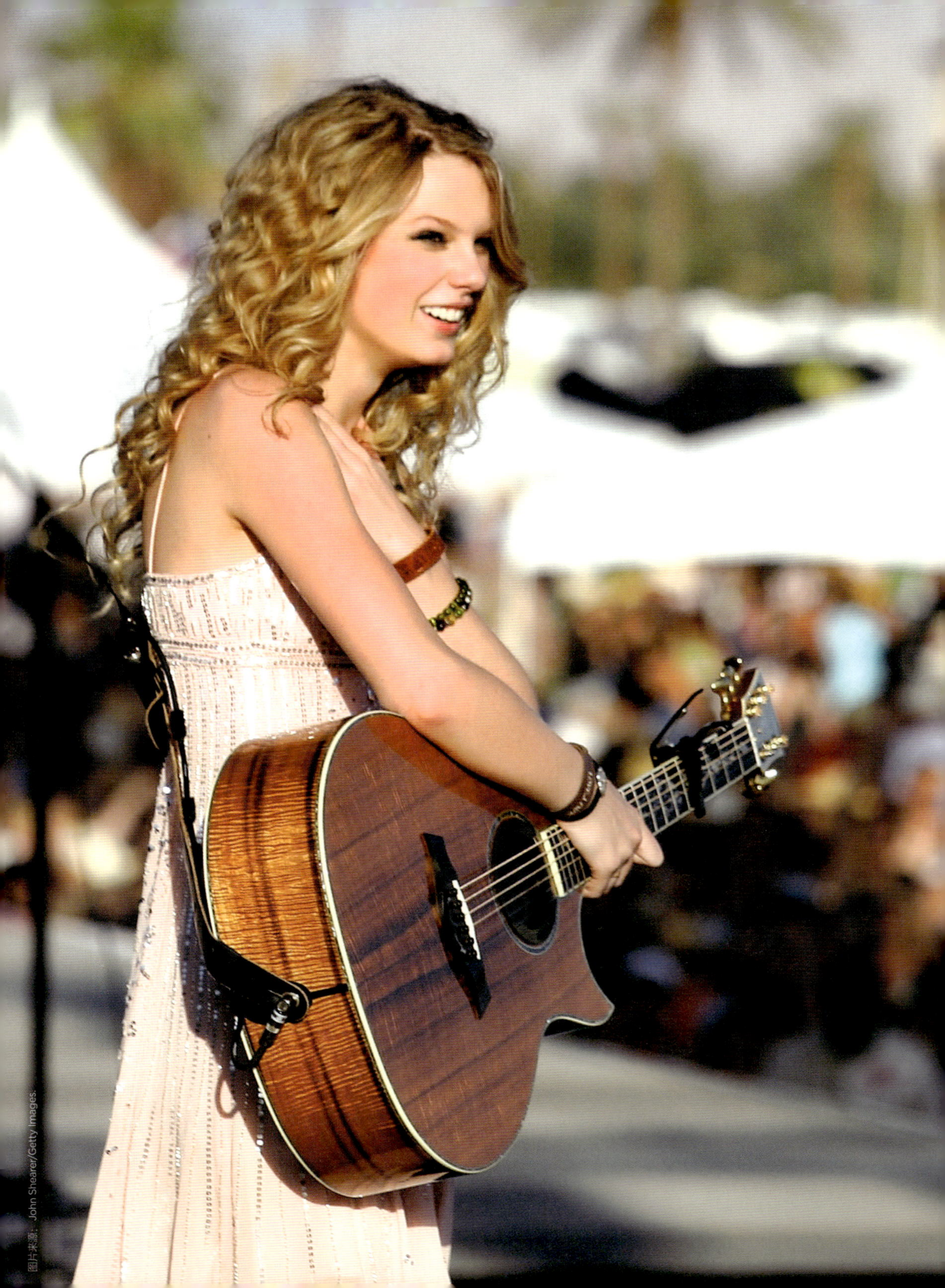
图片来源：John Shearer/Getty Images.

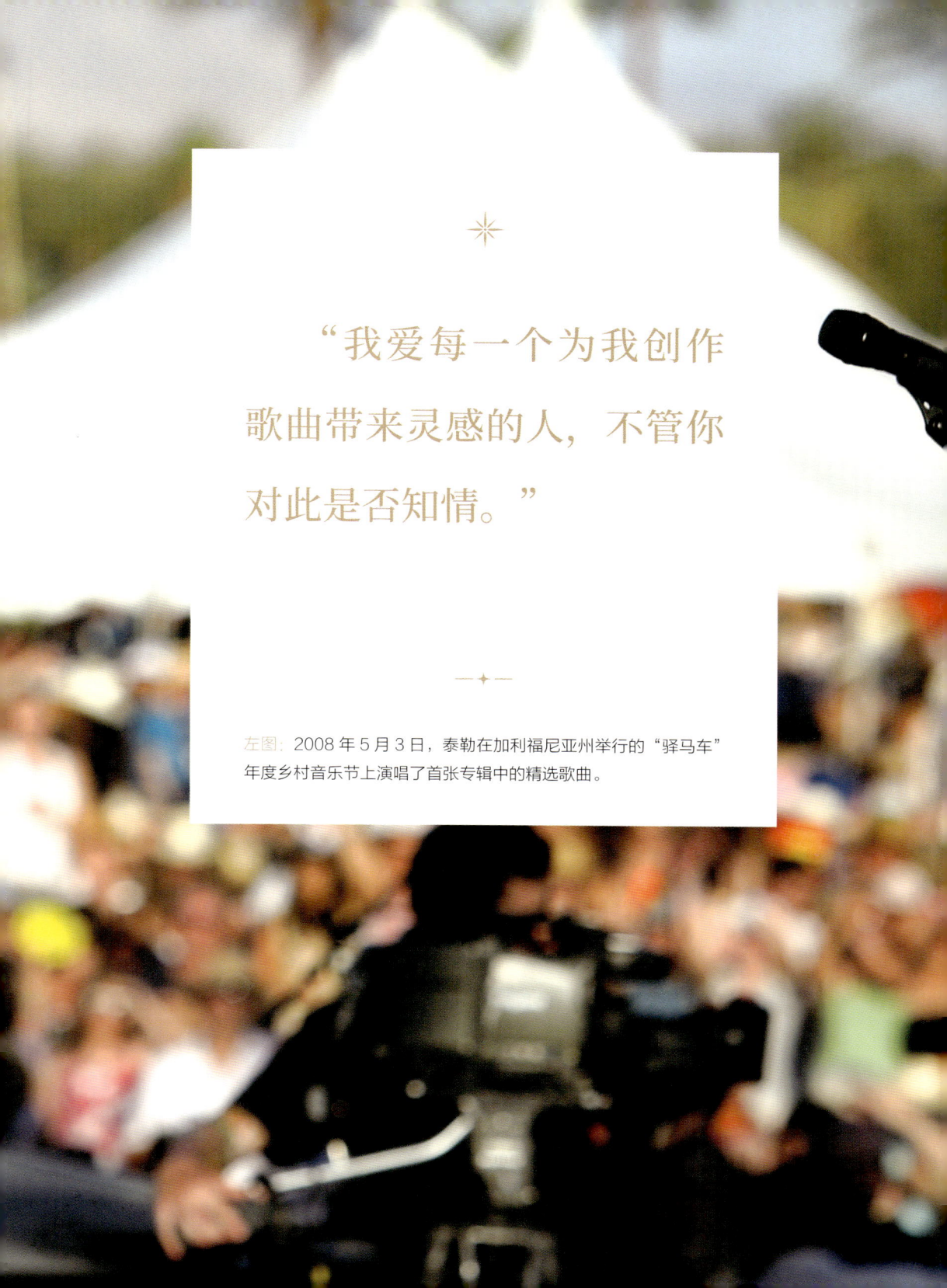

"我爱每一个为我创作歌曲带来灵感的人,不管你对此是否知情。"

左图:2008 年 5 月 3 日,泰勒在加利福尼亚州举行的"驿马车"年度乡村音乐节上演唱了首张专辑中的精选歌曲。

放手去爱

泰勒凭借这张将乡村音乐和流行音乐完美融合的专辑，成为最年轻的格莱美年度专辑大奖得主。

发行日期：2008 年 11 月

《放手去爱》（FEARLESS）

泰勒在开始创作这张专辑的时候，正忙着巡演和为其他音乐演出做暖场嘉宾。她的下一段感情尚未出现，但她想写歌赞美无所畏惧地坠入爱河的人，哪怕有可能再次受到伤害。"（有时）你写的是你希望拥有的东西，"她解释说，"所以，这首歌是关于我尚未经历过的最棒的第一次约会。"在专辑的内页说明中，泰勒解释道，她个人对"放手去爱"的定义并不是要做到绝不动摇，而是一方面承认内心的恐惧，一方面还是要冒险一试。她非常喜欢这个概念，便以此命名整张专辑。

《十五岁》（FIFTEEN）

这首歌的主题是关于泰勒最好的朋友阿比盖尔·安德森的。这首歌讲述了她们一起上高一的故事，也是在那一年，泰勒真正开始注意到自己在成长。她想写一个警世故事，包括所有她希望自己在那个年龄能知道的事。她和阿比盖尔都在高一时伤过心。泰勒在录制这首歌时哭了，亲密好友的痛苦引起了她强烈的共鸣。时至今日，听到这首歌，她依然会非常感伤。

《爱情故事》（LOVE STORY）

受罗密欧与朱丽叶的影响，这首歌讲述了一段禁忌之恋，但值得庆幸的是，这首歌的结局比莎士比亚的悲剧结尾要幸福得多。她把这首歌写在了卧室的地板上，灵感如泉涌，她根本不想停下来。这是泰勒的第一首全球热门单曲，成为有史以来最畅销的单曲之一。评论家们对这首充满激情并温馨感人的歌曲赞不绝口。歌曲旋律动听悦耳，粉丝们会情不自禁地跟着一起唱。

《嗨，斯蒂芬》（HEY STEPHEN）

一个为泰勒的巡演担任过几次暖场嘉宾的年轻人引起了她的注意。她太害羞了，什么也说不出来，便把这件事写进了一首歌里。歌词讲述了泰勒想象两人身处浪漫的场景，希望他能注意到她，不过她知道这可能不会有任何结果。据报道，她在专辑发行后给他发了一条短信，让他去听听第四首歌。他回复了很长一条短信，表现得很兴奋，但他们并没有在一起。

《白马》（WHITE HORSE）

泰勒写这首歌，讲述了和自己心目中的白马王子最难过的分手时刻。就是在那一刻，她意识到她对这段感情的所有梦想和未来计划都在一瞬间彻底化为了泡影。她认为这首歌对《放手去爱》这张专辑来说有点太过严肃，便计划将其收入第三张专辑中，但后来她得到了一个无法拒绝的邀请。她最喜欢的电视剧《实习医生格蕾》的制片人听到了这首歌，并希望在剧中使用它。于是《白马》在该剧第五季的第一集中出现，并被收录在她的第二张专辑中。

《天生一对》（YOU BELONG WITH ME）

泰勒无意中听到她的一个男性朋友在电话里安抚生气的女朋友，便得到了这首歌的创意。她为他感到难过，于是想象出一个邻家女孩的角色，这个角色的爱意总是被人忽视。在音乐MV中，泰勒一人分饰两角，男主角则由卢卡斯·蒂尔出演。同年，卢卡斯和泰勒一起出演了电影版《汉娜·蒙塔娜》。《天生一对》的音乐 MV 获得了数百万的点击量，并在 2009 年获得了 MTV 音乐录影带奖最佳女歌手录影带奖。但坎耶·维斯特冲上台说他认为获奖的应该是碧昂丝，媒体还对此进行了大肆报道，这个意外事件给泰勒的获奖蒙上了一层阴影。

《呼吸》（BREATHE）（特邀歌手：蔻比·凯蕾）

《呼吸》是由泰勒与唱作歌手蔻比·凯蕾共同创作的，讲述了一段友谊走向终结的故事。泰勒和蔻比决定把歌词写得可以有多种解释，以便更多的粉丝认同这首歌。这首歌获得了格莱美最佳流行音乐合唱奖的提名，但最终是贾森·姆拉兹和蔻比·凯蕾（非常巧合）凭借《幸运》（"Lucky"）一歌获得了该奖项。最初的想法是蔻比只负责演唱《呼吸》中的和声部分，但泰勒对她的作品印象深刻，因此让她在整首歌中有了更深的参与度。泰勒想确保蔻比的歌词足够多，这样粉丝们就能立刻认出她的声音。

《告诉我为什么》（TELL ME WHY）

创作这首歌的那天，泰勒去了创作搭档利兹·罗斯的家，大声抱怨自己的恋情。二人一起把她那些杂乱无章的话改编成了一首歌，讲述了一个女孩不想继续受男友的伤害的故事。歌中的男孩脾气暴躁，总是对她忽冷忽热。歌曲里并没有对这个男人指名道姓，但粉丝们猜测这首歌唱的是乔·乔纳斯。2008 年，他和泰勒在一起过一段时间，不幸的是，这段关系最后落得不欢而散。

《你并不觉得抱歉》（YOU'RE NOT SORRY）

泰勒写歌，是为了宣泄心中的情感。她发现男友有一些令人不安的秘密，因此整个人陷入了她所谓的"崩溃边缘"，于是创作了这首歌。这一系列的发现令人震惊，足以让这段关系走到终点，泰勒也不想再任由他伤害自己。这首混音单曲于 2009 年 3 月重新发行，发行当天，泰勒在《犯罪现场调查》第九季第十六集中客串了一个角色。

《爱你的方式》（THE WAY I LOVED YOU）

在一段恋情中，有很多事都可能出错，尤其是当双方还年轻，对未来不确定的时候。泰勒意识到她的恋情虽然"太过完美"，可她还想要更多，于是便产生了创作这首歌的灵感。她怀念那种爱到疯狂的感觉，她说那种感觉就像在坐过山车。歌词里唱道，在有了这个顿悟后，他们的关系就再也无法回到过去了，有时两个人就是不适合对方，即使他们看起来很般配。

《直到永远》（FOREVER & ALWAYS）

虽然歌曲中没有提到乔·乔纳斯，但人们普遍认为这首歌写的就是他。2008年11月，泰勒做客《艾伦秀》，她告诉主持人自己在最后一刻才将这首歌收入了专辑。她在一通只持续25秒的电话里经历了痛苦的分手。她在歌中唱道，无论是他们在一起，还是她独自一人，感觉都像是在同一片乌云下。10年后，泰勒再次参加《艾伦秀》，在节目中为粗鲁的歌词向乔道歉。

《美好日子》（THE BEST DAY）

这首歌是泰勒送给母亲安德烈娅·斯威夫特的圣诞礼物。她们母女的关系非常亲密，安

—— ✦ ——

左图：为了宣传这张专辑，泰勒开始了她的第一次热门巡演。从2009年4月到2010年7月，她进行了100多场演出。

德烈娅经常陪伴女儿去世界各地演出。泰勒在旅途中写了这首歌，并秘密录制。她还制作了一个家庭视频合集，后来这成为正式的音乐MV。她在圣诞节那天演唱了这首歌，安德烈娅收到泰勒安排的惊喜，感动得落下了眼泪。

《改变》（CHANGE）

2009 年，泰勒在获得乡村音乐新人奖后的第二天早上写下了这首歌。她只是一家小唱片公司的歌手，身处一个充满激烈竞争的行业里。虽然还在上高中，但她的人气越来越高，也受到了更多的认可。所谓改变，就是实现逆转，从看似必然的失败转向胜利。她的歌曲通常包含隐藏的细节，也暗藏着给狂热粉丝的信息。这首歌的秘密含义是泰勒对歌迷的感激之情，正是有了歌迷的支持，她才能做出改变。

右图：《放手去爱》为泰勒在 2010 年的第五十二届格莱美音乐奖上赢得了一系列奖项，包括令人梦寐以求的年度专辑大奖。

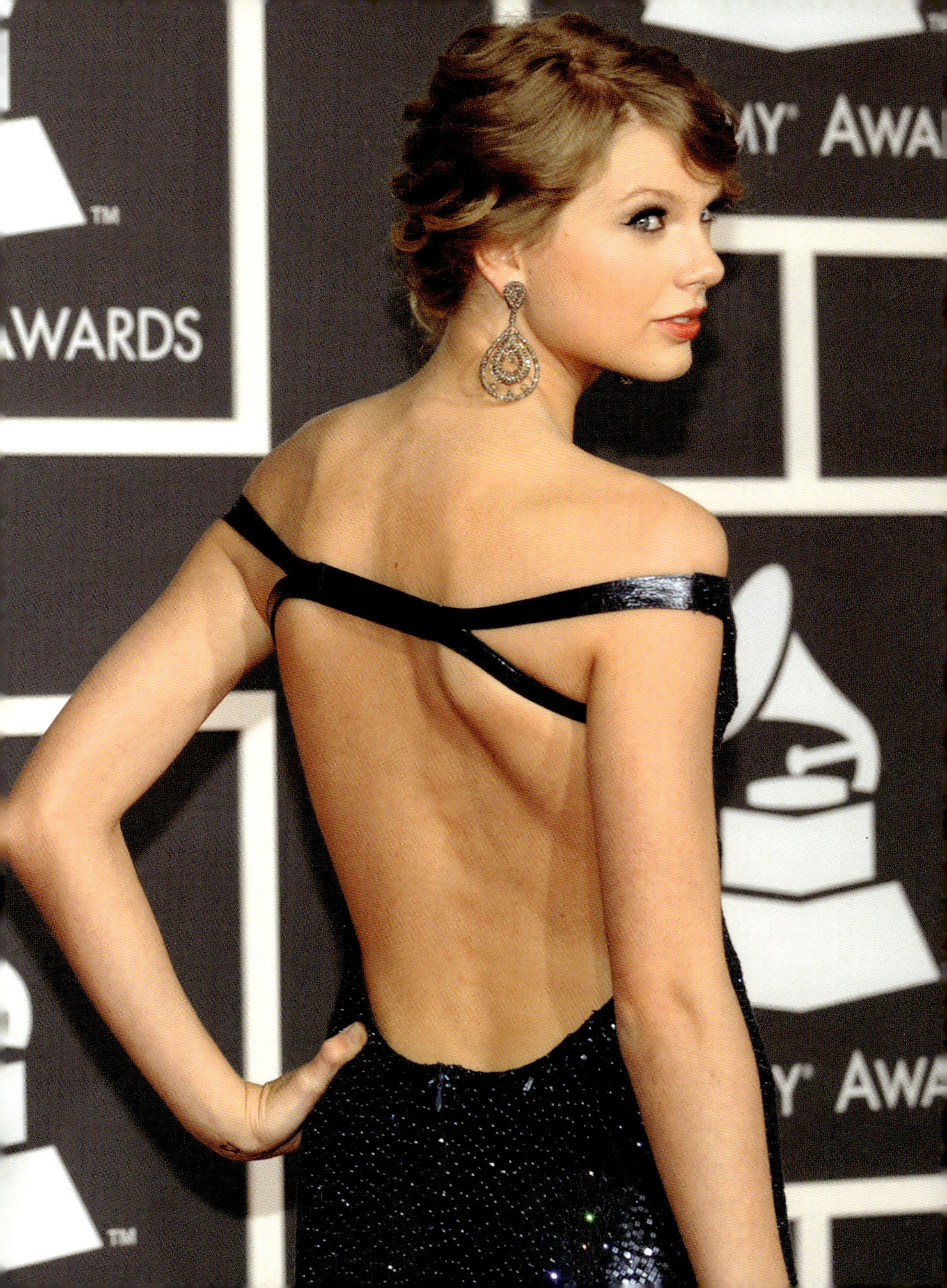

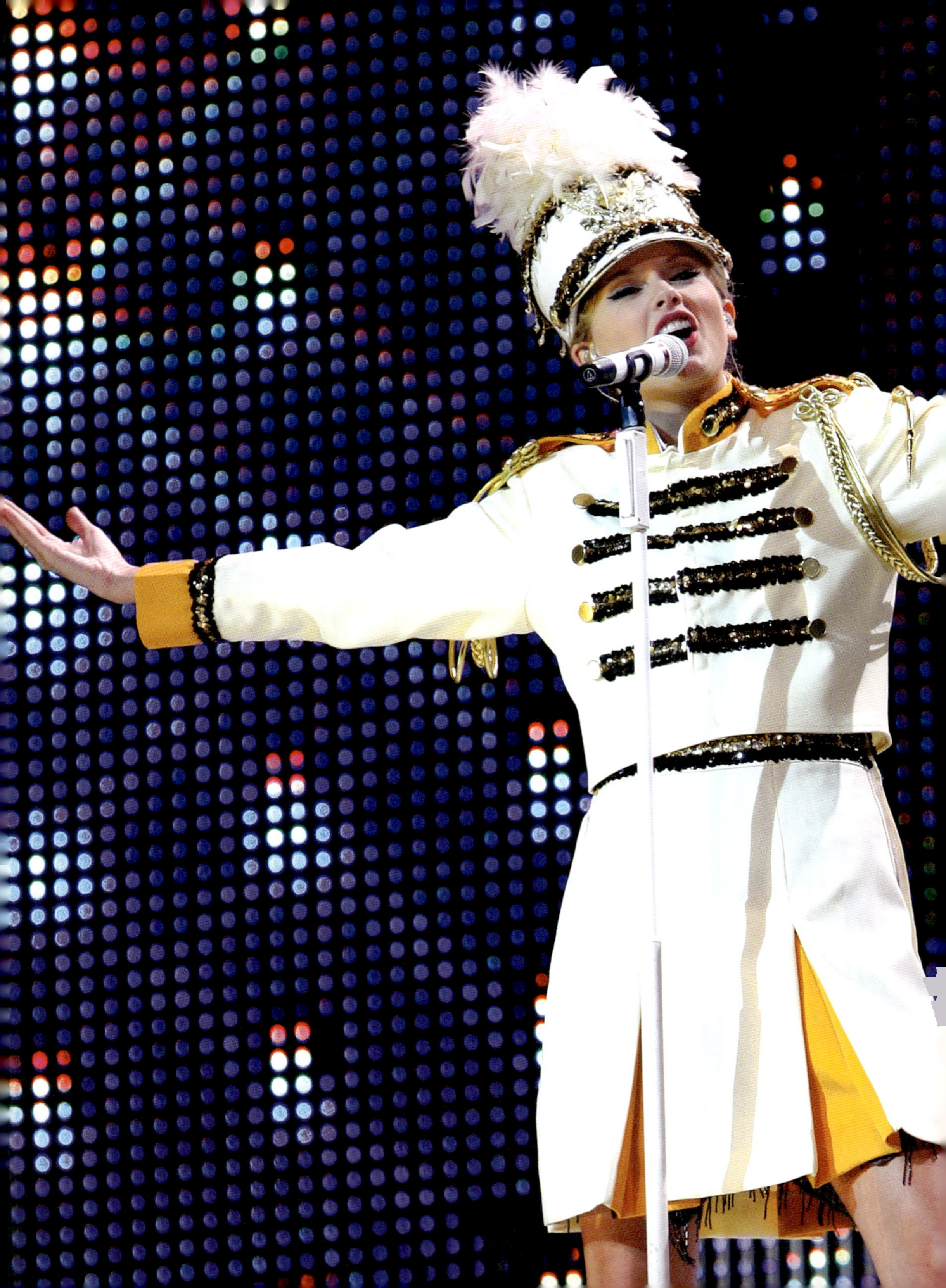

"对我而言，'无所畏惧'并不是心里没有恐惧，不是一点也不害怕。对我来说，无所畏惧恰恰是心怀恐惧、心有怀疑，而且恐惧很深、怀疑很多。对我来说，无所畏惧就是，哪怕有些事把你吓得要死，你还是会好好活着。"

左图：2009年8月27日，在纽约市麦迪逊广场花园举行的"放手去爱"巡回演唱会中，泰勒身着军乐队服装演唱《天生一对》。

爱的告白

这张唱片中单独发行的每一首单曲的销量都达到了白金唱片或者多白金唱片级别，整张专辑都由泰勒独自创作完成。

发行日期：2010 年 10 月

《我的》（MINE）

由于出现了网络泄露，粉丝们提前两周就听到了这首歌，于是在无奈之下，这首歌只能提前被送到广播电台。这是泰勒备受期待的专辑中发布的第一首单曲，它只在排行榜上排名第二，却赢得了 12 项提名，并斩获了其中 4 个奖项。泰勒和制作人内森·查普曼只用了一天时间就录制出了小样，他们知道这首歌一定会大受欢迎。在那一刻，两人一度都觉得《我的》将成为引领潮流的金曲。

《火花飞舞》（SPARKS FLY）

这首歌是泰勒在 16 岁那年创作而成的。2007 年，她在加利福尼亚州的一家赌场现场表演了这首歌，用班卓琴演奏、小提琴伴奏，歌词与专辑版本略有不同。演唱视频被放到了网上，粉丝们要求她正式发布这首歌，她照做了。这首歌的创作历经多年，她很高兴看到它能被大家听到。

> 泰勒在表演时从观众的脸上看到了自己，
> 她想告诉年轻的粉丝们不要希望童年消失。

《重回十二月》（BACK TO DECEMBER）

泰勒表示，这是她第一次在歌曲中道歉。2016 年，在脸书（Facebook）直播中，她的前男友、《暮光之城》演员泰勒·劳特纳证实了粉丝们的猜测，即《重回十二月》确实是关于他的。两人被亲切地称为"泰勒平方"，都出演了 2010 年的浪漫喜剧电影《情人节》。在 2009 年结束拍摄的几个月后，他们被看到一起看冰球比赛。当年 12 月，两人分手，一个月后电影上映。这首歌是给一个可爱而有礼貌的男孩的信息，表达了对这段感情的感激，以及她为结束这段感情而发自内心的遗憾。

《爱的告白》（SPEAK NOW）

婚礼开始前，司仪会问在场的人是否有理由反对婚礼举行。来宾们会听到一句话："要么现在开口，要么永远保持沉默。"泰勒听到一个朋友抱怨前男友要娶一个"刻薄"的女孩，便有了创作这首歌的灵感。泰勒突然问她："那么，你现在要开口吗？"泰勒还开玩笑说要带着吉他冲进婚礼现场。后来，泰勒想到看着自己的心上人娶别人一定很伤心，于是就有了这首歌。

《分手信》（DEAR JOHN）

人们都猜测这首歌写的是创作歌手约翰·梅尔。2009 年，泰勒为他的专辑《爱恋守则》（*Battle Studies*）录制了二重唱歌曲《半颗心》

（"Half of My Heart"），之后两个人交往了几个月。这首歌揭示了她在这段关系中所遇到的挫折："你是道歉专家，永远模棱两可……你难道不觉得我年纪太小，不能轻易玩弄？"梅尔认为这样的词曲创作"非常廉价"。泰勒在接受《魅力》杂志采访时回应说，梅尔认为这首歌写的是他，纯属"自以为是"。

《卑鄙》（MEAN）

有传言说这首歌写的是博主鲍勃·莱夫塞茨，他曾尖锐地批评过泰勒的音乐和现场表演。他还与摇滚小子以及吻乐队的联合创始人吉恩·西蒙斯不和，将事情闹得尽人皆知。泰勒想指出，向歌手提供建设性的批评和彻头彻尾的刻薄是两码事。她觉得有些人一再越界，无论她做什么都加以攻击。写这首歌帮助泰勒面对这样一个事实：无论你在生活中走到哪里，总会有人对你不好。

《我们的故事》（THE STORY OF US）

遇到前任可能会很尴尬，特别是在美国乡村音乐录影带大奖的颁奖礼上，所坐的位置只相隔几米。这正是发生在泰勒和约翰·梅尔身上的事。她称这就如同一场无声的战争，双方都试图表明不在乎对方在场。她不理睬他，和她甚至不认识的人说话，尽管她有很多话要对坐在六个座位之外的那个人说。这让她有种身处闹市却依然孤独的感觉，这个她称之为"糟糕而又令人心碎的尴尬情况"让她感到沮丧，于是她围绕这件事创作了一首歌。

《不要长大》（NEVER GROW UP）

对于成长，泰勒有着复杂的感受，这并不奇怪，毕竟她是在公众的注视下长大的。当她还是个孩子的时候，她渴望长大，现在回想起来，她意识到自己应该尽可能地享受孩提时光。她写这首歌是为了向她的年轻歌迷传达信息。泰勒在表演时从观众的脸上看到了自己，她想告诉年轻的粉丝们不要希望童年消失。2015年，她演唱了这首歌，并将这首歌献给了她的教子利奥·泰晤士（模特兼演员杰米·金的儿子）。她解泰勒表示，《不朽》是一首写给她背后团队的情歌。

释说，他的出生赋予了这首歌全新的意义。

《着迷》（ENCHANTED）

泰勒再一次将成熟的情商运用到了音乐中。在打过几次电话、发过几封电子邮件后，她在纽约见到了猫头鹰之城乐队成员亚当·扬，他们相处得很好。亚当给她发邮件表示能见到她，他"大吃了一惊"，于是她写了这首歌的歌词。在歌曲发行后，亚当录制了自己的版本，并将其发送给了泰勒，并附言称她是现代版的"灰姑娘"。与她见面，他也很着迷。泰勒曾考虑用这首歌来命名整张专辑，但最终还是选择了《爱的告白》。

《不如报复》（BETTER THAN REVENGE）

这首歌脱离了乡村流行音乐，受到了流行朋克的影响。泰勒说歌中的女孩抢走了她的男朋友，她觉得有必要创作一首以"复仇"为灵感的歌曲，但这首歌因其严厉的"反女权主义"歌词而受到批评（她在2023年发行的"重制版"中修改了歌词）。2014年，在接受《卫报》采访时，泰勒提起了这首歌，并说她现在知道，如果伴侣不想离开，就没人能把他从你身边抢走。

《纯真的人》（INNOCENT）

泰勒称《纯真的人》是她在全世界面前原谅某人的一封公开信。这句话，再加上歌词中的一些线索表

——✦——

左图：《爱的告白》是对泰勒成年历程的一次审视，比她的前两张专辑更加发人深省。

泰勒在"爱的告白"巡回演唱会的后台与特别嘉宾塞莱娜·戈麦斯和詹姆斯·泰勒(泰勒的名字就取自他)合影。泰勒和赛莱娜一起演唱了《谁说》("Who Says"),和詹姆斯一起演唱了《火与雨》("Fire and Rain")。

明，某人指的就是坎耶·维斯特："成熟永远不定格在32岁"（坎耶在2009年参加MTV音乐录影带奖颁奖礼时正好是32岁）。她觉得应该把这首歌放到这张专辑里。《爱的告白》的主旨就是弄清楚自己的感受，并大声说出来。一些评论家认为它有些消极对抗，而另一些人则认为它很美。2010年，在"坎耶·维斯特事件"一年后，她在MTV音乐录影带奖颁奖礼上首次演唱了这首歌。

《迷惑》（HAUNTED）

在一段感情中，有时随着一方开始疏远，爱就会褪色。泰勒就经历了这种情况，于是她在半夜醒来，准备写一首歌。写好了歌词，她就知道她需要把这首歌做得具有磅礴的气势，从而表现出张力。她聘请了屡获殊荣的大提琴家和指挥家保罗·巴克马斯特为这首歌添加了弦乐部分。从席琳·迪翁到大卫·鲍伊，巴克马斯特在职业生涯中与这些传奇歌手都有过合作。

《最后的吻》（LAST KISS）

在这首歌中，泰勒再次写到了自己的生活经历。分手后的愤怒、沮丧和困惑，以及所有这些感觉所带来的深切悲伤，都让她深受打击。有传言说《最后的吻》是写给乔·乔纳斯的，但一如既往，泰勒既没有证实也没有否认这种猜测。歌词描述了她对这段关系的反思，回顾了她当时认为永远不会结束的美好时光。她承认，在恋爱时拥有过的许多情感、希望和回忆，让她很怀念。

《不朽》（LONG LIVE）

这是本张专辑里的最后一首歌，也是一首胜利的赞歌，讲的是她初入行那几年的所有成功和庆祝时刻。泰勒说这是一首写给她背后团队的情歌。虽然专辑中的每首歌都是她自己写的，但有一整个团队帮助制作和发行，还有数百万粉丝支持她。她说，所有这些人帮助她一步步地成为一名歌手，她愿意和他们分享她的成功。

✳

"想来我们大多数人都害怕走到生命的尽头。回首往事,我们会后悔自己没有大声说出内心的想法。"

"我们没有说'我爱你',没有说'对不起',没有为自己或需要帮助的人挺身而出。"

"这些歌就是由那些我该说却没有说出口的话组成的。"

— ✦ —

右图:泰勒在鹿特丹"爱的告白"全球巡演的舞台上。从 2011 年到 2012 年,她在 4 个大洲的 19 个国家进行了 110 场演出。

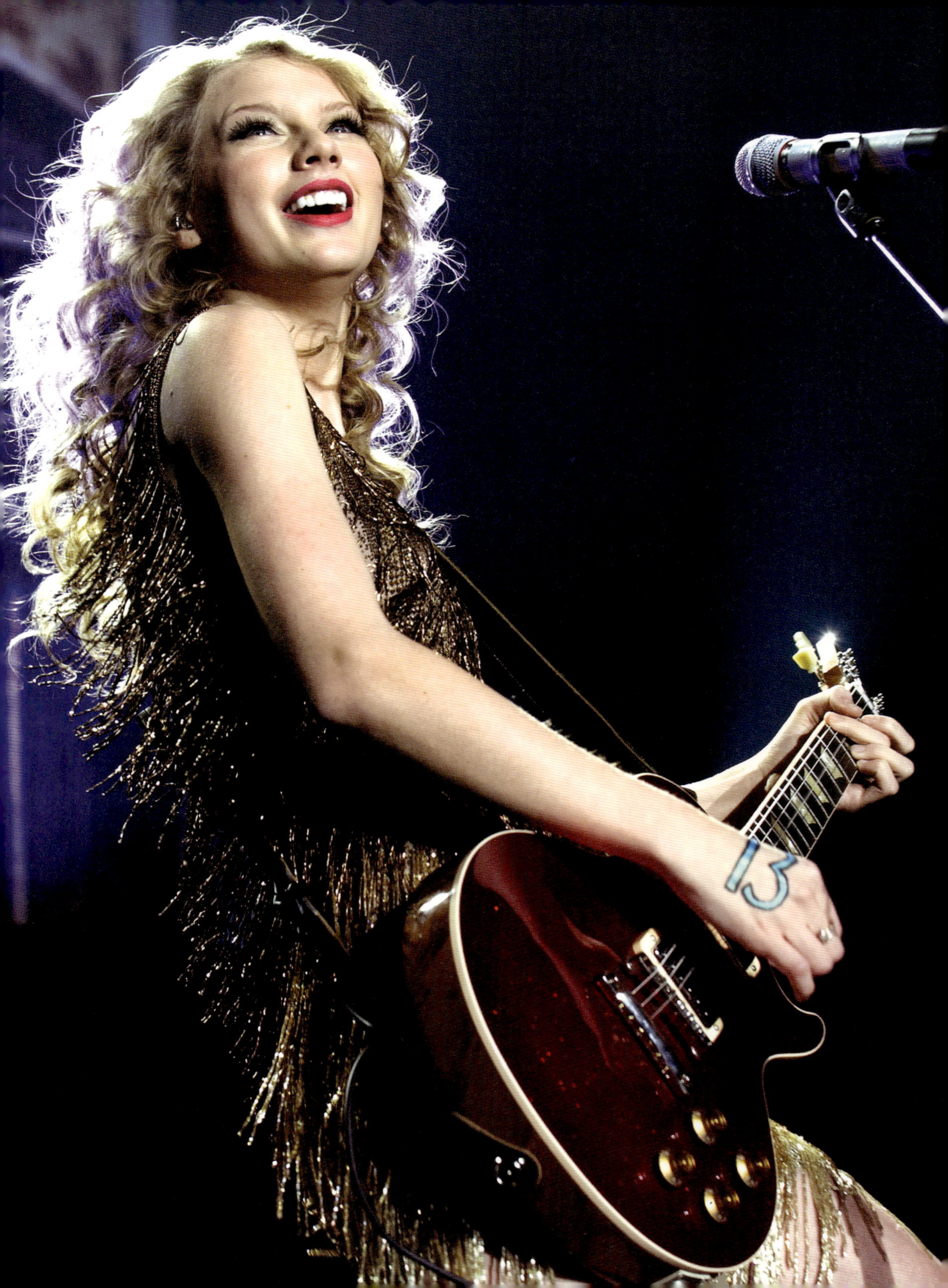

RED 红

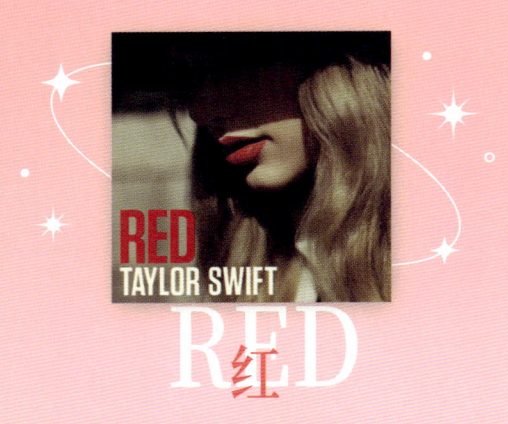

泰勒的第四张专辑进一步摆脱了乡村音乐的根基,不仅与多位巨星合作,还融合了多种音乐风格。

发行日期:2012 年 10 月

《恩宠状态》(STATE OF GRACE)

这是专辑里的第一首歌,作为第四首单曲发行。评论家称赞专辑《红》风格多样,毕竟她之前的音乐几乎都受到了乡村音乐的影响。2012 年 10 月,泰勒在《早安美国》中向全世界提前透露了这首歌。在节目中,她说这首歌讲的是在坠入爱河之初,会有无限的可能性摆在你的面前。观众们只听到了一小段副歌,需要再等一个多星期,这张有 16 首歌的专辑才正式发行。

《红》(RED)

泰勒在这首歌中用不同的颜色来表达不同的情感。她说,她在这张专辑发行前的两年里充满了疯狂和不稳定的感觉,这种强烈的感觉给了她灵感。她唱道,蓝色代表失去爱人的感觉,深灰色则是思念的感觉,红色是她深爱对方时的感受。评论家们赞扬歌词的坦诚和真挚,还说这首歌富于节奏感,音效制作精良。

《22岁》（22）

尽管在歌曲创作和表演方面取得了巨大的成功，泰勒有时发现评论家仍然因为她太年轻而轻视她的音乐。这首歌用一种新的泡泡糖流行音乐的方式在年长的评论家面前炫耀泰勒的年轻。她曾在采访中表示，22岁教会了她很多，让她轻松面对恐惧和犹豫不决。她说，在这个年纪，你会意识到自己没有多少生活经验，还有很多人生的教训有待了解。这是享受无忧无虑的年纪，即使只有很短一段时间。

《我已倾尽全力》（I ALMOST DO）

歌曲《我已倾尽全力》带着浓重的乡村音乐气息，重归纳什维尔的根基，表达了泰勒对前任的思念。她在接受《今日美国》采访时解释说，当歌中唱的这段感情结束时，她的心都碎了，经历了六个月的瓶颈期才开始创作这张专辑。歌词讲述了孤独，提到她几乎难以压抑内心的冲动，想要拿起电话和他通话："我只想告诉你，我已倾尽全力不给你打电话……为了停住几乎迈出的脚步，我已倾尽全力。"她想知道他想不想她，并说即使他们的关系一团糟，她仍然会梦到他们在一起的时光，希望他们仍在一起。

《回忆太清晰》（ALL TOO WELL）

泰勒说这首歌是整张专辑中最难创作的。在开头部分，她一遍又一遍地弹着和弦，大声抱怨所经历的煎熬。她必须过滤掉这些元素，否则歌会很长，而她认为没人愿意听这样的歌（那她就大错特错了！）。她聘请了长期合作的伙伴利兹·罗斯来帮助删减不太重要的部分。即使有两位专业创作人进行删减，这首歌的长度依然有5分28秒，是专辑中最长的曲目。

《危险关系》（TREACHEROUS）

这首歌关于泰勒生命中的一段感情，她知道这段感情注定不得圆满。她说它像磁铁一样吸引着她，让她无法逃离心碎。这首歌保持了上一张专辑《爱的告白》的高水准，因而好评如潮，被称赞有种"在安静中剖白内心的美"。评论家们写道，泰勒的歌声越来越强有力。泰勒找了半音速乐队成员达恩·威尔逊合作制作，后者曾与阿黛尔合作过歌曲《像你一样的人》（"Someone Like You"）。

《我知道你是大麻烦》（I KNEW YOU WERE TROUBLE）

　　这是泰勒在整张专辑中最喜欢的歌曲之一，反映了她在创作专辑时所感受到的混乱。人们猜测这首歌写的是约翰·梅尔，但泰勒拒绝就这首歌的主题发表评论。这首歌是她独立创作的，副歌中还加入了回响贝斯，同时媒体也很喜欢这首歌对主流大众的吸引力。这首歌成为她第十四首排名在前10的热门曲目，并使泰勒成为数字音乐历史上第一位两首歌销量超过40万的歌手。这首歌再次为她赢得了MTV音乐录影带大奖最佳女歌手录影带奖，她凭借这首歌获得了9项提名，并斩获了其中的4个奖项。

《我们再也回不去了》（WE ARE NEVER EVER GETTING BACK TOGETHER）

　　这首分手歌是《红》专辑里发行的第一首单曲，并登上了全球排行榜的榜首。在独立完成了上一张个人专辑后，她渴望再次与其他歌手合作，于是邀请了两位瑞典音乐人马克斯·马丁和希尔贝克合作创作了一首新歌。泰勒从一个朋友那里听到一个谣言，说是她和旧情人复合了。马克斯和希尔贝克询问了细节，泰勒讲了分手和复合的消息，于是自然而然便有了这首歌的歌词。

《留下来》（STAY STAY STAY）

　　正如歌名所暗示的那样，这首歌唱的是恳求爱人不要离开。媒体批评她在短时间内推出了这么多关于爱情和心碎的歌曲。泰勒的歌曲之所以大受欢迎，是因为歌中洋溢着她的真情实感，而《红》则是关于她在创作这张专辑时所经历的过山车一般的感受。写歌本身就很耗费精力，她必须从情绪低谷中跳出来，才能写出更悲伤的歌曲，唱出认识新恋人是多么美妙。

《最后一次》（THE LAST TIME）（特邀歌手：加里·莱特博迪）

　　雪地巡游者乐队主唱加里·莱特博迪参与了专辑《红》最后一首单曲的创作和表演。这是一首另类的摇滚二重唱，制作人是曾与雪地巡游者和U2等乐队合作过的杰克奈夫·李。歌词讲述了一段维系了很久的感情正在一点点破裂，泰勒饰演的角色给了莱艾德·希兰表示，当他们为了一个和弦而产生分歧，他会向泰勒卓越的知识储备低头。

特博迪饰演的角色最后一次挽回的机会。这首歌被评论家称为专辑中最成熟的歌曲。

《圣地》（HOLY GROUND）

这首歌的歌词描述了一段充满波折并很快就结束了的恋情，但两人分手后仍保持着很融洽的关系。人们认为这是关于乔·乔纳斯的，但并不能确定。歌中表示他们在分手前有过一段短暂的幸福时光，在那些美好时刻，无论他们一起去哪里都是"圣地"。

《美丽的哀愁》（SAD BEAUTIFUL TRAGIC）

这首歌似乎并非特指某一个人，但粉丝们认为它可能受到泰勒·劳特纳或杰克·吉伦哈尔的启发。这首歌是泰勒在一场现场演出结束后坐在巡演大巴上写的，当时她想起了一段过去的恋情。她意识到自己不再悲伤，也不再生气，心中反而充满了怅然若失的感觉。她希望这首歌有一点模棱两可，从而折射出她对这段逝去恋情的模糊记忆。泰勒希望她的专辑像她的感觉一样无处不在。

《幸运儿》（THE LUCKY ONE）

在这首歌里，泰勒讲述了自己害怕再度变得默默无闻。歌词讲述了一个明星拥有一切，却无法承受媒体持续关注的压力。对于这首歌受谁启发的问题，人们有很多猜测，但这个人很可能是

左图：2012年，泰勒在MTV欧洲音乐奖颁奖典礼上演唱了歌曲《我们再也回不去了》，当时她穿着标志性的马戏团演出指挥服。

基姆·怀尔德。泰勒在《幸运儿》中引用了她的歌曲《四个字母的单词》（"Four Letter Word"），提到她放弃表演，去打理玫瑰园（基姆·怀尔德离开了聚光灯，成为一名园丁）。在歌曲的结尾，泰勒表示自己能理解为什么这位明星会选择走这条路。

《一切皆变》（EVERYTHING HAS CHANGED）（特邀歌手：艾德·希兰）

在这张专辑发行的几个月前就有传言说艾德·希兰会参与其中。他们坐在泰勒家的后花园里一起写了这首歌，合作很顺利。艾德表示，当他们为了一个和弦而产生分歧，他会向泰勒卓越的知识储备低头。这首歌的核心概念是，随着一段全新的恋情开始，一切都会变得不同。她说，那个人进入你的生活，带来了强大而令人兴奋的影响，在这首歌中，她渴望对此有更深的了解。

《星光》（STARLIGHT）

泰勒偶然发现了一张人权倡导者埃瑟尔·肯尼迪和她丈夫罗伯特·F. 肯尼迪的老照片。该照片拍摄于20世纪40年代，当时17岁的两个人正在跳舞。泰勒深受启发，决定写一首关于两人爱情的歌，尽管她并不知道他们是如何在一起的。几周后，她遇到了埃瑟尔和罗伯特的一个孩子（他们一共有11个孩子），并有机会见到了埃瑟尔本人。不幸的是，罗伯特和他的哥哥约翰·F. 肯尼迪一样，在20世纪60年代遭遇了暗杀。

《重新开始》（BEGIN AGAIN）

这张专辑的大部分歌曲都与泰勒的传统风格大相径庭，所以《红》以一首乡村民谣作为专辑的最后一首歌，是唯一正确的选择。泰勒唱的是一个女孩结束了一段糟糕的感情，并勇敢地和另一个男人第一次约会的故事。在这种情况下，女孩感到非常脆弱，这首歌鼓励女孩们拿出勇气。在歌中，她谈到自己与新男友有很多共同点，包括都很喜欢詹姆斯·泰勒的音乐（泰勒的名字就是取自他）："你说从未遇见一个女孩收藏了和你一样多的詹姆斯·泰勒的唱片，但这就是我。"

——◆——

右图：《一切皆变》是泰勒和艾德合唱的第一首歌曲，但不会是最后一首。

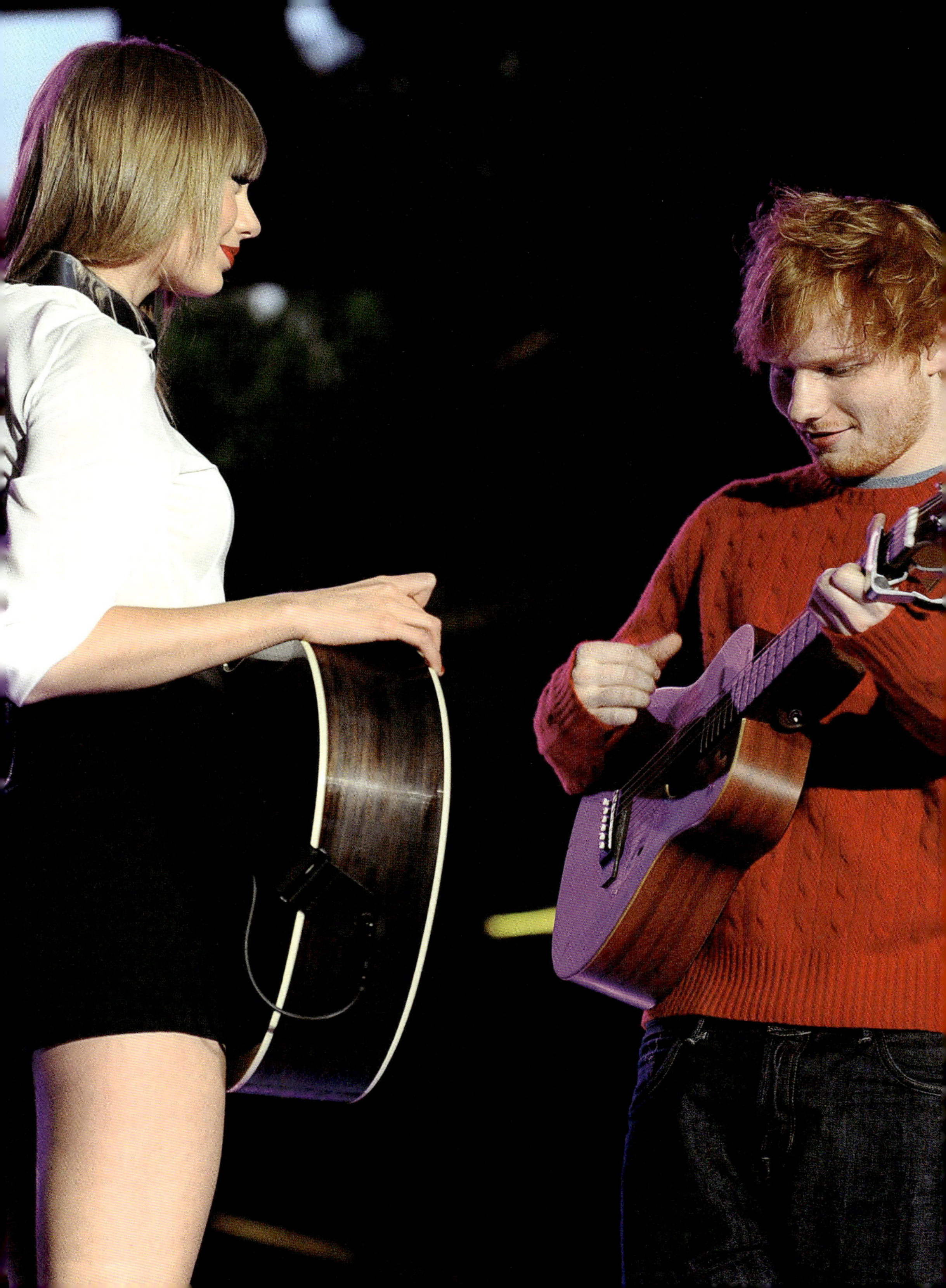

"爱情让我吸取了惨痛的教训，尤其是那些疯狂的恋爱经历。这样的恋情是红色的。"

右图：2012 年 12 月，麦迪逊广场花园，泰勒在 Z100 Jingle Ball 群星演唱会的舞台上。2013 年至 2014 年间，她开始了"红"巡回演出，在全球 170 多万粉丝面前演唱了这张专辑里的歌曲。

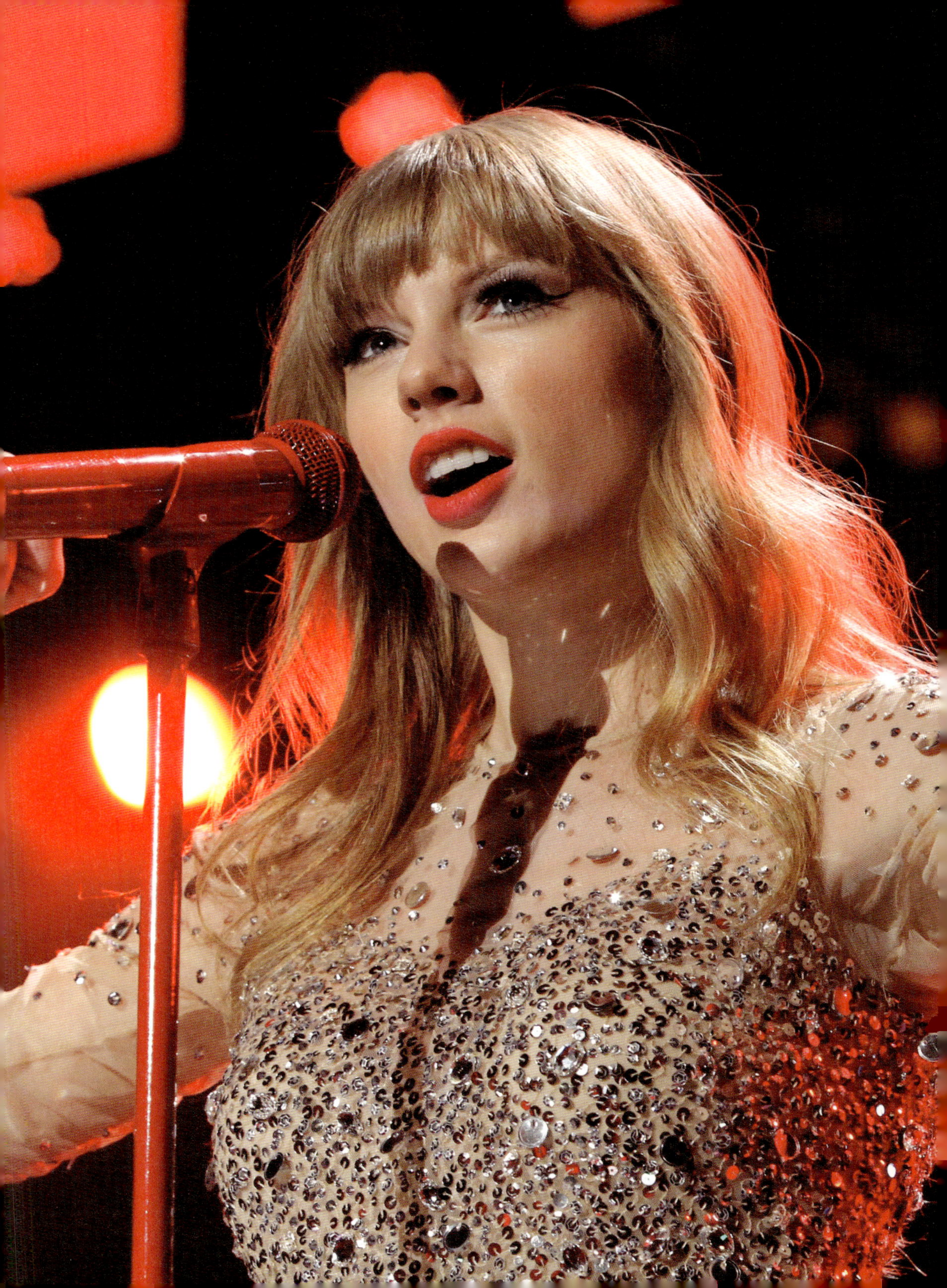

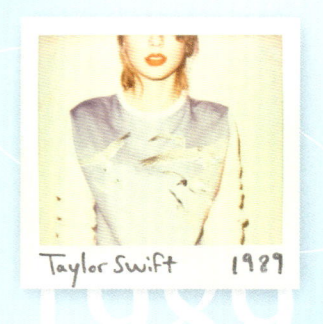

1989

在专辑《红》中尝试流行音乐元素后,泰勒完全脱离了乡村音乐,成为一名成熟的流行歌手。

发行日期:2014 年 10 月

《欢迎来到纽约》(WELCOME TO NEW YORK)

这是专辑里的第一首歌,歌颂纽约这个城市能给人带来无限的可能,而泰勒是在 2014 年搬到纽约的。她和共和时代乐队成员赖恩·特德一起写了这首歌,并希望它成为专辑的第一首歌,因为搬到纽约对她那段时间的生活产生了很大的影响。"你可以随心追求你想要的,男孩们、女孩们都在这里。"这句歌词被解读为泰勒对性少数群体的支持。

《空格》(BLANK SPACE)

这是专辑的第二首单曲,泰勒在歌中调侃了媒体对她和她的情史的看法,歌词是这样写的:"前任的名单一大串,他们会告诉你我是疯子。"她在歌中创造的角色是对当时媒体将她描绘成的食人魔的夸张表现。这首电子流行歌曲也开启了她与瑞典流行音乐大师马克斯·马丁和希尔贝克的合作。

《型》（STYLE）

《型》是泰勒较为含糊暧昧的曲目之一。这首歌看起来唱的是永恒的风格和时尚，提到了20世纪50年代的电影明星詹姆斯·迪恩和经典的红唇，但歌词实际上描写了一段分分合合、很不健康的恋情。泰勒在歌中写道，他们很清楚最后只能分手，但还是忍不住走向彼此。根据歌词"你有一头长发，向后梳着，穿着白色T恤"，许多粉丝认为这首歌写的是她的前男友哈里·斯泰尔斯。人们认为这张专辑中有几首歌的灵感都来自他。

《脱离困境》（OUT OF THE WOODS）

这是《1989》里的第六首单曲，泰勒在歌中回顾了一段脆弱、不稳定的恋爱关系。这首歌包含了非常具体的歌词："记得你急踩刹车，在病房里缝了20针。"这是指她和前男友发生的一起雪地摩托事故，而在这首歌发布前，都没有人知道这件事。人们普遍认为这位前男友就是斯泰尔斯，因为他在2012年12月被拍到下巴有伤，当时他们两个正在约会。歌词"你的项链挂在我的脖子上……两个纸飞机翱翔蓝天"，可能指的是他们曾经戴过的情侣项链。

《只要你留下》（ALL YOU HAD TO DO WAS STAY）

这首歌是泰勒唱给一个前男友的，他在二人关系结束后想要重归于好，她却无意与他复合。她回忆他把她锁在门外："你将我扔在马路上。"她坚定地告诉他，一切都太迟了，她和他已经结束了。她是这样唱的："我这样的人在听到你说再见后，就永远不见了。"歌中还会反复高唱"留下来！"，这一点的灵感来自一个梦，在梦中，前男友出现在她家门口时，这是她嘴里唯一能发出的声音。《只要你留下》也遵循了泰勒的传统，把情感最为深刻的歌作为专辑中的第五首歌曲。

《统统甩掉》（SHAKE IT OFF）

《统统甩掉》是专辑《1989》的主打单曲，清楚地表明泰勒已经成为真正的流行歌手。这首快节奏的流行舞曲由泰勒和马丁、希尔贝克共同操刀制作，讲述了关于她生活的谣言和误解，以及她是如何把它们撇在一边，不去理会，尽情享受生活的。开头的一段提到了媒体给泰勒冠上了"连环情人"的称号（"我有太多前男友，却连一个也留不住，至少别人都是这么说的"）。虽然泰勒在歌中轻描淡写，但她经常谈道，媒体总是揪着她的恋情不放，让她感到非常沮丧。

《但愿你会》（I WISH YOU WOULD）

这首歌的开头是一个男人在半夜开车经过前女友家门口。他以为她恨他，其实她还爱着他。泰勒对这位前女友喊话，希望她能回到过去，换一种方式处理他们之间的恩怨，歌词是这样唱的："希望自己当初没有就那么挂掉了电话"，以及"希望你能知道，只要我还活着，就不会忘记你"。这首歌是由泰勒作词，杰克·安东诺夫作曲，与《脱离困境》的风格类似。

《敌对》（BAD BLOOD）

这首歌的背景可能是《1989》最有名的，讲述了泰勒与凯蒂·佩里之间的恩怨。歌曲描述了亲密朋友的背叛，泰勒后来澄清说，这首歌讲的是一个女歌手想挖走她的一些伴舞演员，让她办不成巡演。泰勒并没有指名道姓，但很快就有报道称，她唱的是与《焰火》（"Firework"）歌手闹掰的事。二人的恩怨持续了多年，终于在2018年握手言和。这首歌还有混音版，器乐和声乐都由肯德里克·拉马尔重新制作，作为《1989》的第四首单曲发行，拍摄的音乐MV也是明星云集。

《狂野的梦》（WILDEST DREAMS）

这是《1989》专辑中的第五首单曲，比大多数歌曲都慢，有一种梦幻般的撩人特质，让人把它与拉娜·德雷的作品相提并论。在这首歌中，泰勒希望在分手后，爱人能永远记得两人间的美好回忆。虽然她希望这段感情能持续下去，但深知没这个可能，她唱道："从一开始我便对结局一目了然""终有一天当你离开我后，我确信这些记忆将与你如影随形"。

《俘获芳心》（HOW YOU GET THE GIRL）

在这首欢快的流行歌曲中，泰勒向一个男孩提议，帮他赢回前女友。六个月前，他没有任何解释就离开，伤了前女友的心。她提出了一些方法来帮助他重新获得女孩的好感，并提供了一些建议。在歌曲的结尾，泰勒的建议奏效了，这对情人重归于好。

《这份爱》（THIS LOVE）

这首缓慢而柔和的流行情歌是《1989》里唯一由泰勒独自创作的歌曲。这也标志着她与内森·查普曼的再度联手，后者为她的乡村音乐专辑创作了许多歌曲。泰勒用她那充满呼吸和放松的嗓音，唱出了一段恋情的时好时坏，以及爱人是如何进入和离开她的生活的。副歌开始于泰勒在日记中写的一首短诗，这首诗是根据现实生活中的一件真实事件创作的。当时，旋律立即涌入了她的脑海，她知道一定要将其写成一首歌。

《藏身之地》（I KNOW PLACES）

在这首歌中，泰勒唱到了名誉对一段感情的影响，以及名人情侣要维持私生活有多难。她以猎狐为比喻，说他们自己是狐狸，而媒体是猎人，她向新交往的男友保证她知道去哪里约会不会被人注意到。泰勒在与泰德进录音室前就完成了曲子和大部分歌词，他们在第二天完成并录制了整首歌。

左图：2015年5月，泰勒在"1989"全球巡演日本东京站的舞台上。这场演出成为当年票房最高的巡回演出。

《释怀》（CLEAN）

　　泰勒与伊莫金·希普共同创作了这首抒情歌曲。伊莫金·希音不仅共同创作了歌曲，还负责乐器演奏与背景和声。这首歌主要讲述泰勒意识到她终于走出了一段感情，不再伤心。她用了水的意象。歌曲一开始唱到了干旱，而这可能象征着恋情的结束，接着还唱到暴风雨即将来临、大雨倾盆而下，让她彻底释怀。这首歌的本意是关于爱情的，但有些歌词可以被理解为是对上瘾的指涉，比如，"10个月的冷静，我无法否认，你说你已释怀并不意味着不再留恋"。

右图：欢迎来到纽约！2014年8月，泰勒在帝国大厦的私人阳台上俯瞰纽约。

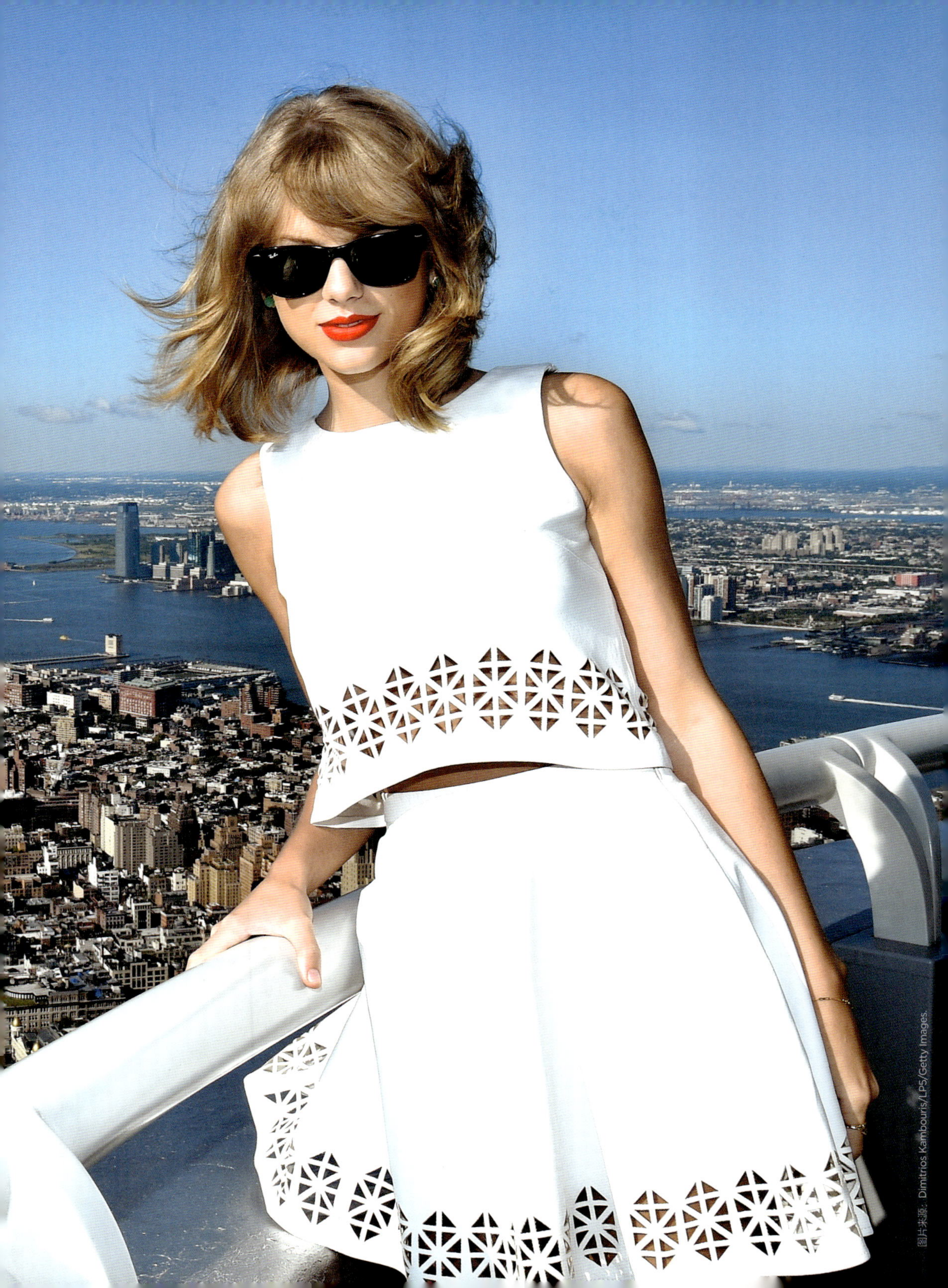

图片来源：Dimitrios Kambouris/LP5/Getty Images.

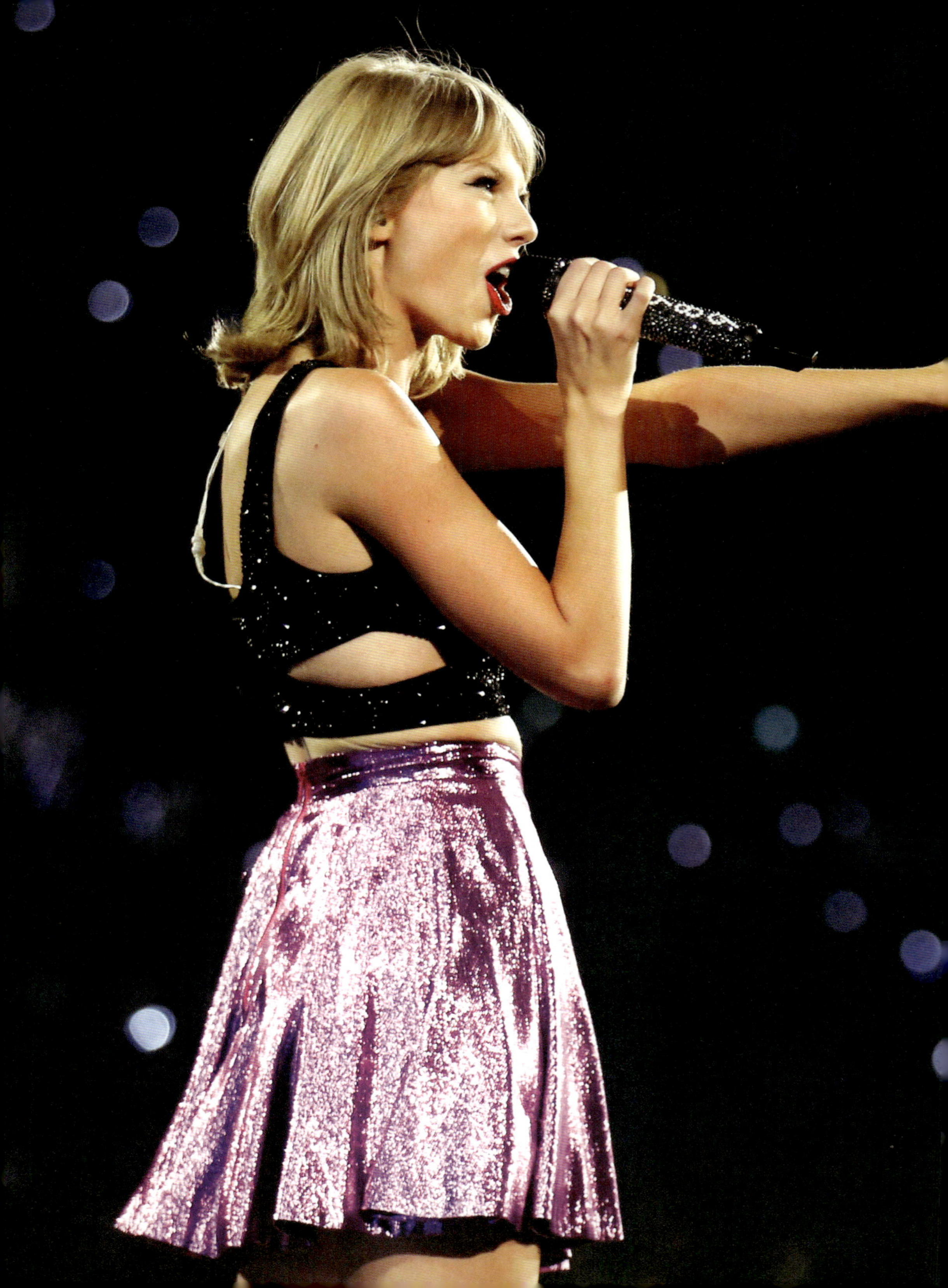

"我给你们讲我的故事已经很多年了。有些是关于成长的,有些是关于失败的。现在我要说的这个故事,关于做回自己,并……重活一次。"

左图:尽管在巨大的体育场演出,泰勒还是精心策划了演出和舞台,以确保"1989"全球巡演仍能带给观众亲密的体验。

REPUTATION 名誉

与以往的阳光性格不同，泰勒离开了聚光灯，声音也变得更为阴暗。
发行日期：2017 年 11 月

《准备好了吗？》（…READY FOR IT?）

　　这是专辑里的第一首歌，泰勒在其中扮演了一个窃贼，"偷走了心就逃离，毫无歉意"。她遇到了一个完美的犯罪伙伴，他将"加入盗窃的行列"，和她一起逃到一个岛上。这张专辑是在泰勒和乔·阿尔文交往的早期创作的，所以《名誉》专辑里的多首情歌都被认为是写给他的。在歌词中，泰勒表示他们的爱情与她其他的情史有所不同："相比之下，我所经历过的每一段爱情都以失败告终。"这首歌以带有性暗示的歌词为特色，泰勒表演了说唱曲风，还提到了好莱坞经典情侣理查德·伯顿和伊丽莎白·泰勒。

《游戏终结》（END GAME）（特邀歌手：艾德·希兰、未来小子）

　　泰勒与在 2012 年合唱过《一切皆变》的艾德·希兰再次合作创作了《游戏终结》，并加入了说唱歌手未来小子的一段歌词。《游戏终结》主要讲述泰勒希望找到能与她共度余生的爱人，她在歌中唱道，她不希望成为"又一个你不想看到的前任"。在这首歌中，泰勒承认自己"名声在外"，并认为爱人早就听闻她是个"疯子"。

《我做了坏事》（I DID SOMETHING BAD）

就像《空格》一样，泰勒在这首歌里融入了媒体和公众赋予她的形象，并从这个角度演唱，副歌中包含了歌词"他们说我做了坏事，但为何会有如此美妙的快感？最让我乐此不疲之事，如果可以的话，我想一遍又一遍反复重演"。这首歌以浓重的电子和陷阱音乐元素为特色，还有一句咒骂，这在她当时的音乐中很少见。对于后副歌效果，制作人马丁找不到乐器来实现她想要的声音，便把泰勒的声音调到低沉。人们认为这首歌唱的是坎耶·维斯特和泰勒前男友卡尔文·哈里斯。

《别怪我》（DON'T BLAME ME）

在这首中速节奏的歌曲中，泰勒说恋爱会叫人上瘾，她唱到爱情让她如痴如狂，"我的药是我的宝贝，余生都将与我不分离"。当她唱到"我如此兴奋"时，她继续使用过渡乐节里的比喻，将他们的爱情描述为"我生命中的旅程"。她再次利用媒体对她的感情生活的看法，这样唱道："和那些老男人玩着暧昧游戏，不过是些我用来消遣的玩偶。"许多歌迷和评论家都注意到这首歌的音效与霍齐尔的《带我去你的教堂》（"Take Me to Church"）相似。

《易碎》（DELICATE）

这是专辑的第六首单曲，泰勒的声音明显不同，她使用声音合成器赋予她的声音一种脆弱和富于情感的质感，这是她第一次在专辑中表达脆弱。在《易碎》之前的所有歌曲中，泰勒都是坚强而活泼的，她告诉听众她不在乎别人怎么说她，但在这首歌中，她质疑自己的名声会影响一段新关系的开始，而这个（让她有这种担忧的）人很可能就是阿尔文，她想知道他听说了多少关于她的事，这会不会影响他的判断。关键的歌词包括："我的名声从未如此之差，所以你一定是真心喜欢我。"

《瞧你们让我做了什么》（LOOK WHAT YOU MADE ME DO）

这是专辑的主打单曲，与泰勒之前的音乐有很大的不同，并坚定地确立了她全新的暗黑格调。她用这首歌来宣告自己已然重生，歌词是这样唱的:"以前的泰勒现在接不了电话,为什么?因为她已经死了!"这首歌似乎提到了她与坎耶·维斯特的矛盾,以及这件事对她的声誉造成的损害,歌词是这样的:"我不相信任何人,也没有人相信我。"人们认为这首歌的词曲作者是英国乐队弗雷德说的成员,因为重复的副歌部分可以说是说唱风格,融合了这支乐队1991年的歌曲《我太性感》("I'm Too Sexy")的旋律。

《就这样吧》(SO IT GOES...)

这首歌是泰勒过往作品中最具性暗示的歌曲之一,歌词包括:"我本性不坏,但就是想和你一起做坏事""让我在你的背上留下欢好的抓痕……"大众认为这首歌写的是阿尔文,歌词描述了他们对彼此有好感,二人在一起时会"专心享受当下",但当他们分开,则"会有点崩溃"。

《完美情人》(GORGEOUS)

泰勒在这首歌中回归了她更为传统的欢快的流行音乐曲风,开头"完美"一词出自瑞安·雷诺兹和布莱克·莱夫利的女儿詹姆斯之口。这首歌是关于她在有恋人的情况下仍然迷恋上了另一个人的,歌词解释道:"曾经的男友,他比你我成熟,他混迹于夜店,对他的所作所为,我一无所知。"尽管她处于恋爱状态,但她很恼火,因为这个人不是她的心中所爱,她是这样唱的:"你毁了我的生活,因为你不属于我。"

《逃离之车》(GETAWAY CAR)

在这首歌中,泰勒用犯罪分子乘坐逃离之车逃离犯罪现场,来比喻一段从一开始就注定失败的爱情。这首歌的歌词可以理解为是指她与演员汤姆·希德勒斯顿之间短暂的恋情,她把他比作一辆逃离之车,让她逃离了与卡尔文·哈里斯的恋情。由于这样一个开始,她很清楚这段感情不会有真正的机会,她唱道:"早该知道我会是第一个离开的人,想想你我第一次邂逅的地方吧。"

—✦—

右图:尽管这张专辑的基调和审美都比较沉郁,但从主题上讲,许多歌曲都是关于爱情的。

泰勒在创作《名誉》期间受到了《权力的游戏》的影响。

《我心之王》（KING OF MY HEART）

这首歌的结构很独特，每一部分都描绘了一段恋情的发展，第一节描述了泰勒在阿尔文出现前的快乐单身生活，前副歌表明了这对情侣正沉浸在恋爱中，副歌表现了他们的爱越来越深，越来越认真，歌词是这样的："蓦然之间，明白你就是我的追寻，我绝不会放开你的手，我的心灵、肉体乃至灵魂都听从你的调遣。"伴奏音乐在每个阶段也截然不同。泰勒在创作《名誉》期间受到了《权力的游戏》的影响，她希望后副歌的鼓点听起来像多斯拉克人的鼓点。

《戴上枷锁起舞》（DANCING WITH OUR HANDS TIED）

这首歌讲的是泰勒与阿尔文在恋爱初期的情形，当时她"低调地爱着"他，公众对此并不知情。就像专辑《1989》中的《藏身之地》一样，这首歌详细描述了她很担心因为自己是个名人，人们对她的生活密切关注，一旦这段恋情曝光，就会走到末路。关键歌词包括："人们开始津津乐道于我们的步调，我心若明镜，在这世上任谁都会不堪其扰，我也对此十分反感。"歌名暗示了他们在一起很开心，但缺乏正常情侣所拥有的自由和控制权。

《霓裳尽褪》（DRESS）

《霓裳尽褪》可能是泰勒迄今为止写得最露骨的一首歌了。她透露，她买下标题中提到的裙子，只是为了让她的男人将其脱下。歌词"我对你并不是好朋友之间的感情"引发了很多关

图片来源：John Shearer/TAS18/Getty Images.

于这首歌写给何人的争论，艾德·希兰成为大家的首要怀疑对象，但这首歌依然是写给阿尔文的，讲述的似乎是他们从朋友转变为恋人的阶段。其他人都不知道他们的恋情，而她似乎也在努力不让别人知道自己受他吸引。

《这就是为什么我们不能和平共处》（THIS IS WHY WE CAN'T HAVE NICE THINGS）

在这首轻松愉快的歌曲中，泰勒在开头唱到了她曾经为她的"姐妹团"举办的明星云集的派对，后来媒体还为此指责她。歌中还特别提到了她与维斯特和他的妻子金·卡戴珊之间的矛盾，"真朋友不会耍你，骗你接电话还戏弄你"。她还提到自己名誉尽毁，称赞了"真正的朋友"和男朋友对八卦不屑一顾。唱完"因为宽恕是一件好事"后，她大笑两声，继续唱道："呵呵，即使面无表情，这话我也说不出口。"这也给这首歌增添了一抹滑稽的色彩。

《畅所欲言》（CALL IT WHAT YOU WANT）

这首简洁的慢节奏流行情歌是泰勒在2016年淡出公众视线的那几个月里创作的。虽然名声扫地，但她过得还不错，因为她爱上了阿尔文。只要和他在一起，批评就会"消失得无影无踪"。最令人心酸的歌词包括"我的城堡一夜之间轰然倒塌""骗子们对我的形容众口一词"，这指的是她的公众形象一落千丈。然而，尽管如此，她还是坚持说，有了新恋情，她"感到前所未有地轻松自在"。

《新年日》（NEW YEAR'S DAY）

与专辑中大多数的电子流行音乐不同，《新年日》是一首简单的钢琴旋律流行情歌。歌曲的背景是在一个大型新年晚会的第二天，泰勒唱到自己去参加派对，并在午夜亲吻阿尔文，还在第二天一起收拾这片杯盘狼藉，这代表无论在高潮还是低谷，他们都会陪伴彼此。泰勒知道和他在一起"将是一条漫长的道路"，并希望这条路永远没有尽头。最能体现这一点的歌词包括："请永远不要成为一个陌生人，无论天涯海角，我都能认出你的笑声。"

— ✦ —

左图：2018年6月，泰勒在芝加哥"举世盛名"巡回演唱会的舞台上。

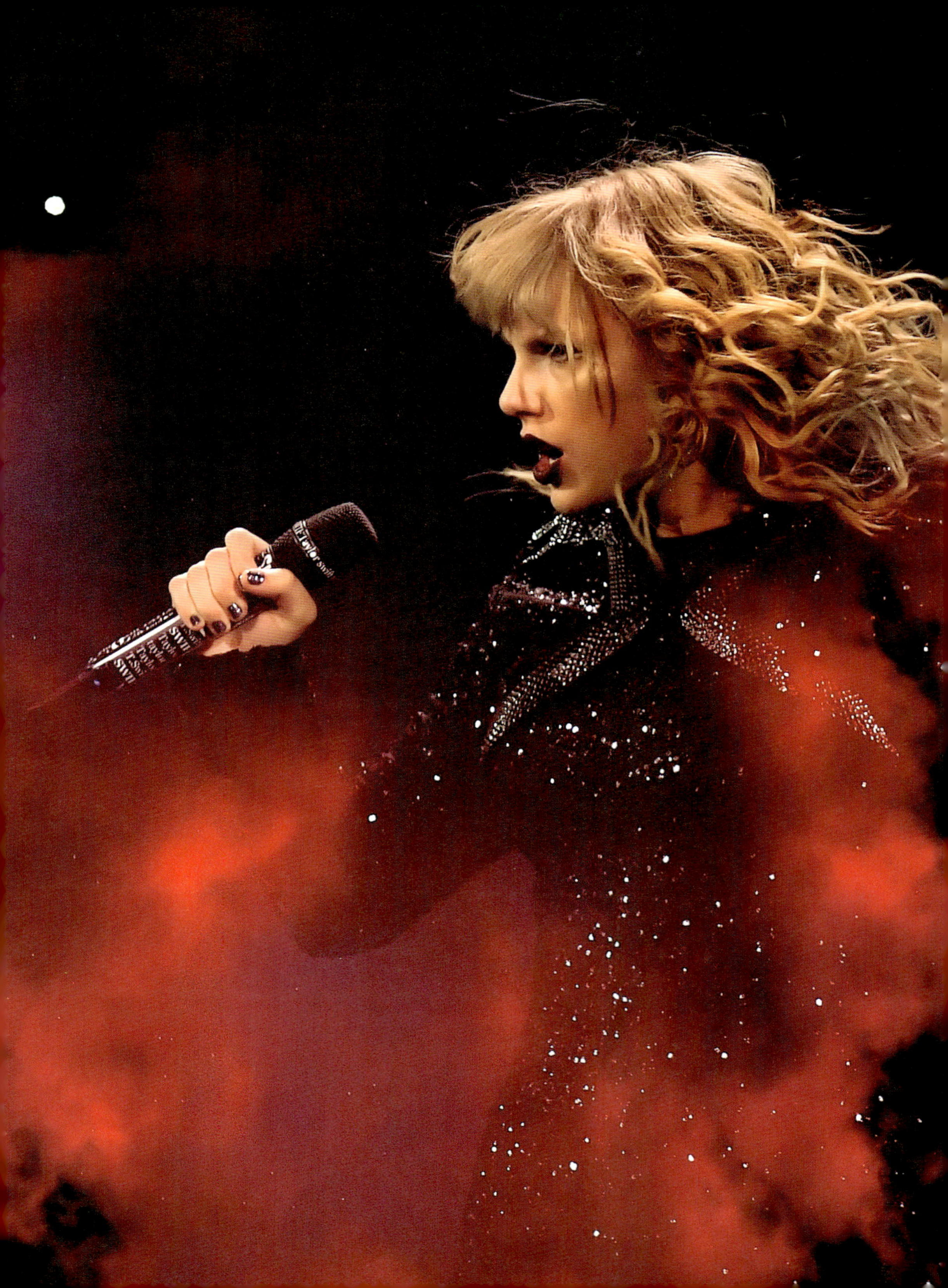

"我们以为我们了解一个人,但事实是,我们只了解他们选择向我们展示的那一面。"

左图:泰勒解释说,《名誉》是第一张人们要看到她的现场表演才能真正"理解"的专辑。屡获殊荣的"举世盛名"巡回演唱会打破了多项票房纪录。

恋人

泰勒的第七张专辑是对爱的歌颂，标志着她回归到更欢快、更乐观的电子流行音乐。

发行日期：2019 年 8 月

《我忘了你的存在》（I FORGOT THAT YOU EXISTED）

这是专辑的第一首歌，泰勒明确表示，她已经与那些让她"名誉扫地"的事划清了界限。她回忆说，她花了太多时间去想那个伤害她的人，而这很可能是指坎耶·维斯特，以及她是如何"活在你投下的阴影中，直到所有的阳光都消失"。她发现自己眼下的生活好了很多，她放下了恩怨，对那个人漠不关心。这首无忧无虑、欢快的歌曲采用了极简主义的编曲，伴随着简短的钢琴和弦与手指敲击音。

《残酷夏日》（CRUEL SUMMER）

在这首轻快的流行歌曲中，泰勒讲述自己爱上了一个"坏男孩"，这是她在夏天里一次偶然的放纵。她不确定这段关系的未来，并且极度渴望得到更多。在标志性的过渡乐节中，她终于坦白了自己的感情："无论处境如何，我都会奋力嘶吼，'我爱你'难道不是你听过的最糟糕的话吗？"杰克·安东诺夫与安妮·克拉克（又名圣·文森特）联合操刀作曲。《残酷夏日》原本是要作为单曲发行，以宣传专辑《恋人》，但新冠疫情导致计划发生了变化。作为歌迷的最爱，这首歌在"时代之旅"全球巡演的推动下重新流行起来，并最终在2023年作为单曲发行。

《恋人》（LOVER）

这首歌与专辑同名，是第三首单曲，舒缓浪漫的华尔兹舞曲带有永恒的怀旧氛围。泰勒在一天晚上独自创作了这首以吉他为主的原声民谣，描述了她对阿尔文的爱。第二天，她与安东诺夫在录音室见面，他们想用可以在70年代婚礼宴会上播放的音乐来为这表白心迹的歌词伴奏。过渡乐节的歌词听起来很像结婚誓言，歌词是这样的："女士们，先生们，请站起来好吗？……愿这魅力四射的男人成为我的爱人。"

《男中翘楚》（THE MAN）

这是专辑的第四首单曲，泰勒讲述了她在职业生涯中所经历的性别歧视和双重标准。她想象着，如果她是男人，在生活中做出与现在一样的选择，媒体和公众对她的看法和对待方式会有多么截然不同。关键歌词包括："我将成为无畏的领导者，我将成为领袖。每个人对你深信不疑，唯命是从，那将是何等畅快的感觉？"

《弓箭手》（THE ARCHER）

这首歌非常个人化，并袒露了心声。它延续了泰勒的传统，在第五首歌曲中透露最脆弱的自己。这是一首简约的中速歌曲，以沉重的合成重音乐和柔和的浩室音乐节奏为特色，营造出一种紧迫感。在诗意的歌词中，泰勒反思了她在过去恋情中的缺点，以及对新恋情的不安全感。

《我想他明白》（I THINK HE KNOWS）

这首歌的伴奏音乐很简单，在副歌部分则逐渐演变成朗朗上口的放克乐节奏。泰勒唱到她和爱人是如何深爱彼此的，她不需要承认自己有多喜欢他，因为他早已知晓。歌词里提到的"第十六大道"指的是纳什维尔的音乐街，泰勒初入行时便是在那里创作歌曲的。

《美国小姐和心碎王子》
（MISS AMER CANA & THE HEARTBREAK PRINCE）

　　《美国小妞》（这个名字来源于网飞为她拍摄的纪录片）的故事发生在一所高中。这首歌舒缓而忧伤，夹杂着啦啦队的歌声，表面上似乎是在讲述一段高中恋情，会让人想起《天生一对》。然而，泰勒在2018年美国中期选举不久后写了这首歌，表达了她对美国政治现状的失望。最能说明这一点的歌词是："美国的荣耀，在我面前褪色殆尽"和"我看到了记分牌，我玩命地奔跑"。她明确表示支持民主党，歌词是这样的："我们都伤透了心，把小镇涂成悲伤的蓝色。"歌曲的最后充满了希望，她确信她支持的团队总有一天会获胜。

《纸戒指》（PAPER RINGS）

　　在这首活泼欢快的流行歌曲中，泰勒回顾了她和阿尔文是怎么一路走来的。起初，她还对他爱搭不理。她回忆了二人在一起时的愉快经历，重申了她对他的承诺，并承认尽管她喜欢"闪亮的宝石"，可哪怕他只是拿出自己折的纸戒指，她也会欣然嫁给他。

《科尼利亚大街》（CORNELIA STREET）

　　在歌的开头，泰勒唱道："我坐在车里，无意中提起'我在科尼利亚大街租了栋房子'。"这指的是她2016年在格林尼治村租过一段时间的公寓。这首歌是泰勒自己写的，讲的是她不希望一段感情落得惨淡收场。如果真的分手了，她再也不能走在那条街上，不然与那个地方有关的所有记忆就会一股脑儿向她涌来。在歌曲的最后，可以听到背景里有雨刷的刮擦声，帮助听众想象他们在车里的画面。

右图：泰勒的《恋人》摆脱了《名誉》的暗黑审美，以漂亮的淡色和鲜艳的色彩为主色调。

《致命千伤》
（DEATH BY A THOUSAND CUTS）

泰勒想用这首歌证明，就算她有恋人，也能写出有关分手的歌。她没有描写自己生活中的某个时刻，而是受到2019年网飞电影《大人物》中的角色和事件的启发。该片讲述了一名女子在被交往很久的男友抛弃后，努力治愈心灵创伤的故事。泰勒承认这部电影对她的影响非常大，以至于她开始梦见自己有了同样的遭遇。她独立创作了歌词，然后与安东诺夫一起带着歌词前往录音棚。

《伦敦男孩》（LONDON BOY）

这首歌曲节奏轻松，开头是伊德里斯·埃尔巴谈到他骑着摩托车在伦敦兜风，这是他与詹姆斯·柯登在《詹姆斯·柯登深夜秀》中表演过的片段。这首歌是为了称赞她的"伦敦男孩"，也就是阿尔文，并详细介绍了他们在英国首都最喜欢做的事。歌曲里还提到了布里克斯顿、海格特、卡姆登集市和肖尔迪奇等地的名字。她唱到他们在酒吧看橄榄球赛，使用"mate（哥们儿）"和"babes（亲爱的）"等俚语。时装设计师斯特拉·麦卡特尼的名字也出现在歌曲里，泰勒曾与她合作，推出了《恋人》系列商品。这首歌的节奏来自卡歇尔斯·克莱的《冷战》，所以他也是这首歌的创作者之一。

《你很快就会好起来》
（SOON YOU'LL GET BETTER）

这首抒情歌曲极富感染力，也非常私密，关于泰勒母亲与癌症的第二次斗争。泰勒很少唱关于家庭的歌曲，她也不确定是否要将这首歌收入专辑中。在歌曲里，泰勒反复安抚母亲说会好起来，"因为你一定会好"，但似乎泰勒是试图说服她们两个，她不知道如果母亲不在了，她要怎么活下去。这首歌的和声部分由泰勒的乡村音乐偶像南方小鸡乐队完成。

《伪神》（FALSE GOD）

《伪神》是一首受蓝调音乐影响的感性情歌，以萨克斯独奏贯穿始终。泰勒用沉重的宗教意象描述了她和阿尔文那段一波三折的恋情，以及他们的爱可能只是伪神，但他们仍然对它顶礼膜拜。值得注意的歌词包括"我的曲径正通往那神坛"和"反思忏悔祈求原谅，推杯换盏享受这迷醉"。

《你需要冷静一下》（YOU NEED TO CAIM DOWN）

这是专辑《恋人》的第二首单曲，泰勒在歌中明确表达了对性少数群体的立场。这首歌直指网络喷子、取消文化和恐同者。对那些浪费精力给陌生人发送仇恨信息的人，她唱道："因为你投下的阴影，不会破坏任何人的快乐……还是停手吧。"在意识到自己对性少数群体的支持不够响亮或明显之后，她与乔尔·利特尔合作

右图：泰勒与她的伴唱歌手杰斯林·戈尔曼、艾略特·妮科尔、梅拉妮·涅马和卡米拉·马歇尔在《恋人》活动上的合影。

图片来源：Gotham/Getty Images

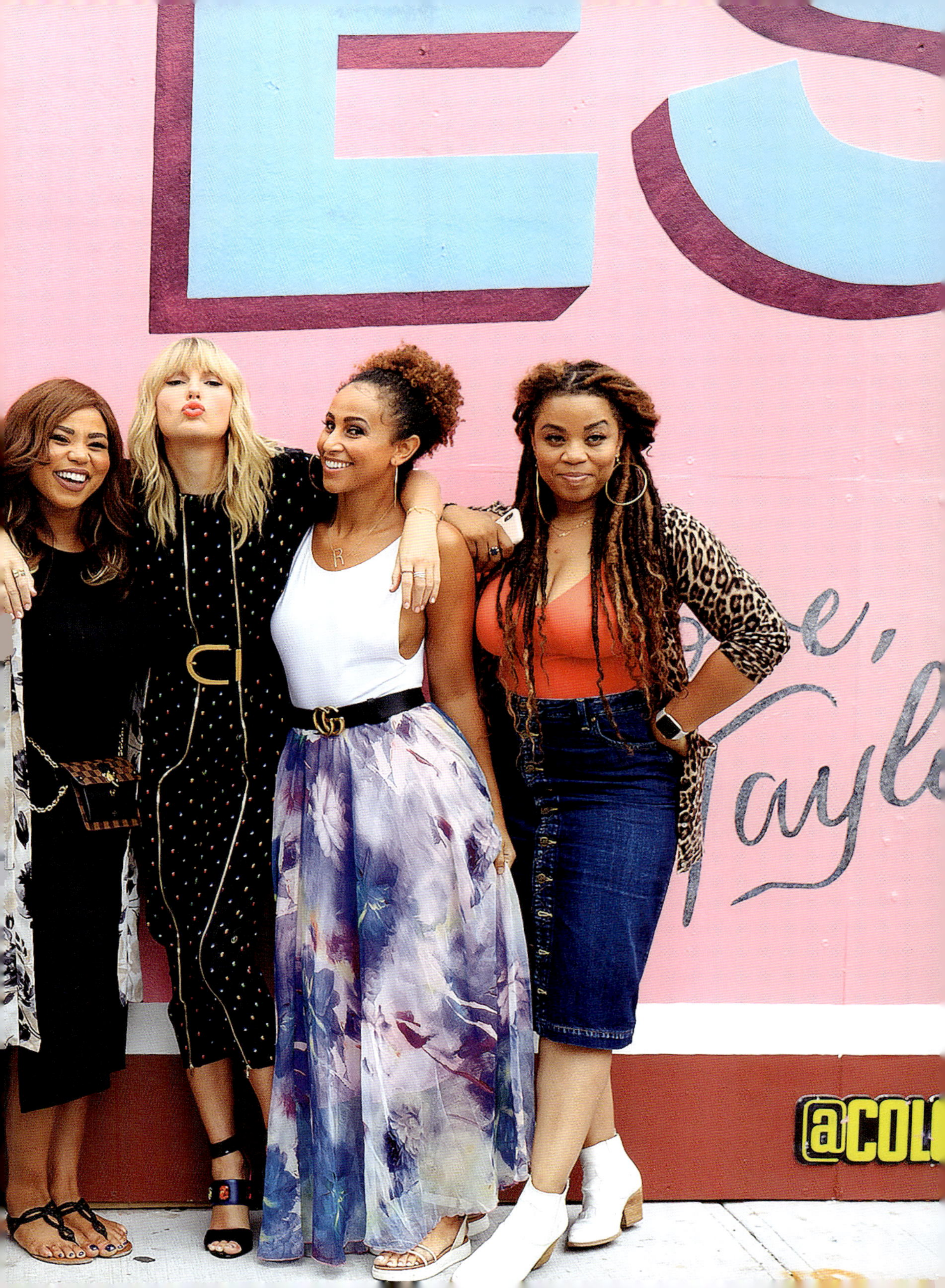

创作了这首歌。这首歌的音乐MV明星云集，获得了年度录影带奖。

《晚霞》（AFTERGLOW）

在这首歌中，泰勒回忆了她和伴侣激烈的争吵，为伤害了他的感情而道歉，并要求他保证，"即使我失去理智"，也不会离开她。她认为把事情搞砸都是她的责任，不光用冷战来惩罚他，还"焚毁了我们之间的所有希望"，并请求他的原谅。关键歌词包括"我并不想这样对你"和"我不想这样失去你"。

《我！》（ME！）

这首泡泡糖流行歌曲作为专辑《恋人》的主打单曲，再次表明泰勒回归到更加欢快和乐观的基调。《我！》是关于接受自我，赞美个性，拥有个性的。这首歌是泰勒和迪斯科恐慌乐队成员布伦登·尤里的合唱曲目！他们俩多年来一直都很欣赏对方的作品。他们在歌曲中扮演一对恋人，都坚信对方不会找到更好的人了，歌词是这样的："我保证你再也找不到像我这样的灵魂伴侣。"

《有个朋友真好》（IT'S NICE TO HAVE A FRIEND）

这首梦幻般的情歌可以被看作是一对青梅竹马的男女相爱，并最终步入婚姻殿堂的故事。然而，泰勒澄清说，这首歌讲的是在生命的不同时期找到亲密朋友的感觉，而不是一个按照时间顺序展开的故事。开头是泰勒怀念童年的友谊，提到了与所爱之人也是朋友，并将这二者进行了对比。这首歌的器乐与泰勒以往的风格有很大的差别，伴奏的是钢鼓和竖琴（让歌曲拥有音乐盒一般的质感），以及小号独奏，和声由合唱团演唱。歌曲中还选用了加拿大多伦多摄政公园音乐学校青年合唱团的歌曲《南方的夏天》（"Summer in the South"）。

《日光》（DAYLIGHT）

泰勒曾一度考虑将专辑命名为《日光》，但最终还是选择了《恋人》。她选择这首由她自己创作的抒情歌曲作为专辑的最后一首歌，是因为她在歌曲里承认了她过去在感情中所经历的伤害和痛苦，以及她最终决定放下这一切，和阿尔文一起享受"日光"。她原谅了自己过去的错误，唱道："我伤害了好人，却把坏人当成可信的人。"这首歌是对她的歌曲《红》的回响，并以一段口述独白为结尾，泰勒表示希望"被我所爱的事物定义"。

左图：2019 年 8 月 26 日，泰勒在 MTV 音乐录影带奖颁奖礼上走红毯。

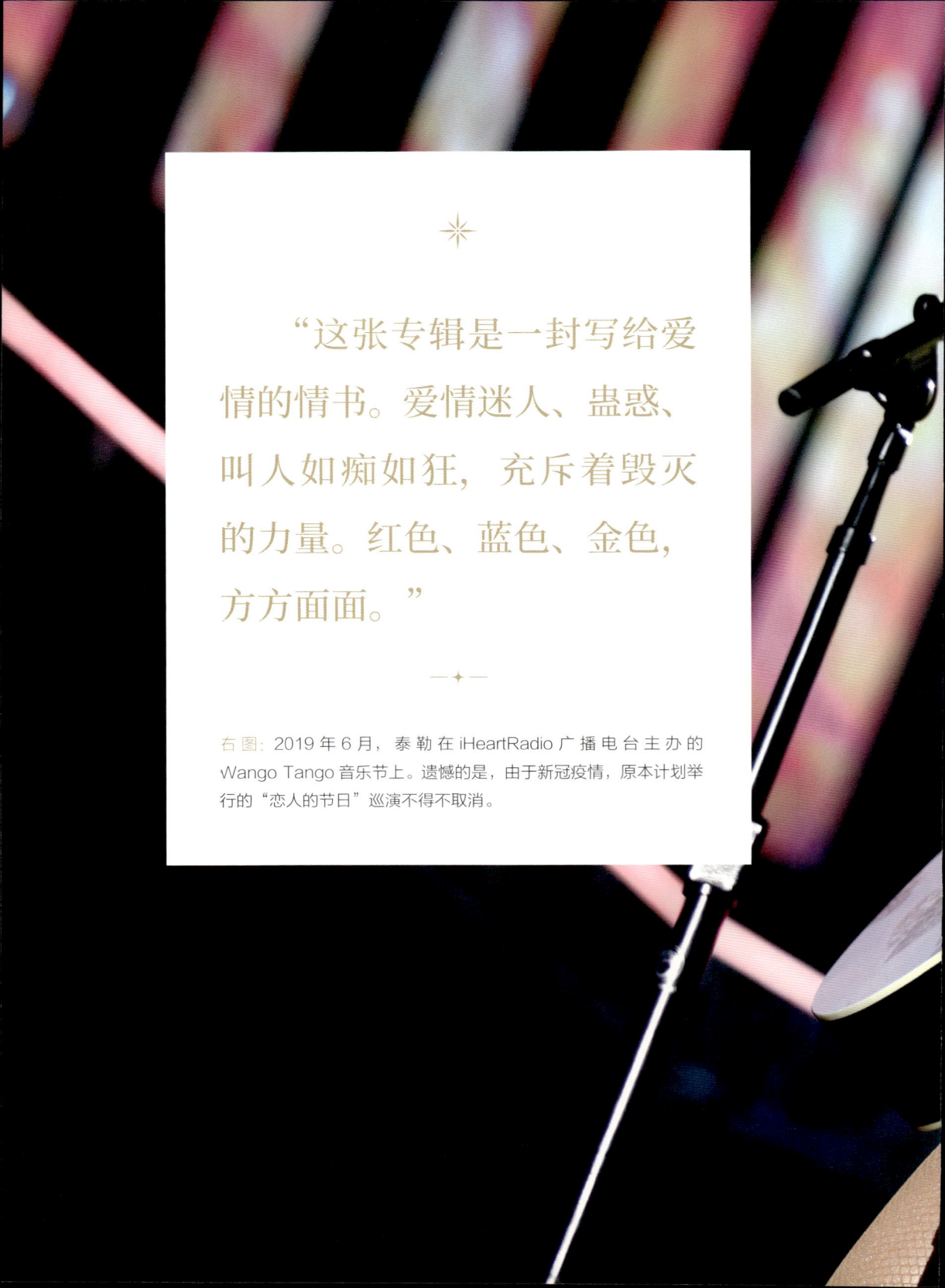

"这张专辑是一封写给爱情的情书。爱情迷人、蛊惑、叫人如痴如狂,充斥着毁灭的力量。红色、蓝色、金色,方方面面。"

右图:2019 年 6 月,泰勒在 iHeartRadio 广播电台主办的 Wango Tango 音乐节上。遗憾的是,由于新冠疫情,原本计划举行的"恋人的节日"巡演不得不取消。

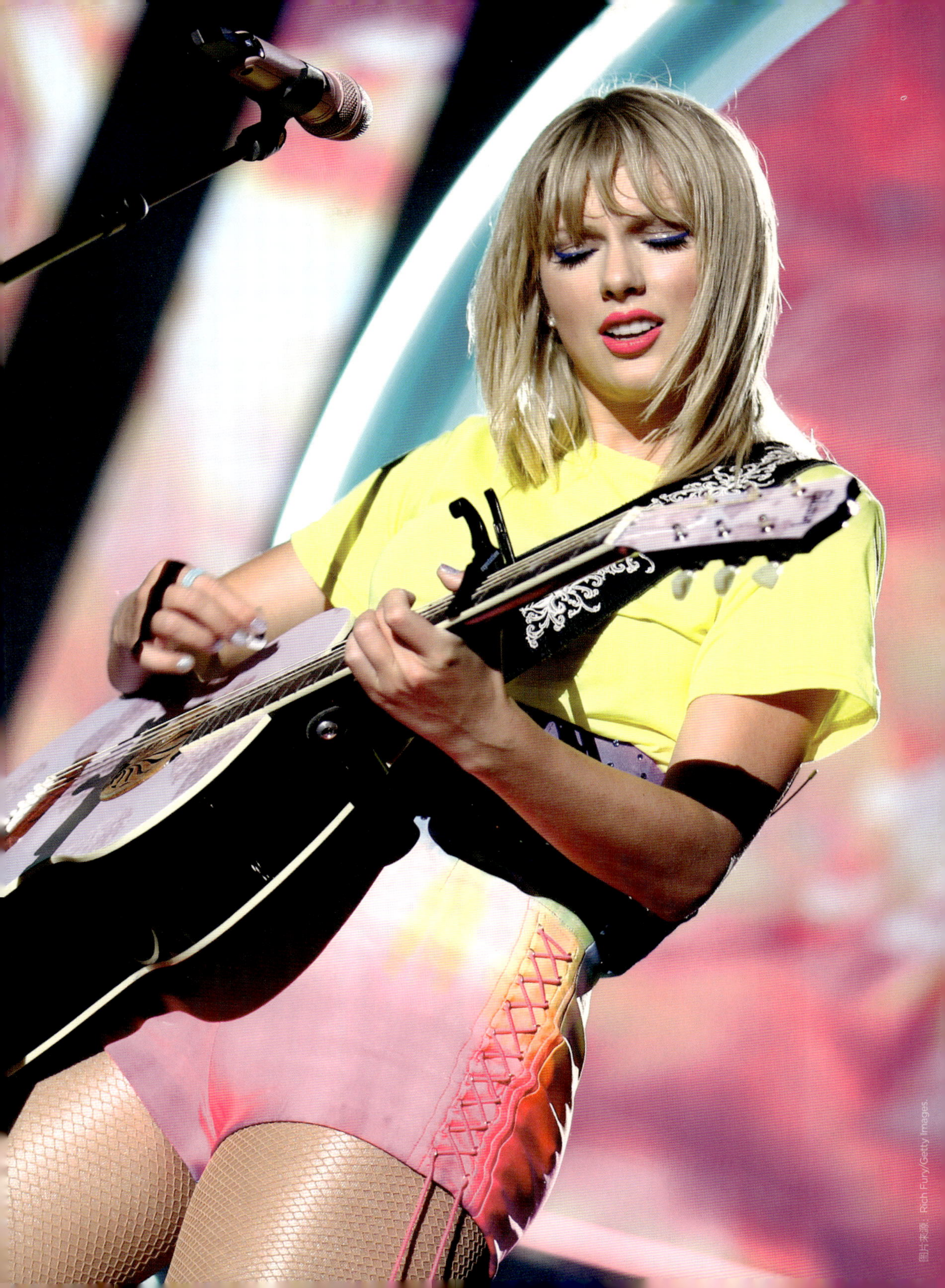

图片来源：Rich Fury/Getty Images.

FOLKLORE 民间传说

泰勒挂出了这张出人意料的专辑,她再次毫不费力地改变了风格,
不再围绕流行音乐,而是创作出了一张伤感忧郁的佳作。
发行日期:2020 年 7 月

《唯一》(THE 1)

这是专辑的第一首歌,泰勒在歌中回忆了过去的一段恋情。歌词较为欢快,泰勒感激她所拥有的一切美好事物,并祝福前任。但在副歌部分,这种积极的风格很快变成了怀旧和"如果"的想法:"如果能改变任何一处过往,那么此刻的一切会有所不同吗?"国民乐队成员亚伦·德斯纳与泰勒共同创作了《民间传说》,他在接受《秃鹫》杂志采访时透露,这首歌实际上是后来才加入专辑里的:"《唯一》和《骗局》("Hoax")是我们最后创作的歌曲。这张专辑在那之前就完成了……这两首歌就跟书挡差不多。"

《羊毛衫》(CARDIGAN)

这首动人的钢琴抒情歌曲是泰勒所谓的"青春三角恋"三部曲的第一首。三部曲互相关联,从每个人的角度探索了一段虚构的高中恋情。另外两首是"《八月》("August")"和"《贝蒂》("Betty")",《羊毛衫》从贝蒂的角度讲述了她与詹姆斯的关系。他背叛了她,让她伤心欲绝,可贝蒂知道他一定会回到自己身边:"我知道你在激情退却后会再次想起我,你会站在我门廊的灯下,我知道你会重回我的身边……"在专辑后面从詹姆斯的角度演唱的歌曲中也提到了这一点。

《最后一个伟大的美国王朝》
（THE LAST GREAT AMERICAN DYNASTY）

这首歌描述了丽贝卡·哈克尼斯的生平，她是一位富有的女继承人和艺术赞助人。她行为古怪，在上流社会声名狼藉。这是专辑中节奏比较快的曲目之一，欢快的切分音节奏推动着旋律。随着歌曲的发展，故事变得个人化，泰勒将哈克尼斯和她自己做了对比。几年前，泰勒买下了这位女继承人在罗得岛的旧宅邸"假日屋"，两个女人都受到了媒体不公平的关注。在结尾部分，她半开玩笑且得意地唱道："我拥有推翻一切的辉煌时代。"

《流放》（EXILE）

这是一首感情真挚的二重唱，由泰勒与美好冬天乐队成员贾斯廷·弗农共同完成，讲述了一对前任情侣在分手后第一次见面的故事。我们听到了两人对这段感情截然相反的看法：贾斯廷的角色为二人突然分手痛苦不已，而泰勒的角色则哀叹在决定离开之前，她已经给过这段爱情太多次机会，这才决定离开。《民间传说》中有几首歌使用了与电影相关的隐喻来描写爱情，《流放》便是其中之一，而这也是泰勒创作歌曲的常见主题。

《泪眼婆娑》（MY TEARS RICOCHET）

忧郁的和弦，空灵的和声，让《泪眼婆娑》有一种很适合葬礼的氛围。泰勒透露，这是她为《民间传说》写的第一首歌，灵感来自一个情景："一个悲痛欲绝的施暴者出现在他迷恋之人的葬礼上。"有些粉丝认为，泰勒所唱的死亡是一个隐喻，可能实际上是指她决定离开大机器唱片公司，歌词"当你夜晚无法入眠，你会听见我那遭窃的摇篮曲"，暗指泰勒与斯库特·布劳恩和斯科特·波切塔就她前6张专辑的母带所有权发生的争执。

《镜面球》（MIRRORBALL）

泰勒把自己比作一个有名无实的"镜面球"，只是一个娱乐他人的东西，负责折射出周围人的个性。歌词"我仍在尽一切努力让你的眼里有我"涉及了泰勒在纪录片《美国小姐》中所说的一点，即对音乐界的女性重塑自我以保持影响力这一点，人们有着不合理的期望。"我所认识的女歌手都在不断地重塑自己，次数是男艺人的很多倍。她们也是迫不得已，否则就将失去这份职业！不断地重塑自我，不断地发现自己全新的一面，让别人觉得你闪闪发亮……"

《七》（SEVEN）

伴着强劲有力的钢琴旋律，泰勒回忆了童年时的一段友谊，那个朋友来自一个问题家庭（"我觉得你家里闹鬼，你爸爸总是疯疯癫癫的……"）。她回忆起孩子们在困境中使用的逃避现实的方法，还想到他们只会用很天真的方式帮别人的忙（"我认为你应该来和我一起住，我们扮成海盗，这样你就再也不必掉眼泪，也不用躲在壁橱里了"）。"就像民歌一样经久流传，我们的爱也将天长地久"指的就是专辑《民间传说》。正如泰勒在专辑公告中解释的那样，"能成为民间传说的故事，都是人们在私下里口口相传下来的"。

《八月》（AUGUST）

这首歌是"青春三角恋"的第二首，从与詹姆斯有过暧昧的一个女孩的角度讲述（泰勒后来透露，她给这个女孩起名为奥古斯蒂娜）。她回忆起他们的激情，可詹姆斯仍然爱着贝蒂，这段恋情只能无疾而终。詹姆斯认为这"不过是夏天里一段短暂的恋情"（《贝蒂》中的一句歌词），奥古斯蒂娜却依然希望他们的关系能更进一步。副歌很有催眠的作用"对我来说那就已经足够，为了这段感情的将来而努力，取消种种安排只因你有可能来电……"

《只有我在挽回》（THIS IS ME TRYING）

从表面上看，这首歌是关于一个人在感情出现问题后试图弥补，为自己的错误承担责任的故事。它触及了围绕叙述者心理健康的一些黑暗主题，包括抑郁症和酗酒："他们告诉我，束缚我的都是精神牢笼，我挥霍浪费了我的前途。"但这段"恋情"也可能象征着泰勒的事业，尤其是她在2016年至2017年主动隐退一段时间后再度回归（"我经历了一段自我调整的艰难时期……我不知道如果我回头，你是否还会在乎"），以及她在公众视线下生活有多艰难。

《风流韵事》（ILLICIT AFFAIRS）

这不是泰勒第一次唱关于出轨的歌，但比起首张专辑中《本应拒绝》所表达的毫不妥协的立场，《风流韵事》这首歌在诠释主题的时候更加微妙，甚至还带着些许同情。这首歌是从一个陷入婚外情的人的角度来唱的，她面对着无尽的谎言，哀叹自己的处境，但又觉得无法摆脱。泰勒在过渡乐节中尖刻且完美地捕捉到了角色的矛盾情绪："别再叫我乖孩子，也不要叫我宝贝。你让我变成了一个爱情蠢货。"

《隐形的羁绊》（INVISIBLE STRING）

这首歌的歌名参考了东亚神话中"命运红线"的概念，人们相信灵魂伴侣由一条看

左图：泰勒宣布发行《民间传说》的消息让所有人都大吃一惊，甚至连她的唱片公司都是在发行前几个小时才得知此事。

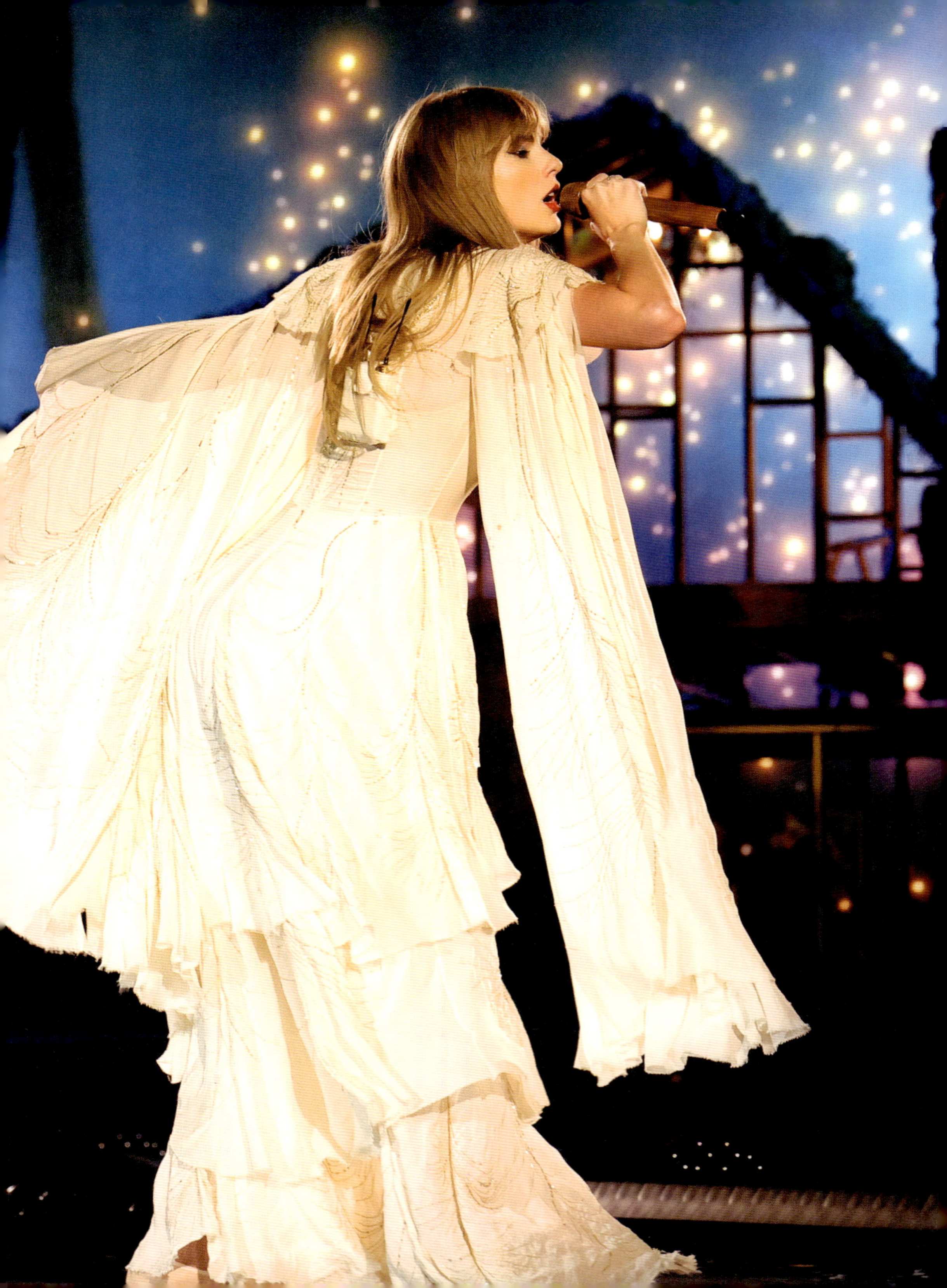

不见的红线绑在一起，命运会让他们相遇。伴随着手指拨动吉他的优美旋律，泰勒唱道，过去所有恋情带来的心碎最终引导她找到了幸福。在接受《秃鹫》杂志采访时，德斯纳解释了他是如何为《民间传说》专辑中这首最具民间音乐特点的歌曲创造出独特声音的："曲子是用我朋友放在吉他上的橡胶琴桥演奏的，这样琴弦的声音就会减弱，听起来有种古老的感觉。"

《疯女人》（MAD WOMAN）

这是《民间传说》中较为阴郁的一首歌，探索的主题是：明明女性有正当理由生气或沮丧，人们往往很不公平，觉得她们是"疯子"。泰勒在 2019 年接受哥伦比亚广播公司新闻网采访时谈到过这个主题，她解释说："男人是做出'反应'，到了女人这里，就会变成'反应过度'。"泰勒的演唱方式令人难以忘怀，她的歌词严厉地抨击了"女巫猎手"和心理操控者。在接受《秃鹫》杂志采访时，德斯纳表示："这首歌有着阴暗的一面，我认为这是一种宣泄……它的风格非常尖锐，有点像哥特式的民间传说。这首歌就是专辑里的哥特歌曲。"

《顿悟》（EPIPHANY）

《顿悟》是一首空灵缥缈的颂歌，献给过去和现在在前线冲锋的勇士，歌曲还围绕着一个概念：梦境可以帮人暂时从混乱中解脱出来。在专辑的发布说明中，泰勒提到自己受祖父在"二战"期间服役经历的启发，创作了歌曲的开头部分。而第二节则是关于在新冠疫情期间从事医疗工作的医务人员的（"正隔着塑料膜紧握着你的手……"）。在接受《秃鹫》杂志采访时，德斯纳解释了他是如何赋予这首歌独特声音的："采用了许多不同的乐器演奏，然后放慢速度、倒放……沉浸其中，那感觉非常美妙。"

———◆———

左图：与《恋人》《永恒故事》和《午夜》一道，泰勒终于能够把《民间传说》带到"时代之旅"全球巡演的舞台上。在第七部分，她演唱了这张专辑中空灵唯美的乡村音乐。

《贝蒂》（BETTY）

《贝蒂》中有《爱情故事》的影子，乡村音乐的旋律朗朗上口，诠释了年轻人恋爱的酸甜苦辣，此外，调性转换也能让人的心灵随之翱翔。这是"青春三角恋"三部曲的最后一首，我们将从詹姆斯的视角来了解整个事件的发展过程。他很后悔在夏天与奥古斯蒂娜暧昧不清，但他一直爱着贝蒂，不知道她是否会原谅他的不忠。歌词中有几处提及了《羊毛衫》和《八月》（"你穿着羊毛衫，静静伫立，我们又在我的车里热情拥吻""她却像我恶意的化身般，在我跟前停下车……睡在她身边，但整个夏天都是你入梦来"），就这样将三部曲联系在了一起。

《平静》（PEACE）

《民间传说》中有几首歌曲是从虚构人物的角度演唱的，《平静》这首歌似乎是这张唱片中更个人化的歌曲之一。歌词暗示了名声对泰勒的恋情的影响，特别是她当时与乔·阿尔文的关系。简约的背景音乐将泰勒深思熟虑后的歌词衬托得熠熠生辉。她向伴侣坦白，无论他们对彼此多么忠诚，她的事业和名人身份将不可避免地造成麻烦，让他们无法一起过"正常"的生活。"步步为营，但我为你守护。如果我永远给不了你平静，你是否依然觉得满足？"

《骗局》（HOAX）

这首忧郁的钢琴抒情曲是专辑里的最后一首歌，描写了一段波折不断的关系。歌词描述了一个人对伴侣无比忠诚，即使他们的爱看起来不会有任何结果，而这让她非常痛苦："不愿再沉溺于抑郁的忧伤之下，但仍痴迷于你，不愿再承受世间痛苦，但仍甘愿为你。"德斯纳在接受《秃鹫》采访时谈到了他对这首歌的看法，他是这么说的："歌中弥漫着悲伤，但悲伤里又充满了希望。这是一种承认，你要承担起伴侣和所爱的人的负担，对他们的起起落落负责任。"《民间传说》捕捉到了这种"充满希望的悲伤"，并在许多曲目中做出了精彩呈现。用这首歌作为专辑的最后一首歌，堪称完美。

右图：泰勒凭借《民间传说》斩获了第六十三届格莱美年度专辑大奖，她也因此成为历史上第一位3次获得该奖项的女性。

2021年3月14日，美国洛杉矶，格莱美奖颁奖礼。

"我独自创作和录制了这首歌,但我会与我的一些音乐偶像合作。"

右图:2021 年 3 月 14 日,格莱美奖颁奖礼上,泰勒手捧年度专辑大奖的奖杯。

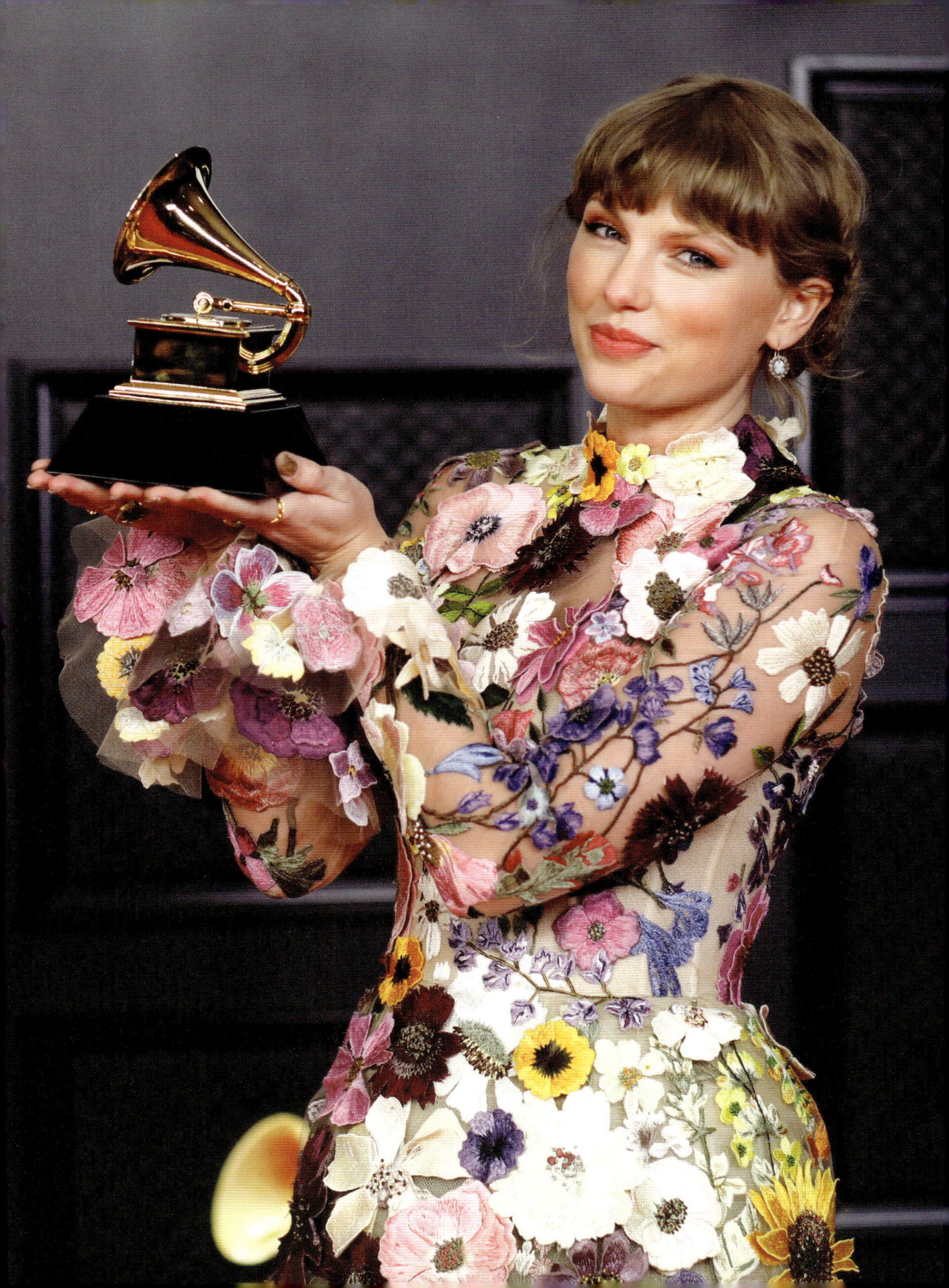

永恒故事

泰勒打破了自己一张专辑代表一个时代、彼此互无关联的传统，仅仅在 5 个月后就发行了《民间传说》的姊妹专辑，其中包含了更多令人着迷的故事。

发行日期：2020 年 12 月

《柳树》（WILLOW）

泰勒选择《柳树》作为《永恒故事》的主打歌，因为她喜欢"女巫""神奇和神秘"这些词的声音，并且认为这为专辑奠定了正确的基调。它关于阴谋、欲望和渴望得到心爱之人的错综复杂，泰勒饰演的角色似乎不确定她喜欢的人对她是什么感觉。泰勒在油管（YouTube）上对粉丝说："我觉得这听起来像是施了一个咒语，好让某个人爱上你。"

《香槟问题》（CHAMPAGNE PROBLEMS）

这首歌讲述了一个男人在家人和朋友面前单膝跪地，向交往多年的大学恋人求婚的故事，而女人拒绝了他，伤了他的心。乔·阿尔文以化名威廉·鲍厄里创作了这首歌的旋律结构，泰勒写了歌词。泰勒告诉苹果音乐，这首歌里有她最喜欢的过渡乐节之一，因为它"改变了节奏"，讲述了整个故事。她迫不及待地想在观众面前表演这首歌，听大家和她一起唱。

《淘金热》（GOLD RUSH）

在《淘金热》中，叙述者幻想着和一个人见人爱的英俊男人谈恋爱，但她意识到"这美梦永远不会成真"，毕竟和这样一个万人迷在一起，她一定会嫉妒到发狂，于是美梦破灭了。泰勒与杰克·安东诺夫共同创作了这首叫人恐惧的梦幻歌曲，安东诺夫还制作并演唱了和声，他的看台乐队负责乐器演奏。这是《永恒故事》中流行音乐风格比较浓重的歌曲之一，脉动的强音拍和变化的节奏贯穿始终，与梦幻般的歌唱相结合。

《这该死的季节》（'TIS THE DAMN SEASON）

在《永恒故事》的内页说明中，泰勒透露这首圣诞歌曲是《多罗西娅》（"Dorothea"）的姊妹篇，描述了"当她回来度假，并再次遇到昔日旧爱，重燃爱火的故事"。多罗西娅向她在家乡的旧日恋人提议，在她返回洛杉矶前这段短暂的时间里，他们可以重温昔日的温情。关键的歌词包括"这个周末，我依然属于你"和"这条我当初未曾选择的道路现在看起来还真不错"，泰勒为纪录片《民间传说：长池录音室》在德斯纳的录音室排练了一天后，在半夜写了这首歌，第二天早上在厨房里给他唱了歌词。

《容忍》（TOLERATE IT）

泰勒延续了自己的传统，以《容忍》为第五首歌，作为专辑中最脆弱的歌曲。这首歌是从一个女人的角度讲述的，她爱着比她年长得多的伴侣，但他对她的态度似乎有些矛盾。泰勒的灵感来自达夫妮·杜穆里埃的长篇小说《蝴蝶梦》，女主角在蜜月归来后就受到了丈夫的冷落。泰勒在接受苹果音乐采访时表示："我内心的一部分与此有关，因为在我生命中的某个时刻，我也有这种感受。"

《没有尸体，就不算犯罪》（NO BODY, NO CRIME）（特邀歌手：海姆乐队）

泰勒创作这首歌的灵感来自她对真实犯罪故事的痴迷，她写了一个谋杀悬疑故事，主角是一个名叫埃斯特的女人，她与出轨的丈夫对峙，却突然失踪。叙述者是埃斯特的朋友，要为她报仇。泰勒独自完成了这首歌，然后联系了她最好的朋友之一埃斯特·海姆，询问她的乐队是否愿意演唱和声。埃斯特这个角色被写进了歌词，但真正的埃斯特选择了连锁餐厅橄榄园。这首歌意味着泰勒回归了乡村音乐，也是泰勒和海姆乐队在相交多年后的首次合作。

《幸福》（HAPPINES）

这首名为《幸福》的歌曲讲述了一个女人在"过了七年天堂般的日子"后，如何适应单身生活，努力走出分手的阴霾，寻找"全新自我"的故事。尽管歌词中充满了伤害和愤怒，但说到底这还是一首充满希望的歌曲。自2019年以来，德斯纳一直在制作这首器乐曲，要给大红机器乐队演唱。大红机器是他与美好冬天乐队的贾斯廷·弗农合作创立的实验民谣摇滚乐队。但泰勒喜欢这首曲子，并为它写了歌词。这是泰勒为这张专辑写的最后一首歌，"全新自我"这句歌词也反映了她在这一阶段后将经历的重塑。

《多罗西娅》（DOROTHEA）

这首歌与《这该死的季节》是姊妹篇，从男性的角度讲述：多罗西娅的前男友很想知道，在搬到洛杉矶去好莱坞追求梦想后，她是否曾想起过在家乡图泊洛的他。叙述者很好奇她是否已经彻底改变，毕竟她赚了很多钱，也名声在外，还鼓励她"回到我身边"。泰勒在油管评论中澄清说，《多罗西娅》并不是《民间传说》的"青春三角恋"的延续，但在她的设想中，"多罗西娅与贝蒂、詹姆斯和艾内兹都是同学"。

《科尼艾兰》（CONEY ISLAND）（特邀歌手：国民乐队）

这首忧郁的抒情歌曲讲述了一对昔日的恋人坐在纽约海滨游乐场科尼艾兰的长椅上，回忆恋爱时光，想知道是哪里出了问题。这标志着泰勒不光与德斯纳合作，还第一次与整个国民乐队合作。她最初和阿尔文一起写了歌词，只用她的声音录制了这首歌，但他们决定让德斯纳所在乐队的所有成员都参与进来，主唱马特·贝尔宁格也在歌曲中献唱。泰

《香槟问题》中有泰勒最喜欢的过渡乐节之一……她迫不及待地想在观众面前表演这首歌，听大家和她一起唱。

勒告诉苹果音乐，她很高兴能让她"最喜欢的乐队里的最喜欢的主唱"在《科尼艾兰》唱"生日快乐"这句歌词，因为《永恒故事》是在她31岁生日这一周发行的。

《常春藤》（IVY）

在这首歌中，泰勒用自然意象讲述了一个女人对丈夫不忠的故事，她想知道丈夫发现了会有什么反应。常春藤是一种生长速度很快的植物，还出了名地难以移除，所以这个比喻暗示了叙述者的秘密恋情正在占据上风，尽管她很清楚这么做不对。泰勒在社交媒体上发布的关于《永恒故事》的信息中透露："《常春藤》是婚姻选集'婚后不幸生活'的一部分，其中包括不忠、在矛盾中容忍，甚至谋杀。"选集的另外两首歌是《容忍》和《没有尸体，就不算犯罪》。这首歌由泰勒、德斯纳和安东诺夫联手创作，微妙的和声则由弗农完成。

《像我一样的牛仔》（COWBOY LIKE ME）

根据泰勒的专辑内页说明，这首歌讲的是两个年轻的骗子"在豪华度假村闲逛时相遇，想要吸引有钱人谈恋爱，并从中获益"。他们坠入了爱河，把过去的行骗生活抛诸

左图：在推出《民间传说》后，泰勒发现自己"仍在继续创作歌曲，完全停不下来"，于是她在职业生涯中第一次决定制作一张"姊妹"专辑。

脑后。这首歌的和声来自芒福德之子乐队的马库斯·芒福德，泰勒是他的忠实粉丝，此外，歌中还有弗农的吉他独奏。

《长话短说》（LONG STORY SHORT）

这是《永恒故事》中唯一一首快节奏流行歌曲，重提了《名誉》的主题，指的是泰勒在 2016 年因与坎耶·维斯特和他当时的妻子金·卡戴珊的矛盾而离开公众视线。其中著名的歌词包括："我从王座上摔了下来，跌进了兔子洞。长话短说，那是段糟糕的岁月。"泰勒"挺过了"那个阶段，"不再计较"，如今"只在乎你"，这很可能指的是阿尔文。她还向过去的自己提出建议，告诉她"不要迷失在这些琐事当中"。

《玛乔丽》（MARJORIE）

这首歌唱的是泰勒的外祖母玛乔丽·芬利，她是一位歌剧演唱家，于 2003 年去世，当时泰勒只有 13 岁。在这首歌中，泰勒想起了从外婆那里学到的忠告。她还很遗憾自己当时年纪太小，没有充分了解芬利这个人。泰勒在接受苹果音乐采访时承认，在写这首歌的时候，她"有时会崩溃"，还会因为情绪激动而忍不住在演唱时哽咽。她把芬利的一些歌剧录音发给了德斯纳，他截取

右图：泰勒和海姆乐队在"时代之旅"全球巡演的舞台上。泰勒开玩笑说她是海姆乐队的"第四个姐妹"。除了《没有尸体，就不算犯罪》，她们还合作演唱了乐队的歌曲《踩下油门》（"Gasoline"）的混音版。

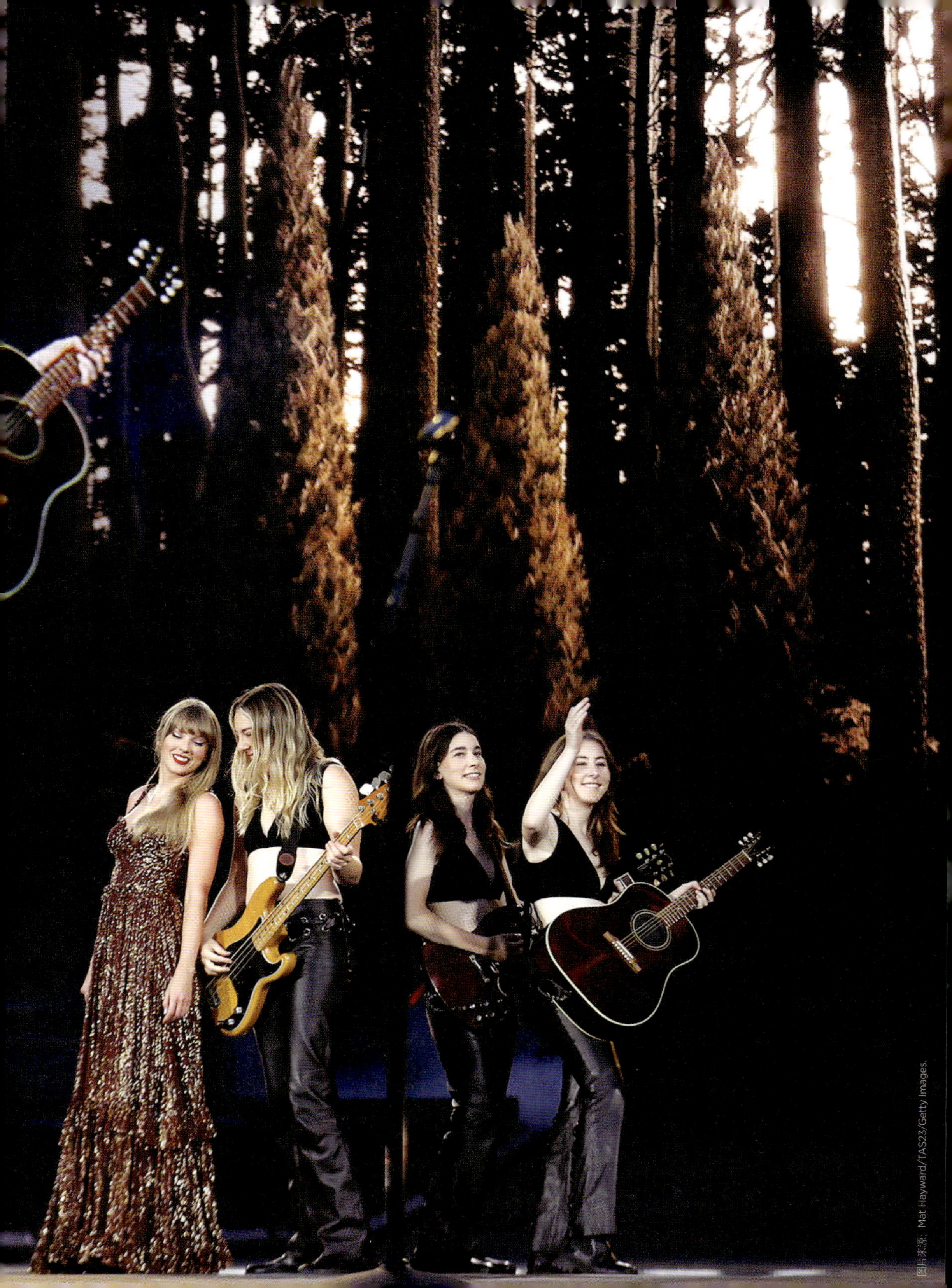

图片来源：Mat Hayward/TAS23/Getty Images.

了片段收入本歌之中，因此和声部分便是芬利的声音。《玛乔丽》是《永恒故事》的第十三首歌，而《民间传说》的第十三首歌《顿悟》的灵感则来自泰勒已故的祖父。

《离别感言》（CLOSURE）

这首试验歌曲有着不同寻常的节拍记号，描述了叙述者收到一封信，这封信可能来自一位早已疏远的朋友，也可能来自前任，信中表示想要了结关系，并建议他们做朋友，但她对消除他们之间的分歧不感兴趣，"我心怀怨恨也无所谓"。弗农用自己的声音来修饰泰勒的声音，从而让她的声音变得失真。德斯纳在接受《公告牌》采访时透露，泰勒最初写《离别感言》和《多罗西娅》这两首歌，是为了给他和弗农的大红机器乐队演唱。他解释说："我越听这两首歌，就越发觉得，倒也不是它们不适合大红机器，而是感觉它们是那种有趣、令人兴奋的歌，很符合泰勒的风格。"

《永恒故事》（EVERMORE）（特邀歌手：美好冬天乐队）

这首与专辑同名的歌曲是一首钢琴抒情曲，是泰勒与贾斯廷·弗农第二次合唱，此前，他们共同演唱了《民间传说》专辑中的曲目《流放》。在歌曲开头，叙述者已经"消沉"了几个月，还认为这种痛苦，或者可能是忧郁，将"在往后余生一直持续下去"。然而，在最后，叙述者感到了一丝希望。和歌曲《流放》一样，阿尔文精心制作了这首歌的钢琴部分，泰勒写了歌词，弗农添加了过渡乐节，但这一次，阿尔文能够远程弹钢琴录音。德斯纳在接受《滚石》杂志采访时表示："他（阿尔文）也写了《流放》的钢琴曲目，但在录制的时候，很难录下他的琴声，便换我来演奏钢琴曲。但这一次我们做到了。"

右图：2021 年 5 月 11 日，泰勒荣获全英音乐奖的至高荣誉"全球偶像大奖"。

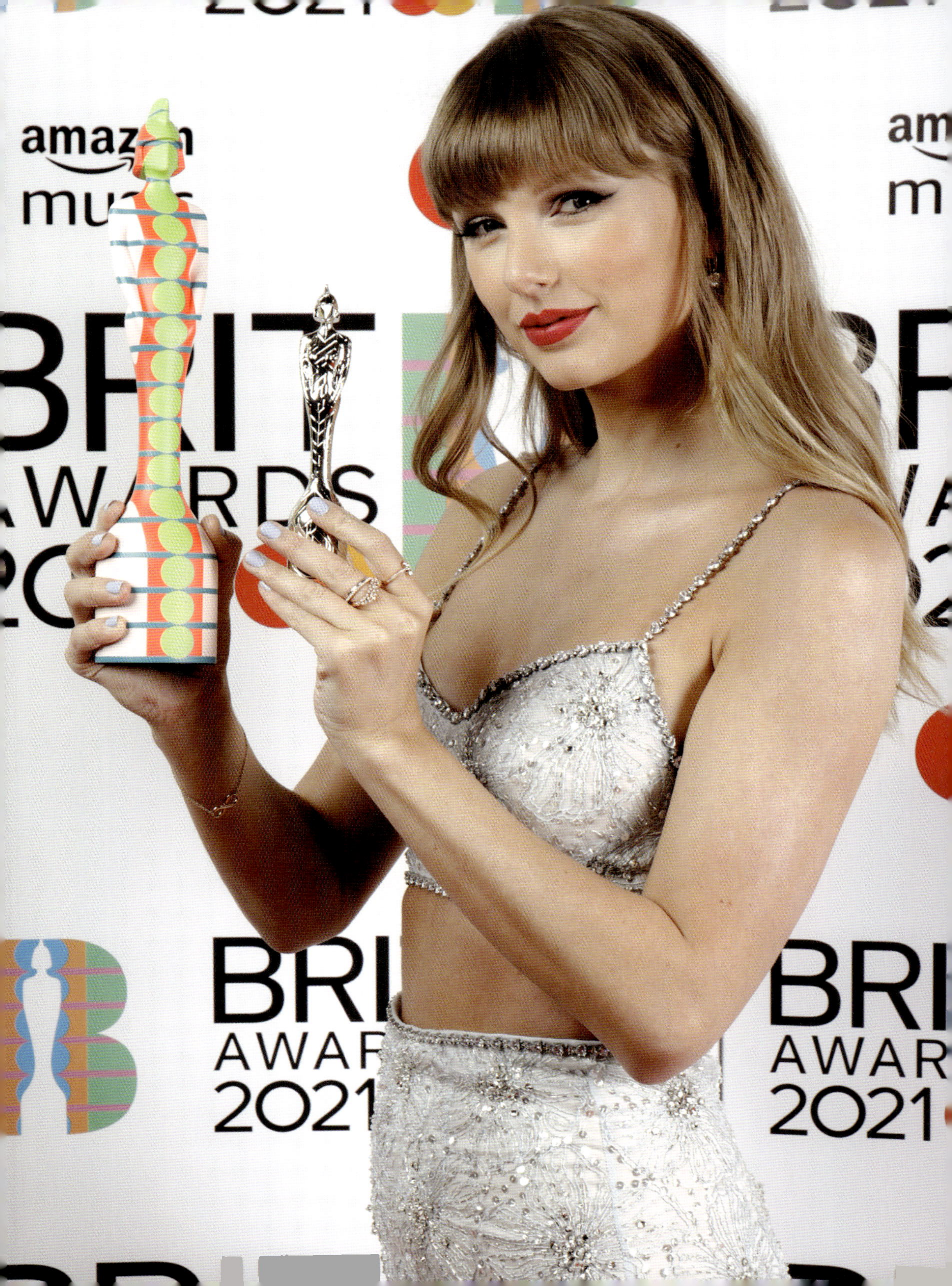
BRIT
AWARDS
2021

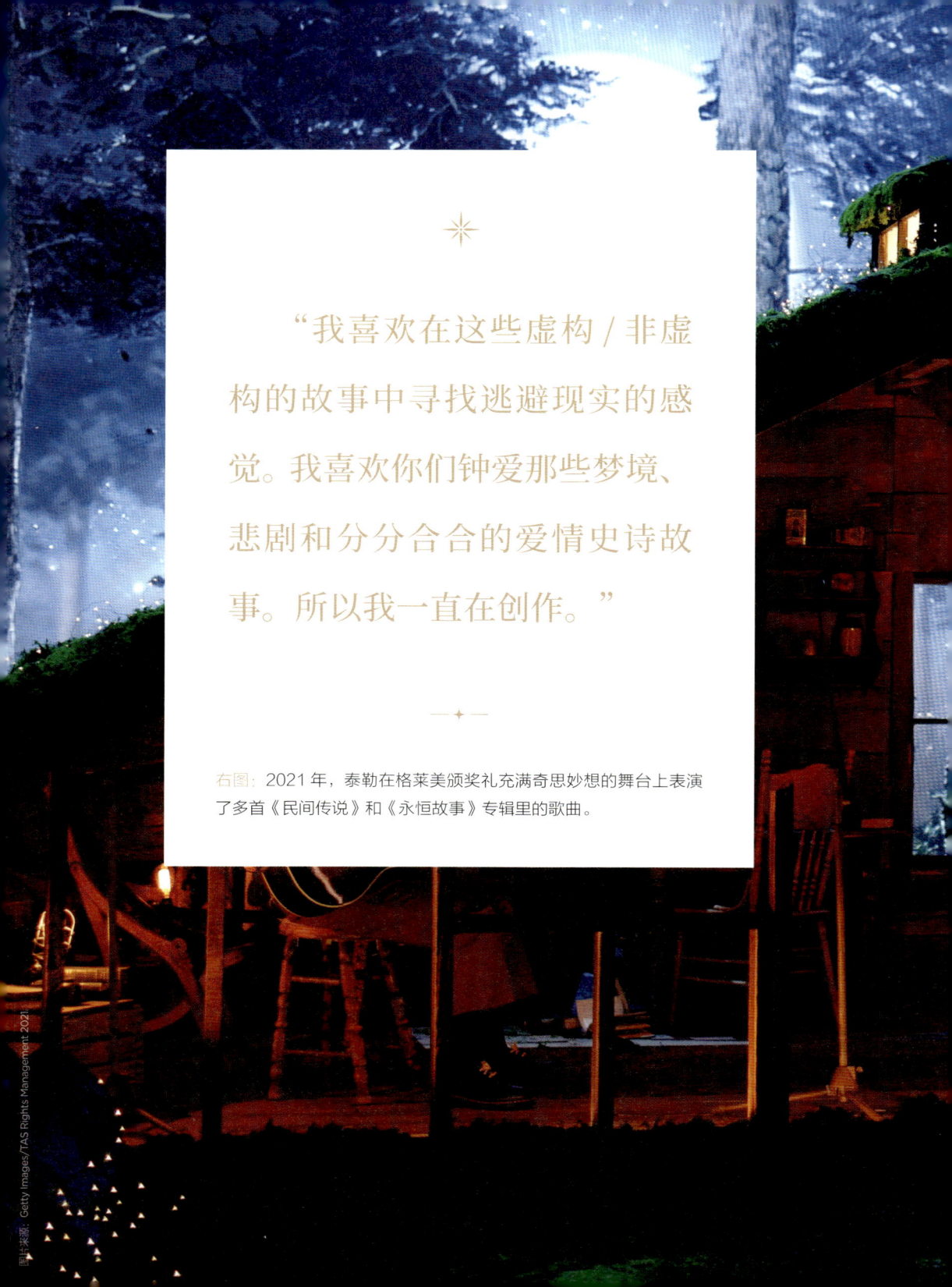

"我喜欢在这些虚构／非虚构的故事中寻找逃避现实的感觉。我喜欢你们钟爱那些梦境、悲剧和分分合合的爱情史诗故事。所以我一直在创作。"

右图：2021年，泰勒在格莱美颁奖礼充满奇思妙想的舞台上表演了多首《民间传说》和《永恒故事》专辑里的歌曲。

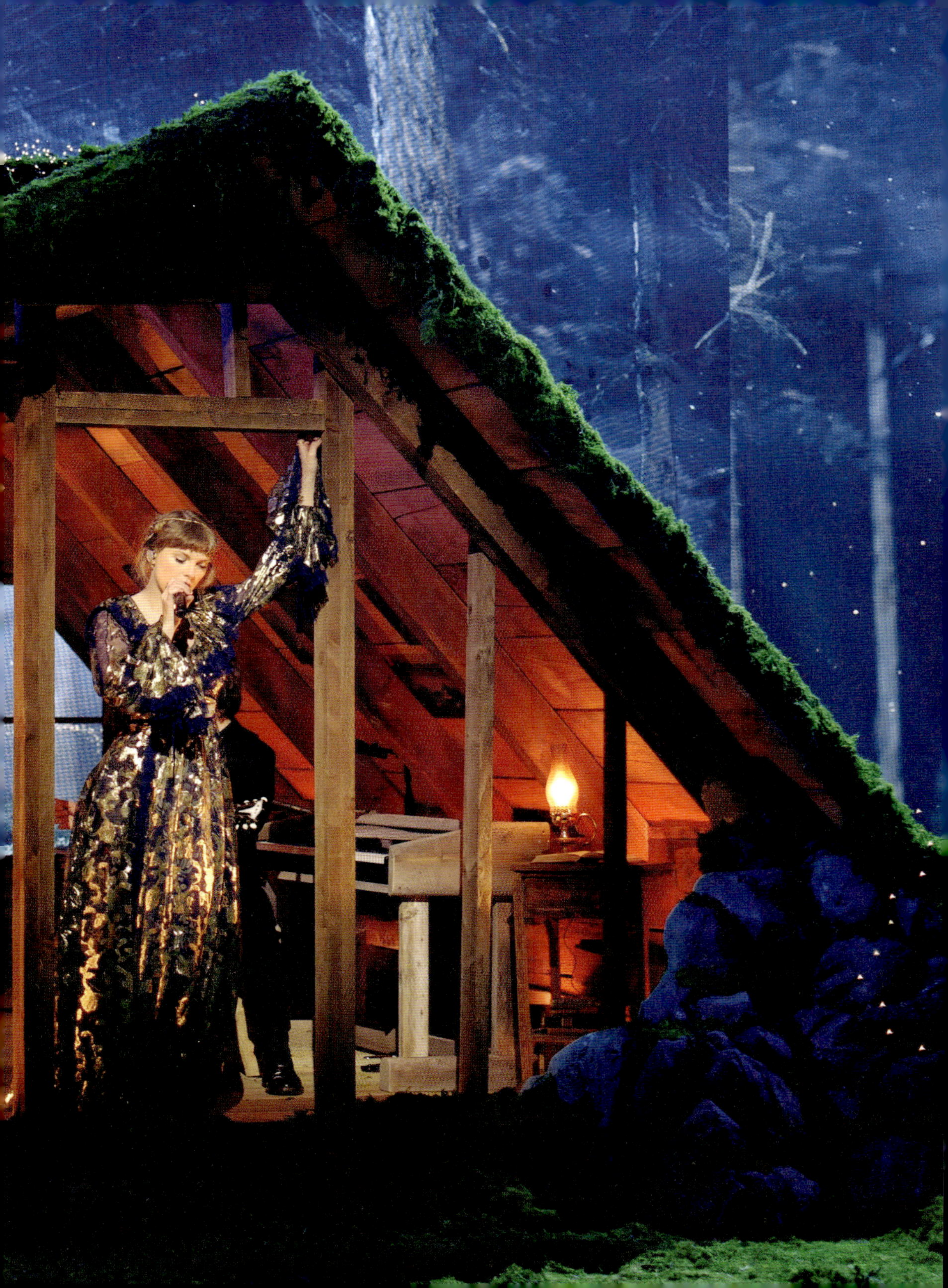

MIDNIGHTS 午夜

在发行了两张民谣唱片后，泰勒回归流行音乐，并从"13 个不眠之夜的故事"中汲取灵感，制作了一张概念专辑。

发行日期：2022 年 10 月

《薰衣草迷雾》（LAVENDER HAZE）

泰勒在看电视剧《广告狂人》时第一次听到了 20 世纪 50 年代的流行语"Lavender Haze（薰衣草迷雾）"，并发现它的意思是"包罗万象的爱情光芒"。她在歌中唱道，她愿意做尽一切，只为留在薰衣草迷雾中，比如无视外界的种种看法和小报的八卦。泰勒似乎也回应了人们对她和当时的男友乔·阿尔文订婚的频繁猜测，她是这么唱的："他们不断地质问我，是否要做你的新娘。"这首歌的歌词让人想起了《易碎》，泰勒称赞阿尔文在他们开始交往时如此"周全"地处理了外界的关注。泰勒的好朋友、女演员佐伊·克拉维茨也参与了这首歌的制作，并负责演唱和声。

《褐红》（MAROON）

这首歌让人们想起了她在 2012 年的专辑和同名歌曲《红》。在《褐红》中，泰勒回忆了一段失败恋情的起起伏伏，并承认这件事依然每天都浮现在她的脑海里。在过渡乐节中，她唱道："清晨醒来，关于你的回忆涌上心头，这一切都难以释怀。"褐红色和紫红色比《红》中"灼热的红色"要暗一些，这表明她现在经历的爱情也比

泰勒在社交媒体上解释说，《反英雄主义》是
她最喜欢的歌曲之一，因为这首歌"非常诚实"
地表达了她的自我批评。

2012 年专辑中所表达的爱情更为成熟。

《反英雄主义》（ANTI-HERO）
　　这首歌是专辑的主打单曲，荣登排行榜榜首，泰勒在歌曲中直言不讳地表达了自己的不安全感。她在社交媒体上解释说，这是她最喜欢的歌曲之一，因为这首歌"非常诚实"地表达了她的自我批评。她说："我确实认为我以前从未如此深入地研究过自己的不安全感。"她称这首歌是"一次导览旅行"，让她看到了自己身上所有叫人讨厌的地方。她还承认，她一直在挣扎，感觉自己不像一个真实的人，她的生活也变得"难以控制"。可以把《反英雄主义》和专辑《恋人》中的《弓箭手》相提并论，这两首歌的歌词都是自白，表达了自我厌恶的情绪。

《沙滩落雪》（SNOW ON THE BEACH）（特邀歌手：拉娜·德雷）
　　这首梦幻的流行抒情歌曲由拉娜·德雷演唱和声。泰勒告诉粉丝，德雷能同意参与这首歌，她不禁为此"感谢生活"，毕竟在她看来，德雷是"有史以来最好的歌手之一"。这首歌讲的是在一个不可思议的时刻，两个人同时爱上了对方。歌曲中还加入了音乐微电影《回忆太清晰》的主演迪伦·奥布赖恩的鼓曲，泰勒和合作伙伴杰克·安东诺夫建议这位演员在他们出去玩的时候录下鼓声。

《孩子，你正孤身独行》（YOU'RE ON YOUR OWN, KID）
　　这是专辑里的第五首歌，泰勒在开头回忆了自己年轻时在家乡的一段恋情，然后开始讲述事业的起步阶段，以及她在成名过程中的挣扎。这首歌可以理解为泰勒给年轻时的自己传递的信息。她在过渡乐节中坦率地提到了她曾患有饮食失调症的事。她破釜沉舟，

以继续创作歌词，"毕竟局面已然翻转，退路已被燃烧殆尽，你失去的一切，都是你采取的行动"。这首歌以脉动的节奏开始，贯穿始终。

《午夜的雨》（MIDNIGHT RAIN）

　　在极简的鼓声和合成音乐的伴奏下，泰勒回顾了过去的一段感情。这段恋情之所以结束，是因为她想追求事业，还不能安定下来。她回忆起他们二人截然不同，他就像"阳光"，而她就如同"午夜的雨"。他们两个对这段恋情的期许也不尽相同，他"想要一个新娘"，但她忙着"追名逐利"，在音乐界扬名立万。她改变了很多，而他却保持不变。

《问题……？》（QUESTION…?）

　　这是专辑的第七首歌，泰勒问了她的前任一系列关于他们在一起时的问题，并想知道，"在那次劫难发生后，你是否觉得一切都没有爱来得重要"。她问他是否后悔在他们的爱情结束时没有多挽回几次，是否还希望触摸她。歌曲中的人群噪声由奥布赖恩、安东诺夫、安东诺夫的妹妹雷切尔和泰勒的弟弟奥斯汀完成。这首歌在开头插入了泰勒2016年的单曲《脱离困境》的片段，《脱离困境》讲述的也是一段失败的恋情。

《私行不变》（VIGILANTE SHIT）

　　这首以陷阱为导向的歌曲讲述了一个女人在被男人辜负后寻求报复的故事。她还帮助其他遭到抛弃的女人报复骗子，歌中是这样唱的："她需要确凿证据，我便施以援手……如今房子孩子皆在她名下，孩子，看她多骄傲啊。"这首歌十分契合《名誉》黑暗复仇的主题，同时它也与泰勒在《没有尸体，就不算犯罪》（出自专辑《永恒故事》）中所讲的执行私刑的故事很相似。

《珠光宝气》（BEJEWELED）

　　在这首泡泡糖流行歌曲中，泰勒表达了她对爱人的失望，因为他一直"践踏我内心的平静"，没有以她应得的方式对待她。她很清楚自己的价值，于是晚上出去重拾自信，并证明自己仍然有能力"让整个地方闪闪发光"。

2020 年年初，《男中翘楚》音乐 MV 中出现了"因果报应"这个词，于是粉丝们猜测在这之后泰勒制作了一张名为《因果报应》的专辑，但至少到目前为止，这张专辑并没有发行。

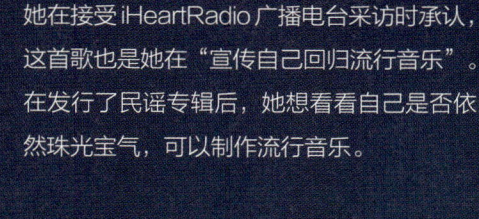

她在接受 iHeartRadio 广播电台采访时承认，这首歌也是她在"宣传自己回归流行音乐"。在发行了民谣专辑后，她想看看自己是否依然珠光宝气，可以制作流行音乐。

《迷宫》（LABYRINTH）

泰勒在歌曲中讲述了在这朦胧的梦幻景象中，她要开始一段新恋情，心里却有些犹豫不决。她用呼吸般缥缈的声音透露，她遇到了另一个恋人，却还在因为上一段失败的恋情而伤心。她以为自己"会用一生来忘记（前任）"，但她振作起来，发现自己再次坠入爱河。歌词是这样的："我以为飞机行将坠毁，而你会如何使这一切重回正轨。"

《因果报应》（KARMA）

回到在她创作中反复出现的"因果报应"这一主题，泰勒认为自己得到了好报。她对生活很满意，并想知道批评她的人是否也能这么说。她在接受 iHeartRadio 广播电台采访时表示，创作《因果报应》，"是基于非常幸福的感觉，对自己的生活方式感到非常自豪，感觉这一定是对做好事的

左图：在"时代之旅"全球巡演中，《午夜》专辑里的曲目放在最后，而最后一首歌则是《因果报应》的庆祝舞会。

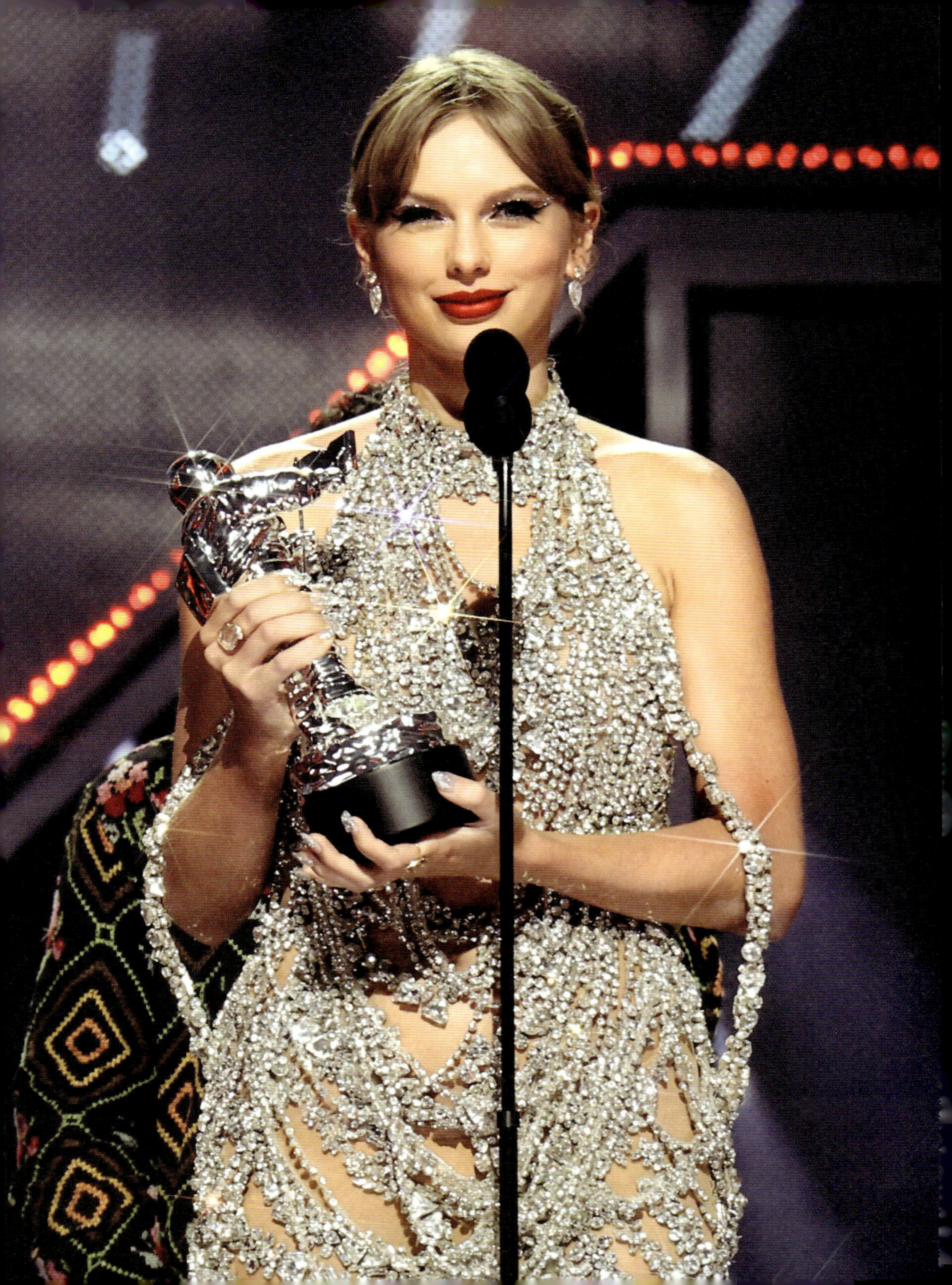

奖励"。泰勒在专辑中探索了"因果报应"的概念，比如《瞧你们让我做了什么》这首歌，以及她过去与坎耶·维斯特、金·卡戴珊和斯库特·布劳恩的恩怨。2020 年年初，《男中翘楚》音乐 MV 中出现了"因果报应"这个词，于是粉丝们猜测在这之后泰勒制作了一张名为《因果报应》的专辑，但至少到目前为止，这张专辑并没有发行。

《甜言蜜语》（SWEET NOTHING）

　　泰勒与阿尔文共同创作了这首梦幻般的流行抒情歌曲，阿尔文使用的是笔名威廉·鲍厄里，他之前曾用这个笔名与泰勒合作创作了《民间传说》和《永恒故事》两张专辑。这首歌反映了与他们忙碌的公共生活相比，他们在家里的关系是多么简单、轻松和平静。当她面对外界的压力和高期望时，她知道，阿尔文只想从她身上得到"甜言蜜语"，因而倍感平静。歌名具有双重含义，"甜言蜜语"也描述了恋人之间充满爱意的交流。在开头的歌词中，泰勒提到了在爱尔兰威克洛郡的海岸上捡了一块鹅卵石，阿尔文在那里拍摄了 2022 年上映的电视剧《聊天记录》。

《珠玑妙算》（MASTERMIND）

　　这是标准版专辑的最后一首歌。泰勒坦承，她和情人之所以走到一起，不是缘分使然，而是她精心策划的结果。这首歌的歌词与《隐形的羁绊》等以往歌曲中关于爱情是命中注定的主题形成了对比。在这首歌引人注目的自白时刻，泰勒唱道："儿时，没人愿意和我一起玩，于是在那之后，我就像罪犯一样精于算计。"她在接受 iHeartRadio 广播电台采访时表示，这首歌就像是她为粉丝送彩蛋时常用策略的"浪漫版"。她解释说："你一直在做计划，暗中密谋，让事情看起来像一场意外——我想这是只有我和我的粉丝才懂的笑话，我喜欢这样做。"

— ◆ —

左图：2022 年 8 月，泰勒在 MTV 音乐录影带奖颁奖礼上获颁年度录影带奖时宣布推出《午夜》专辑。

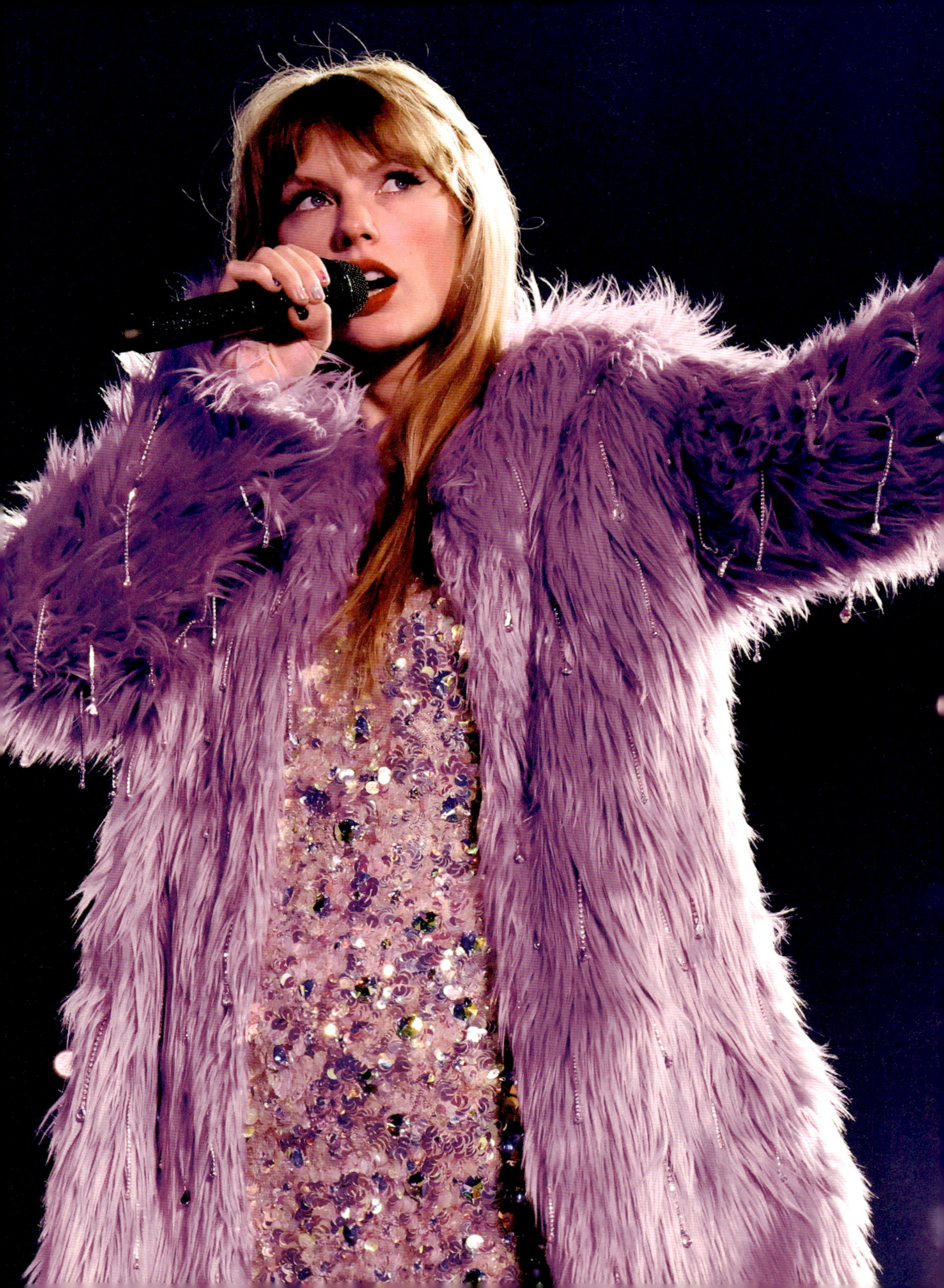

"专辑里的歌曲都是在半夜写成的,堪称一段穿越恐惧和甜蜜梦境的旅程。"

左图:泰勒在"时代之旅"全球巡演的开幕之夜上演唱《薰衣草迷雾》。为配合这首歌,舞台被布置得如同一个淡紫色的梦境,舞者们抱着蓬松的云朵。

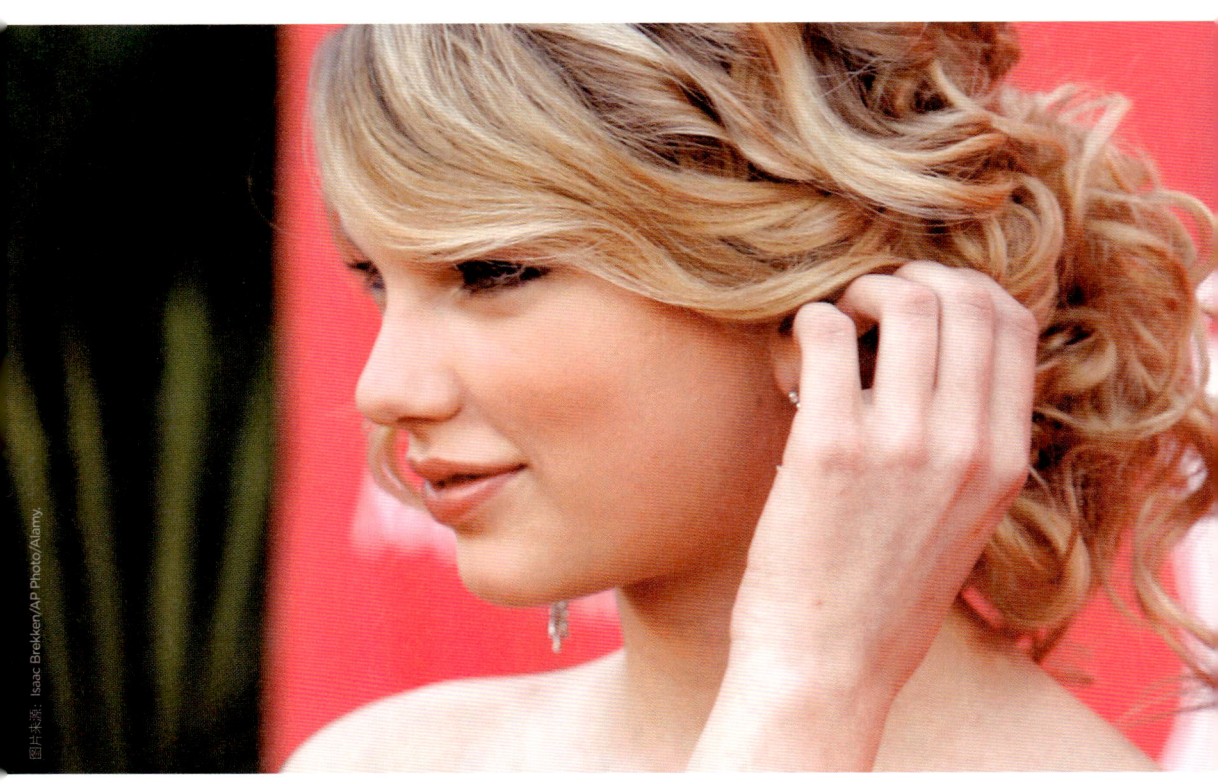

2008年5月18日，拉斯维加斯，第四十三届乡村音乐学院奖。

2009年9月13日，纽约，MTV音乐录影带奖。

2009年8月27日，纽约，"放手去爱"巡演后台。

2011年6月12日，纳什维尔，乡村音乐协会粉丝节。

2010年9月22日，好莱坞，拍摄环节。

2011年6月6日，泰勒和沙妮娅·特温在田纳西州汤普森站。

2012年9月6日，洛杉矶，MTV音乐录影带奖。

2013年11月13日，纽约，维密秀。

2014年12月12日，纽约，Z100 Jingle Ball 群星演唱会。

2016年2月28日，贝弗利山庄，《名利场》奥斯卡派对。

2018年10月6日，得克萨斯州阿灵顿，"举世盛名"巡回演唱会。

2019年11月24日，洛杉矶，卡米拉·卡贝洛、泰勒和霍尔西在全美音乐奖表演。

2020 年 1 月 5 日，贝弗利山庄，第七十七届金球奖。

2021 年 3 月 14 日，洛杉矶，格莱美音乐奖颁奖礼。

2022 年 5 月 18 日，纽约大学毕业典礼。

2023 年 3 月 17 日，亚利桑那州格伦代尔，"时代之旅"全球巡演开幕夜。

2023 年 11 月 30 日，伦敦，碧昂丝的《文艺复兴》音乐纪录电影首映式。

2024 年 2 月 23 日，悉尼，泰勒和她的伴舞在"时代之旅"巡回演唱会的舞台上。

放手去爱

FEARLESS 重制版

泰勒在第一张录音室专辑原版发行的 13 年后重新推出了这张专辑,就此启动了专辑重制计划。

发行日期:2021 年 4 月

在斯科特·波切塔将泰勒前 6 张专辑的母带(从 2006 年的首张同名专辑到 2017 年的《名誉》)卖给斯库特·布劳恩的几个月后,泰勒宣布她将重新录制这些唱片,这样她就可以获得自己音乐的所有权和控制权。

她并没有从第一张专辑《泰勒·斯威夫特》开始重新录制,而是在 2021 年 2 月宣布,她将从《放手去爱》这张专辑开始重制计划。2008 年,泰勒凭借这张专辑第一次赢得了格莱美年度专辑大奖。

泰勒不满足于只重制原版专辑中的 13 首歌曲,她重新录制了白金版《放手去爱》中的 19 首歌曲,并添加了电影《情人节》插曲《今天是一个童话》("Today Was a Fairytale"),以及 6 首她在 2008 年制作专辑时的"弃曲目",当初没把这些歌曲收入专辑中,"(她)难过极了"。

为了这个项目，泰勒找来了她经常合作的音乐人，包括杰克·安东诺夫和亚伦·德斯纳，以及在《放手去爱》巡演时期合作过的歌手，她决定保留原版的歌词、旋律和编曲，但要提升音质。

她在接受《人物》杂志采访时解释说："我们确实很努力，要创作出'相同但更好'的版本。一句歌词一句歌词地检查，留心听每一个声音……凡是能改进的，我都改进了。我发自内心地想要这个版本忠实于我最初的想法，忠实于我最初写出来的歌。显然这个版本更好。"

于是就有了与《放手去爱》非常酷似的翻版。对外行来说，它可能看起来一模一样，但从原版一路听着泰勒歌曲过来的粉丝就能听出并欣赏其中细微的区别，比如，泰勒的声音更有力、更成熟，制作更精良，录音的质量也有所提高。

粉丝们猜测泰勒的下一张重制专辑将是《红》，几个月后，事实证明他们是对的……

《依然爱你》（YOU ALL OVER ME）（特邀歌手：玛伦·莫里斯）

《依然爱你》讲述的是泰勒在一段感情结束后依然无法从前任的阴影中走出来的故事，她使用了与《释怀》（出自专辑《1989》）相似的意象。关键歌词包括："可无论我再怎么自由，也无法将你抹去。你依然占据着我的心，如影随形。"泰勒邀请乡村音乐歌手玛伦·莫里斯为这首歌演唱了和声，而玛伦曾在"举世盛名"巡回演唱会上意外亮相。泰勒告诉照片墙（Instagram）上的粉丝，她很高兴能够进行尝试，"邀请一些我最喜欢的歌手"来共同演绎最后6首歌，他们的声音以前从未出现在她的专辑里。

《好好先生》（MR.PERFECTLY FINE）

这也是一首关于分手的歌曲，人们普遍认为《好好先生》写的是乔·乔纳斯，泰勒曾在 2008 年与他短暂约会过一段时间。在这首歌中，泰勒向分手不久的前男友诉说心声，这个人没给任何解释，就抛弃了她。她似乎在怨恨他在他们分手后"过得很好"，很快就和另一个女孩约会，而她还在黯然神伤。泰勒还称这位前任"在不经意间残忍地伤害了她"，专辑《红》中的歌曲《回忆太清晰》也有这句歌词。乔纳斯当时的妻子索菲·特纳在照片墙上发了快拍（Instagram Stories）以表达对这首歌的支持，她写道："棒极了。"

《我们曾快乐》（WE WERE HAPPY）

在这首抒情歌曲中，泰勒与前任交谈，回忆起他们恋爱时的幸福时光。她邀请到乡村歌手基斯·厄本为这首歌演唱和声。在《放手去爱》专辑时期，泰勒曾在基斯的巡演上担当开场嘉宾。泰勒在照片墙上谈到了他们的合作："很荣幸基斯能参与这个项目，不光合唱了《那时》（"That's When"），还为《我们曾快乐》演唱和声。在《放手去爱》专辑时期，我做过他的开场嘉宾，他的音乐给了我无尽的灵感。"

《那时》（THAT'S WHEN）（特邀歌手：基斯·厄本）

泰勒与厄本的二度合作是一首二重唱曲目，讲述了一个女孩离开男友的故事。她需要时间和空间来"思考这一切"，她还问他们什么时候能破镜重圆。厄本在《艾伦秀》上谈到了他们的合作，他透露泰勒主动找他合作时，他正在澳大利亚为圣诞节采购。他回忆说："我坐在购物中心的美食广场上，听着泰勒·斯威夫特的两首未发行的歌曲。在这样的地方听泰勒·斯威夫特未发行的音乐，实在是不同寻常，但我很喜欢这两首歌。幸运的是，这两首歌里都有我的声音。"

《你不要》（DON'T YOU）

《你不要》的主题与《好好先生》很相似，在《好好先生》中，泰勒仍然爱着前任，而他已经和别人在一起了。在《你不要》中，两人分手后第一次在公共场合见面，泰勒很讨厌他对她这么周到友好，毕竟他伤透了她的心，即使她不恨他，她也不想假装两个人还是朋友。泰勒告诉声破天（Spotify），她与汤米·李·詹姆斯一起写了这首"非常有趣的歌"，"情感的源泉源源不绝"。她还称赞制作人杰克·安东诺夫"把歌曲制作得非常空灵，有点像梦境"。

《再见了，亲爱的》（BYE BYE BABY）

在这首歌中，叙述者刚刚和男友分手，正开车离开他的家。她本来很肯定他们两个会很幸福，但他们的关系出了问题。这首歌是泰勒和她早期的合作伙伴利兹·罗斯共同创作的，罗斯也参与了《我们曾快乐》的创作。

左图：在"时代之旅"全球巡演中，泰勒的服装体现了她过去的风格，比如在《放手去爱》部分，她穿了一件受摩登女郎风格启发的金色流苏连衣裙。

RED 红

重制版

泰勒重制了她在 2012 年推出的专辑《红》，这是重制计划的第二张专辑。

发行日期：2021 年 11 月

泰勒重制的第二张专辑《红》（重制版）不仅收录了该专辑豪华版中的 20 首歌曲，还收录了她 2012 年的慈善单曲《罗南》（"Ronan"），以及《更好的人》（"Better Man"）和《宝贝》（"Babe"），这两首歌曾分别赠送给小大城镇组合和甜园合唱团，还有 7 首来自弃曲库里的歌曲，其中就包括 10 分钟版本的《回忆太清晰》。自从泰勒透露这首歌原本要长得多之后，粉丝们就一直要求她发行传说中的未删节版本。

除了制作人内森·查普曼和马克斯·马丁，泰勒大部分最初的合作伙伴都在这张专辑里回归。与《放手去爱》（重制版）一样，在这张专辑里，泰勒的歌声更加有力、成熟，制作也更为精良。但是，除了《在家的女孩》（"Girl at Home"）（原声吉他换成了电子音，更像是流行歌曲），重制歌曲都非常忠于原版。

泰勒告诉脱口秀主持人赛思·迈耶斯，她很高兴能从旧曲库中挖掘出老歌，并与菲比·布里杰斯和克里斯·斯泰普尔顿等人合作，赋予它们新的生命。在解释为什么这些歌曲当初未能入选时，她说："我本来想把它们放到下一张专辑中，结果下一张专辑的风格完全不同，就这样，这些歌便只能被束之高阁。"

《更好的人》（BETTER MAN）

这首歌描述了泰勒对一段恋情和前任的思念，尽管她知道"自己孑然一身更好"。前任是个嫉妒心很强的人，对她有很强的占有欲，她唱道："如果你当时是一个更好的人，我们现在可能依然深深相爱。如果当初你是一个更好的人，你依然会是我的唯一。"在泰勒将《更好的人》从原版专辑《红》中删掉后，她将这首歌送给了乡村乐队小大城镇，后者于 2016 年发行了这首歌，并凭借这首歌赢得了格莱美奖。

《全新蜕变》（NOTHING NEW）（特邀歌手：菲比·布里杰斯）

这首二重唱表达了对成长的焦虑。唱歌的人想知道，随着他们的年纪渐长，又年轻又能带来刺激感的新歌手不断出现在舞台上，公众和音乐行业是否还会对他们感兴趣。泰勒在《赛斯·梅耶斯深夜秀》中解释说，这首歌是她 22 岁时写的，当时她觉得自己不再是"一个闪亮的新锐歌手"。她想找一位女歌手和她一起二重唱，于是给菲比·布里杰斯发了短信，菲比回复说："我一生都在等待这条短信。"

《宝贝》（BABE）

这首乡村民谣由泰勒与火车乐队成员帕特里克·莫纳汉共同创作，泰勒在歌中唱道，因为伴侣出轨，恋情也因此告吹。《宝贝》这首歌没有入选专辑《红》的初始版本，于是泰勒将其送给了乡村组合甜园合唱团，后者于 2018 年发行了这首歌，她演唱了和声，并在音乐 MV 中扮演"另一个女人"。当这首歌发行时，她在照片墙视频中说："我很高兴这首歌有了自己的生命，我很高兴甜园合唱团想要录制这首歌，还唱得那么好。"

《瓶中信》（MESSAGE IN A BOTTLE）

在这首快节奏的流行歌曲中，泰勒充分表现出了与刚刚在一起的恋人见面时的焦虑和兴奋，不确定两人是否能修成正果。这是泰勒与马克斯·马丁和希尔贝克合作创作的第一首歌。泰勒曾与他们合作过专辑《1989》和《名誉》。据说这首歌写的是哈里·斯泰尔斯，因为过渡乐节中提到了伦敦。

《我确信你对我念念不忘》（I BET YOU THINK ABOUT ME）
（特邀歌手：克里斯·斯泰普尔顿）

在这首乡村音乐风格的歌曲中，泰勒唱到一段关系的结束，因为男友觉得他们的成长背景"差距太大"。她确信，尽管他有了别的女人，心里却还是念着她。粉丝们猜测这首歌写的是杰克·吉伦哈尔，歌中提到前任是在贝弗利山庄长大的。泰勒在2011年6月和洛里·麦克纳一起创作了这首歌，他们想"让人们听到这首歌后能开怀大笑"。

《永冬》（FOREVER WINTER）

泰勒与来自拥抱人群乐队的马克·福斯特共同创作了这首歌。在歌曲中，歌手一直在担心和强调伴侣的健康，但他的精神健康似乎出了问题。关键的歌词包括："我想尽一切办法试图打开他的心结""如果我在你身边，我会亲自驱散你心中的阴霾"。

《奔跑》（RUN）（特邀歌手：艾德·希兰）

这是泰勒与艾德·希兰合作的第二首二重唱，唱的是离开城镇，去一个"没人"的地方。这是他们共同创作的第一首歌，大约一周后，他们又创作了《一切皆变》（原版专辑《红》中的歌曲）。艾德在接受"首都音频"采访时表示，在这两首歌中，他最喜欢的是《奔跑》，他一直希望这首歌能发行，他还补充说："我很高兴它重见了天日。"

《初次邂逅的那一夜》（THE VERY FIRST NIGHT）

在这首流行舞曲中，泰勒深情地回忆起过去的一段恋情，她太想念前任了，希望自己能"穿越时空"，回到他们初次邂逅的那一夜。这首歌是泰勒与挪威唱作二人组"间谍行动"的埃斯彭·林和阿蒙·比约克朗德共同创作的。

《回忆太清晰》（ALL TOO WELL）
（10分钟版）

　　这首深受粉丝喜爱的加长版民谣是再版专辑《红》的重磅之作，歌词更长，还有一段很长的结尾部分。人们普遍认为这首歌写的是吉伦哈尔。泰勒告诉脱口秀主持人吉米·法伦，她很高兴粉丝能听到全部原版歌词。她表示，有一天排练的时候，她"真的很难过，很心烦"，便"开始即兴演唱我的经历和感受，就这样一直唱啊唱啊，歌曲的长度一直在增加，整首歌持续了大约10到15分钟"。她相信这个版本将成为这首歌的最终版本。

左图：泰勒在"时代之旅"全球巡演的开幕之夜上，穿着《红》风格的T恤，衣服上印着"当下有很多事要做"。

SPEAK NOW 爱的告白

重制版

第三张录音室专辑重制完毕，代表着泰勒重制前 6 张唱片的任务完成了一半。

发行日期：2023 年 7 月

《爱的告白》是一张流行乡村音乐专辑，同时也包含了流行摇滚乐，由泰勒独自创作，这是对那些声称她自己写不出歌的评论家的回应。泰勒在推特（Twitter）上宣布发行《放手去爱》（重制版），她解释说："这些歌曲来自我生命中的这个时期，每个字都坦诚无比，未经过滤，就像写日记一样坦白，充满了狂野的渴望。我喜欢这张专辑，它讲述了一个关于成长、挣扎、高飞和崩溃……以及活着谈论这一切的故事。"

除了《爱的告白》标准版的 14 首歌曲和豪华版的两首歌曲，即《有你有我》（"Ours"）和《超人》（"Superman"），泰勒还额外添加了来自弃曲库的 6 首歌。她与长期合作的伙伴杰克·安东诺夫和亚伦·德斯纳再次合作，制作了这几首新加入的歌曲。

毫无意外地，泰勒的歌声更加成熟和优美，因为原版《爱的告白》是在 2010 年发行的。大多数歌曲的长度与原版相比只是略有不同，但这版重制专辑最显著的区别是《不如报复》的歌词变化。泰勒把原来那句有争议的台词"在滚床单这事上，她倒是挺出名"改成了"他犹如飞蛾扑火般义无反顾，而正是她手握着火柴"。

《触电感受》（ELECTRIC TOUCH）（特邀歌手：打倒男孩乐队）

在这张专辑中，泰勒与打倒男孩乐队主唱帕特里克·斯顿普合作了两首歌曲，这首流行朋克歌曲是第一首。歌曲有着电影般的画面，讲述了泰勒和帕特里克在第一次约会前的不确定和眩晕感，以及在经历心碎之后对新恋情所怀有的希望。"我只知道，我或许会心碎，但也可能焕然新生。"这首歌并不是泰勒和打倒男孩乐队的第一次合作，他们曾在 2013 年的维密秀上一起演出，斯顿普还在泰勒的"红"巡回演唱会上担任过嘉宾。

《当艾玛坠入爱河》（WHEN EMMA FALLS IN LOVE）

这首甜蜜而感伤的歌曲是泰勒与德斯纳共同制作的，讲述了艾玛的恋爱历程。艾玛是个年轻迷人的女子，她坠入爱河又失恋，最终找到了真爱。这首歌时而是钢琴旋律的民谣，时而是吉他伴奏的乡村流行歌曲，表达了泰勒对朋友的钦佩，歌声发自内心。专辑发行后，泰勒在堪萨斯城第一场"时代之旅"巡演中透露，这首歌写的是她的一个好朋友，这进一步加深了人们的猜测：艾玛就是她的密友——女演员艾玛·斯通。

《我能看见你》（I CAN SEE YOU）

《我能看见你》是一首撩人性感的歌曲，充满了调情的影射，泰勒向一个潜在的情人倾诉，还唱到了他们对彼此的吸引。这首歌是泰勒与安东诺夫共同制作的，与专辑的其他歌曲相比，吉他即兴演奏为整首歌增加了较为前卫的元素。总体而言，实验音乐让人想起泰勒在专辑《名誉》和《午夜》中所进行的探索，而性暗示的歌词则让人想起了歌曲《霓裳尽褪》。这是专辑中唯一一首来自弃曲库且有正式音乐 MV 的歌曲，

MV 由泰勒的前男友泰勒·劳特纳主演。

《城堡崩塌》（CASTLES CRUMBLING）（特邀歌手：海莉·威廉斯）

这首歌可以说是整张专辑中最感性、最内省的歌曲之一。泰勒与她的老朋友、帕拉莫尔乐队主唱海莉·威廉斯合作创作了《城堡崩塌》这首歌。在接受《奇袭》杂志采访时，海莉解释说，这首歌写的是"我们都经历过的在公众注视下成长的经历"。歌词确实探讨了成名的复杂性和压力、自我怀疑，最后，泰勒还提到自己很害怕失去粉丝的支持和她的事业。《城堡崩塌》也是泰勒和安东诺夫合作制作的，是一首忧郁的民谣，主要唱的是爱情，这与专辑中的大部分曲目都有所不同。

《痴傻情爱》（FOOLISH ONE）

这首歌由泰勒与德斯纳共同制作。泰勒讲述了单恋的痛苦、内心绝望的深情，徒劳地等待着她所爱的人回报她的感情。这首歌忧郁的旋律强调了青少年缺乏经验，在恋爱中伤透了心，但在最后，泰勒接受她所爱的人选择了别人，并意识到了自己的愚蠢。自从这首歌发行以来，就有很多人猜测它写的是泰勒的前任，也就是歌手约翰·梅尔，不过这一点并没有得到证实。有趣的是，第二节中的"这很脆弱"成为2017年专辑《名誉》中的一首歌。

《永恒爱情》（TIMELESS）

这首感伤的抒情歌曲探讨了命运和永恒的爱情。在歌词中，泰勒想象着她在不同时期的恋情，并决定无论如何，他们都会找到彼此。《永恒爱情》是一首流行乡村音乐经典，与原版《爱的告白》里的歌曲非常

右图：这张重制专辑问世后，泰勒把《着迷》和《不朽》相继添加到"时代之旅"全球巡演的目录中。

契合。这首歌由原声吉他、鼓和钢琴混合演奏，甚至还提到了《罗密欧与朱丽叶》，而这正是她的热门歌曲《爱情故事》的灵感来源。《永恒爱情》的音乐 MV 中出现了泰勒的外祖父母玛乔丽·芬利和罗伯特·芬利的照片，他们的爱情可能是这首歌的灵感来源。

1989

泰勒最畅销的专辑在原版发行9周年之际完成了备受期待的重制，重制的复古流行力作听起来更具感染力。

发行日期：2023年10月

在泰勒宣布这是她迄今为止最喜欢的专辑之后，人们便对这第四张重制专辑抱着极大的期待。早在2014年，原版《1989》就奠定了泰勒作为流行巨星的地位，许多评论家和粉丝都认为这是她最好的专辑。

听泰勒的重制专辑，就像在新家与老朋友见面，《1989》也是如此。这是张怀旧风格的专辑，听起来叫人舒服自在，但一切都感觉新鲜，而且更为精致。包括《统统甩掉》《空格》和《敌对》等在排行榜上名列前茅的标志性热门歌曲，专辑的主要曲目仍然像以前一样闪耀。在制作上的微妙变化将歌曲提升到了全新的高度，还不会因为差异过大而分散注意力或显得不和谐。

像往常一样，泰勒在重录原声方面做得非常出色，同时还在演唱中不时加入新亮点。这些小小的转折总是让人感觉很自然，绝不是为了改变而改变。

多年来，她的低音域也变得越来越强，这为她演唱《新浪漫主义》（"New Romantics"）等歌曲提供了额外的力量和控制力。

一些粉丝希望这张专辑中能多收录几首弃曲库的曲目，毕竟当初为了 2014 年那张原版专辑一共写了 100 多首歌。但泰勒之前曾说过，她在筛选原版专辑的曲目时必须非常狠心："我为这张专辑写了很多非常好的歌曲，但要是我觉得它们应该属于上一张专辑《红》，就只能刷掉。"她在 2015 年接受《托德晨间秀》采访时如此解释道。在选择弃曲库曲目时，她可能也采取了同样的方法，以确保它们符合她对整张唱片的愿景，而这也可谓合情合理。所以，我们这些望眼欲穿的粉丝"只能听到" 5 首新歌，但请放心，这 5 首歌绝对是叫人眼前一亮的合成流行乐。

《"婊子！"》（"SLUT!"）

这首歌的名字宣布后，引起了一些人的不满。有人猜测这将是一首赞歌，也许类似于《我！》，毕竟都有感叹号。但与标点符号形成鲜明对比的是，这首歌实际上是一首梦幻且撩人的歌曲，讲述了泰勒在高调的约会生活中所面临的荡妇羞辱。它描述了一段她觉得值得追求的感情，尽管她受到了不公的审视。歌曲还强调了女性公众人物有了恋情后所面临的双重标准（"付出代价的人是我，不是你"）。这首歌的声乐部分很轻柔，但也传达了一个挑衅的信息：泰勒愿意和谁约会，就会和谁约会，她不再担心感情生活将影响自己的公众形象："他们叫我'婊子'，但你知道，这一次或许值得。"

《说你不走》（SAY DON'T GO）

这首歌是由泰勒与传奇歌曲创作人黛安娜·沃伦合作创作的。黛安娜·沃伦有很多大热作品，包括黎安·莱姆斯的《我怎样活下去》（"How Do I Live"）和空中铁匠乐队的《不想错过你所有》（"I Don't Want to Miss a Thing"）。《说你不走》是一首气势磅礴的抒情歌曲，即便是在 20 世纪 80 年代言情剧的演职人员名单滚动显示时播放，也不会让人觉得格格不入。这首歌讲述了泰勒如何面对必定会到来的心碎结局，但她还是忍不住希望伴侣能改变心意，求她不要离开。这段恋情在情感上并不平衡，泰勒苦苦思恋，伴侣则很疏远，对她不感兴趣，只是偶尔施舍给她一点爱意："你亲吻了我，时间在那一刻仿佛停止不前。我属于你，你却不是独属于我。"

《现在我们不讲话》（NOW THAT WE DON'T TALK）

这首歌只有 2 分 26 秒，是泰勒迄今为止的专辑中最短的一首歌，但当她拿起智慧的武器，瞄准疏远的前男友时，这首歌无疑是强有力的一击。歌曲展示了泰勒的音域，她在假声副歌中毫不费力地从低音升至上行音阶。在脉动、闪闪发光的合成音效的背景下，泰勒巧妙地演唱了"现在我们不讲话"的歌词和结尾部分，歌声引人入胜，让人一听就喜欢。"这是我最喜欢的弃曲之一。"泰勒在汤博乐（Tumblr）上解释说，"将这首歌弃之不用，是一个非常艰难的决定，但我们是在创作快结束的时候写了这首歌，当时根本无法制作出更高的水平。"

《郊区传奇》（SUBURBAN LEGENDS）

这首歌讲述了两个联系紧密的知名人物过去的恋情。虽然泰勒最初对这段关系的发展抱有幻想，但最终幻想还是破灭了。起初，她原谅了前任不加掩饰的不忠行为（"陌生的号码致电给你，赫然出现在我眼角的余光里"），她相信他们的缘分是上天注定的（"我们生来就是国宝一般的存在"）。当前任继续欺骗她时，尽管非常痛苦，她最终还是决定结束这段关系（"你太礼貌，不忍下手，于是我把自己的心撕碎"）。

《如今一切已经结束了吗？》（IS IT OVER NOW？）

人们认为专辑《1989》中的许多歌曲都是泰勒从她与哈里·斯泰尔斯的恋情中获得了启发，但这首歌是最有可能得到证实的。歌中提到了他们在一起时发生的具体事件："鲜红的血，洁白的雪"（《脱离困境》中也提到了雪上摩托事故）和"一袭蓝裙坐在船头"（狗仔队拍到泰勒独自离开他们度假的地方）。在具有独特氛围的合成音乐的衬托下，泰勒演唱了一些她最好的歌词，探索了分手的模糊界限。歌中也含有中八流行乐，立即就成为泰勒使人欲罢不能的过渡乐节之一，还有一句极具震撼力的歌词："我想过从高楼一跃而下，只为看你向我奔来"。这句歌词立刻成为经典。

左图：2023 年 8 月 9 日，泰勒身着蓝色的"时代之旅"全球巡演演出服，作为发行专辑《1989》（重制版）的一个悬念。

第三章

泰勒的朋友圈

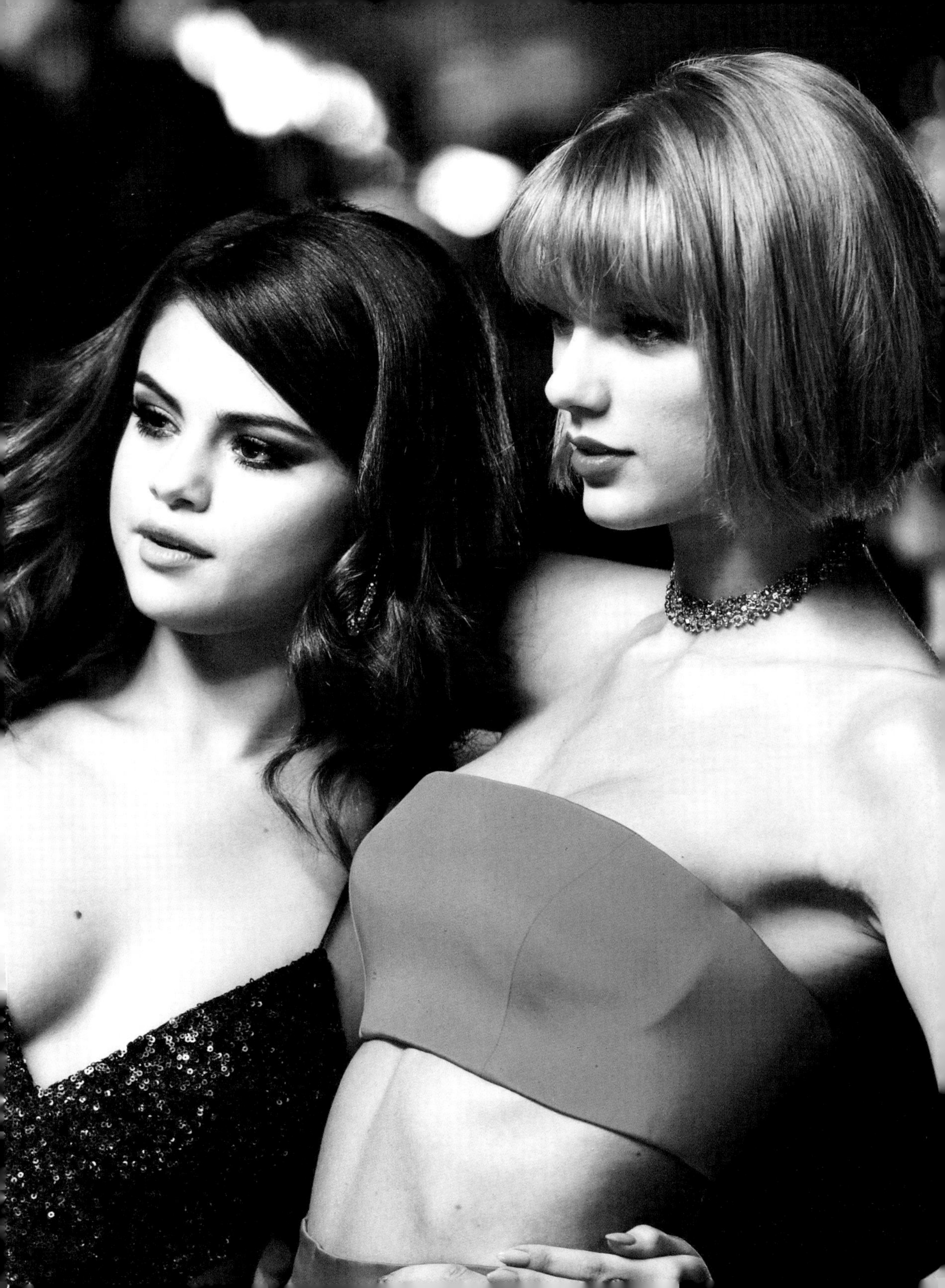

泰勒的朋友圈

沸沸扬扬的恋情、尽人皆知的友谊，还有名人之间的决裂，一起来深入了解泰勒的"朋友圈"有哪些成员、有哪些对手……

如果没有身边丰富的人际关系网络，泰勒不会成为今天这位大明星。她的家人、朋友和合作伙伴在她的职业生涯中给了她很多支持，而她的爱情生活也为她一直以来的歌曲创作提供了很多灵感。另外，也有一些人曾公开表示过与泰勒的摩擦和敌意，但她每次都能冷静成熟地处理这些不和与争端，妥善地解决了这些问题，从而变得更加强大。

泰勒的恋情

泰勒的恋爱生活一直是她事业的中心焦点，她对青少年恋情那种真诚而天真的态度，帮助她在出道时吸引了众多粉丝。但是，俗话说得好，真爱的道路永远不会一帆风顺，泰勒在这条路上也有过自己的曲折经历。

泰勒目前正在与美国橄榄球运动员特拉维斯·凯尔斯交往，他是堪萨斯城

右图：2023年4月，佐治亚州亚特兰大，泰勒和她出色的伴舞在"时代之旅"巡回演唱会的舞台上。

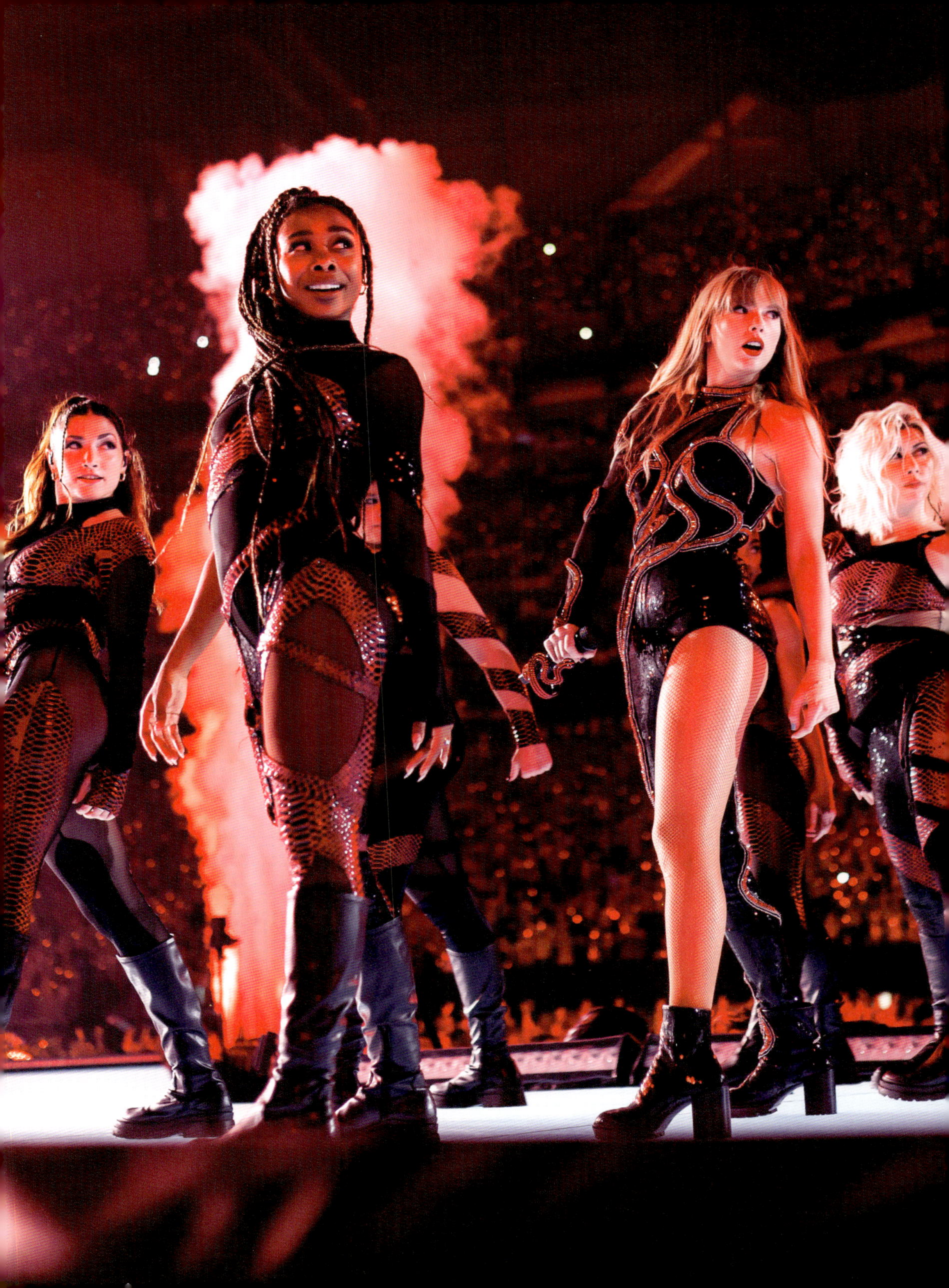

图片来源：Ezra Shaw/Getty Images.

酋长队的近端锋。凯尔斯被广泛认为是美国国家橄榄球联盟历史上最强大的近端锋之一，他的整个职业生涯都效力于酋长队，并打破了很多纪录，例如，在2022年，他成为历史上最快达到10000码[1]的近端锋，这是一项令人难以置信的成就。他在职业生涯共赢得两次超级碗，其中包括2023年的超级碗，当时他在比赛中对阵他的哥哥贾森，即费城老鹰队的中锋。

特拉维斯和哥哥贾森一起主持了热门播客《新高地》，他于2023年7月首次向粉丝透露，在当月早些时候参加了泰勒在堪萨斯城的"时代之旅"演唱会后，就已经开始对泰勒"展开攻势"。他给她做了一条手链，上面有他的电话号码，但没能见到她本人。"她在演出前后都不说话，我很失望，因为她必须把声音留给要唱的44首歌。"凯尔斯如是说。

不过到了9月，谣言就已经满天飞了，说两人已经见面了，并且很投缘，正在约会。在采访中被问及这件事时，凯尔斯一直含糊其词，不过他在9月21日承认他已经表白，并邀请她去看他的比赛。三天后，人们发现泰勒在堪萨斯城酋长队对阵芝加哥熊队的比赛中为他加油助威，粉丝对此既震惊又高兴。她和凯尔斯的妈妈唐娜一起在凯尔斯的包间里观看了比赛，后来又被拍到和凯尔斯一起坐着他的敞篷车离开，两人已被基本证实正在约会。在2023年12月接受《时代》杂志采访时，泰勒证实，在她第一次出现在橄榄球联盟的比赛之前，她就已经和凯尔斯在一起了。她还开玩笑说："我们倒也没有疯狂到要把

左图： 泰勒和特拉维斯的美式爱情故事为NFL（National Football League，美国国家橄榄球联盟）吸引了一大批新观众，2024年的超级碗成为自1969年登月以来收视率最高的美国电视转播节目。

---

[1] 1码约合0.91米。——本书脚注如无特别说明，均为编者注。

上图：美国国家橄榄球联盟比赛现场的摄影师成功抓拍到了泰勒毫无防备的反应。"天晓得他们是怎么知道我在哪个包间的。"她在接受《时代》杂志采访时如是说。

第一次约会的时间对外公布。"

之后这对情侣也多次被拍到在一起，看起来恩爱有加，而且也不像泰勒之前的恋情那样躲避公众和媒体。泰勒去看了几场凯尔斯的比赛，让粉丝们对美国国家橄榄球联盟和凯尔斯本人的兴趣激增，而凯尔斯也被拍到去看了好几场泰勒的"时代之旅"巡演。在凯尔斯出席的阿根廷那场演出中，泰勒改了《因果报应》的歌词，唱道："因果报应是酋长队的那个人，他直接回家找我。"两人的关系似乎越来越亲密，粉丝们纷纷猜测泰勒终于遇到了她的白马王子。

泰勒的上一任恋爱对象是英国演员乔·阿尔文。两人的恋情开始于2016年，不过在2023年春"时代之旅"巡演开始时决定分手。泰勒和阿尔文一直对恋情的许多细节保持缄默，甚至连分手也一样，两人都没有对分手一事发表评论。

和阿尔文分手后，歌迷和媒体都相信泰勒和1975乐队的马蒂·希利有过短暂的约会，两人曾被拍到一起外出。同样，这些谣言从未得到官方证实。每次泰勒被发现和男性在一起，就算只是朋友关系，也会引起强烈的猜测，就像泰勒在专辑《1989》的专辑说明中所说："我很清楚，对我来说，简单约会已经是不可能的事情了，甚至就算只是和男性朋友一起出去玩也不行。"她解释道："只要有人看到我和男生在一起，就会认为我和他上床了。"

虽然他们已经分手了，但阿尔文毕竟曾是泰勒生活中的重要一员。他和泰勒一开始很可能是在一次娱乐活动上认识的。一些粉丝认为，《名誉》专辑里的《霓裳尽褪》这首歌或许能提供一些线索。歌里唱道："回想起你我相遇时，你的利落短发，我的漂染长发。"而在2016年的纽约大都会艺术博物馆慈善舞会上，泰勒将自己的头发漂染成了醒目的白金色，至于阿尔文，没错，在仪式上，他平时的中长发剪成了军人短发，这让一些粉丝相信这对情侣也许就是在那晚相识相知的。

> 泰勒从小就出名，她不得不面对粉丝和媒体对她所有恋情抽丝剥茧般的剖析。

当时，泰勒正在与苏格兰DJ卡尔文·哈里斯交往，不过据报道，他们在晚会后不久就分手了。2016年9月，泰勒与演员汤姆·希德勒斯顿分手后，媒体上就开始流传阿尔文和泰勒恋情的谣言。

泰勒和阿尔文几个月来都没有公开确认他们的关系，但媒体偶尔会拍到他们出席同一个活动，即便并没有同框照片流出。据报道，这对情侣在 2016 年 10 月一起参加了莱昂国王的演唱会庆功派对，一个月后，有人看到泰勒偷偷溜进了阿尔文的电影《比利·林恩的中场战事》的首映式。但直到第二年 6 月，这对情侣被拍到在纳什维尔一起喝咖啡，他们的关系似乎才得到证实。

泰勒有充分的理由对她和阿尔文不断升温的感情保持低调。泰勒从小就很出名，她不得不面对粉丝和媒体对她所有恋情抽丝剥茧般的剖析。在与卡尔文·哈里斯分手后，她很快就发现媒体已经在大肆报道她时隔几周就和汤姆·希德勒斯顿约会的事，并且公众也对此事进行了不公正的批判。和阿尔文在一起时，泰勒似乎很想保持自己的私生活不受打扰。

在第七张专辑《恋人》发行前，泰勒接受了《卫报》的采访，谈到为什么保持两人关系的低调对她来说如此重要。她解释说："我觉得如果我把这事随时挂在嘴边，大家就会很随意地去加以评论，但我们的关系不是用来供人讨论的。如果我们现在举着酒杯，没准已经在聊这事了，但不能作为公众的谈资，这就是界限所在。只有这样我才觉得我能控制自己的生活，而且我也真的很想控制我的生活。"

虽然只是简短提了一句，但阿尔文也说过他非常重视两人关系中私人的一面。在 2018 年接受《时尚先生》采访时，他被问及两人刚开始约会时是否寻求过朋友的建议。"我没问过朋友，"他回答说，"因为我清楚自己的感受。

—— ✦ ——

右图：粉丝们喜欢猜测泰勒的哪位前任可能是哪些歌曲的灵感来源。从左至右依次为：杰克·吉伦哈尔、卡尔文·哈里斯和乔·阿尔文。

图片来源：Jon Kopaloff/Getty Images.

图片来源：Emma McIntyre/Getty Images.

我认为人们应该分享什么，或者觉得必须分享什么，以及他们不想分享什么、不应该分享什么，中间都有非常明确的界限。"

两人还在泰勒 2020 年的唱片《民间传说》《永恒故事》中合作过，阿尔文以威廉·鲍厄里的笔名共同创作和制作了几首歌曲。当《民间传说》在 2021 年获得格莱美年度专辑奖时，泰勒罕见地公开提到了他们的关系，她在获奖感言中感谢了阿尔文："（我想感谢）乔，你是第一个听我弹奏我写的每一首歌的人，我和你在隔离期间度过了最美好的时光。"

在阿尔文之前，泰勒对待感情关系的方式完全不同，除了在音乐中唱到前任，她也经常公开谈论他们。2008 年 7 月至 10 月，泰勒与乔纳斯兄弟中的乔·乔纳斯约会，后来乔通过电话与泰勒分手。分手后，她在《艾伦秀》上说："当我找到我的白马王子时，我根本记不起那个在我 18 岁时打了一通 25 秒的电话就和我分手的男孩。"她还说，《直到永远》这首歌写的就是两人的恋情。

泰勒在 2012 年发行的单曲《我们再也回不去了》据传写的是她与演员杰克·吉伦哈尔的恋情，两人曾在 2010 年 10 月至 12 月之间约会。在这首歌中，她对他"令人筋疲力尽"的心态变化和音乐品位的变化表示不满，并开玩笑说："你躲起来，在一些比我酷得多的独立唱片中找到内心平静。"2014 年，她在接受《滚石》杂志采访时表示，她的歌曲《脱离困境》讲述的是一段"每天都在挣扎的关系，别再为生活做计划了——先想想能不能撑到下个星期"。有传言称，这首歌是写给她在 2012 年年底到 2013 年年初交往的哈里·斯泰尔斯的。

2016 年 6 月，泰勒和卡尔文·哈里斯在恋爱 15 个月后分手，从那时开始，她似乎就已经准备好让自己未来的恋情更加私密。她在接受《时尚》杂志采访时表示："在我 20 岁出头的时候，我出去约会的次数很正常，但我受了很多伤害。我花了很大精力调整自己做决定的能力。（在卡尔文之前）我有两年半没有约会了。但我真的必须这么做吗？想必不是。"她经常不满于她的人际关系总是被简化为互联网幻灯片的素材。

虽然泰勒没有公开谈论她有任何安定下来的计划，但她在2019年的网飞纪录片《美国小姐》中确实谈到了未来可能组建家庭的计划。"有时我感觉自己已经57岁了，"她说，"但还有些时候，我肯定还没有准备好要孩子。我没有那么多的时间去处理各种事情，毕竟我的生活是提前两年就做好了计划。"

泰勒的"姐妹团"

人们关心的不仅是泰勒过去的恋情，她的朋友圈也引起了人们的注意。2014年，泰勒发行了第五张录音室专辑《1989》，从此告别了乡村音乐，成为一名名副其实的流行歌手。与此同时，泰勒的"姐妹团"也应运而生，这是一群著名的歌手、女演员和模特，她们经常和泰勒一起出席派对、业内活动，并且和泰勒一起，每年一度在她的罗得岛豪宅举行的奢华庆典上庆祝7月4日。泰勒身边齐聚演员利纳·邓纳姆、艾玛·斯通和海莉·斯坦菲尔德，模特卡莉·克洛斯、卡拉·迪瓦伊和吉吉·哈迪德，以及流行歌手洛德、海姆和帕拉莫尔的海莉·威廉斯等人，她们都是她的"姐妹团"成员。我们可以经常看到她们在照片墙上互动，其中好几位还在泰勒的歌曲《敌对》的音乐MV中担任她的"全女子战斗部队"成员，并在她的"1989"世界巡演中出现在舞台上。

—— ◆ ——

后图：泰勒"姐妹团"的一些成员聚集在2015年MTV音乐录影带奖颁奖礼上。从左至右依次是：吉吉·哈迪德、玛莎·亨特、海莉·斯坦菲尔德、卡拉·迪瓦伊、塞莱娜·戈麦斯、泰勒·斯威夫特、塞拉亚、玛莉丝卡·哈吉塔、莉莉·奥尔德里奇和卡莉·克洛斯。

图片来源：Frazer Harrison/Getty Images

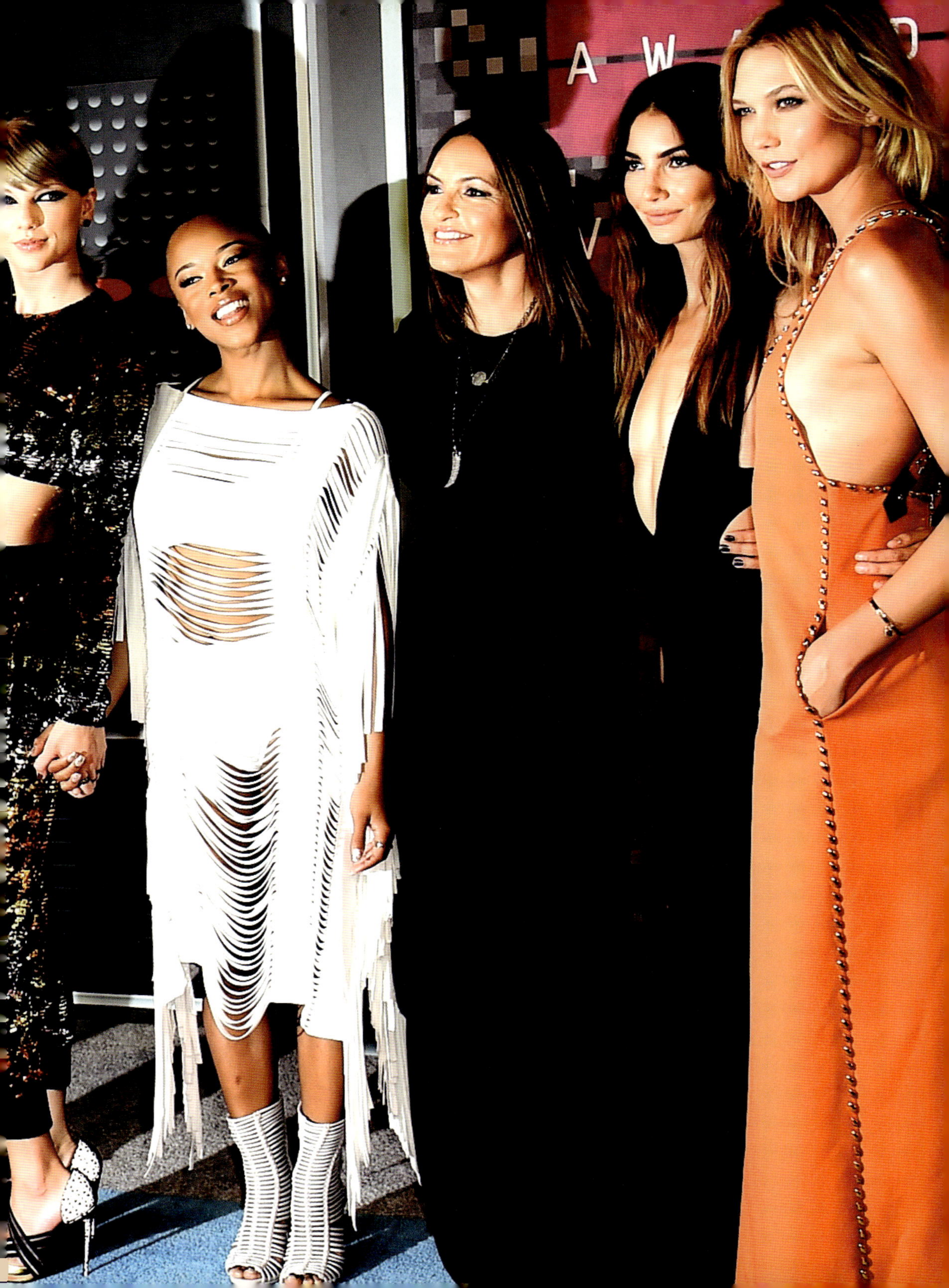

"她以我从未预料到的方式出现在我面前。她来到我身边是因为我受伤了，经历了一些事情，家里发生了一些变故。事实证明，年复一年，在我生命中的每一刻，她都是我在这个世界上最好的朋友之一。我们并非在所有事情上都意见一致，但我们在所有事情上都互相尊重。"对于与泰勒的友情，塞莱娜·戈麦斯如是说。

右图：塞莱娜·戈麦斯和泰勒已经是超过15年的朋友了，在彼此的事业上互相扶持。

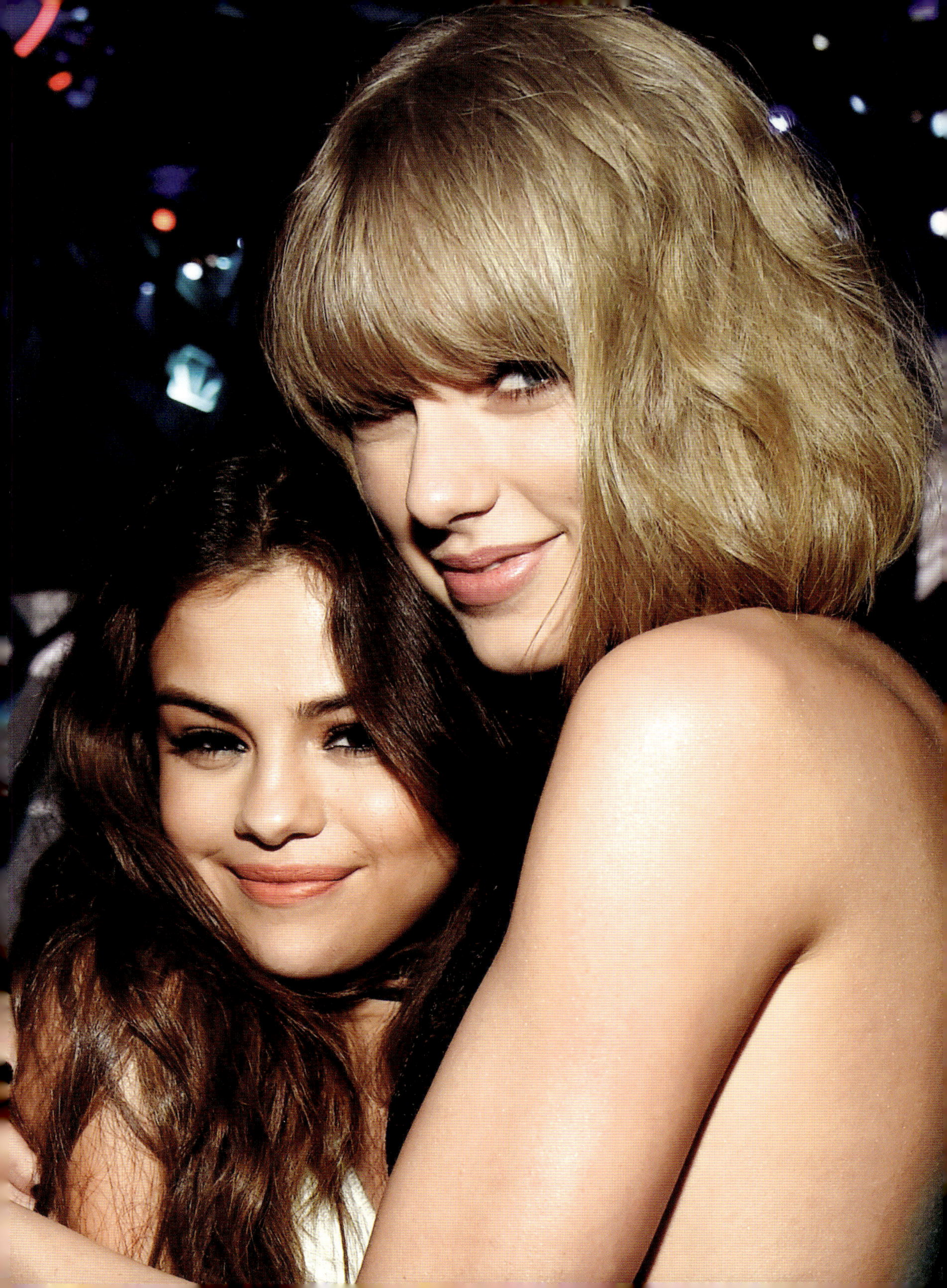

> 一直处于聚光灯下，意味着泰勒与别人的分歧和不和经常被残酷地公之于众。

在谈到为什么想在"1989"世界巡演上向世界展示"姐妹团"时，她说归根结底还是因为她在成长过程中没有很多朋友所带来的不安全感。她在2019年为《世界时装之苑》杂志撰写的一篇文章中写道："即使已经长大成人多年，我仍然会反复回想起独自坐在午餐桌旁、躲在浴室隔间里，或者试图结交新朋友却被嘲笑的情景。"

"20多岁的时候，我发现自己周围都是想和我做朋友的女孩。所以我站到屋顶上放声大喊，发出照片，庆祝我新获得的姐妹情谊。但我却没有意识到，当我感到如此孤独时，其他人可能仍然会有和我一样的感受。在问题变得一发不可收拾之前，解决我们长期存在的不足至关重要。"

随着时间的推移，庆祝泰勒姐妹情的帖子逐渐消失，尽管其中许多人仍然很亲密，但泰勒"姐妹团"的其他成员似乎渐渐疏远了。她在《世界时装之苑》杂志的同一篇文章中谈到了这一点，对于友谊是如何随着时间的推移而改变的，她写道："'我们才20多岁！'这种话似乎有一种魔力，将人们聚集在一起，她们感觉就像是你选择的家人。你们可能这辈子都亲密无间，又或许她们只是在一个重要的阶段成为你的同路人，但不是永远。这很可悲，但有时候随着你

右图：在2009年MTV音乐录影带奖颁奖礼上，坎耶打断了泰勒的获奖感言。

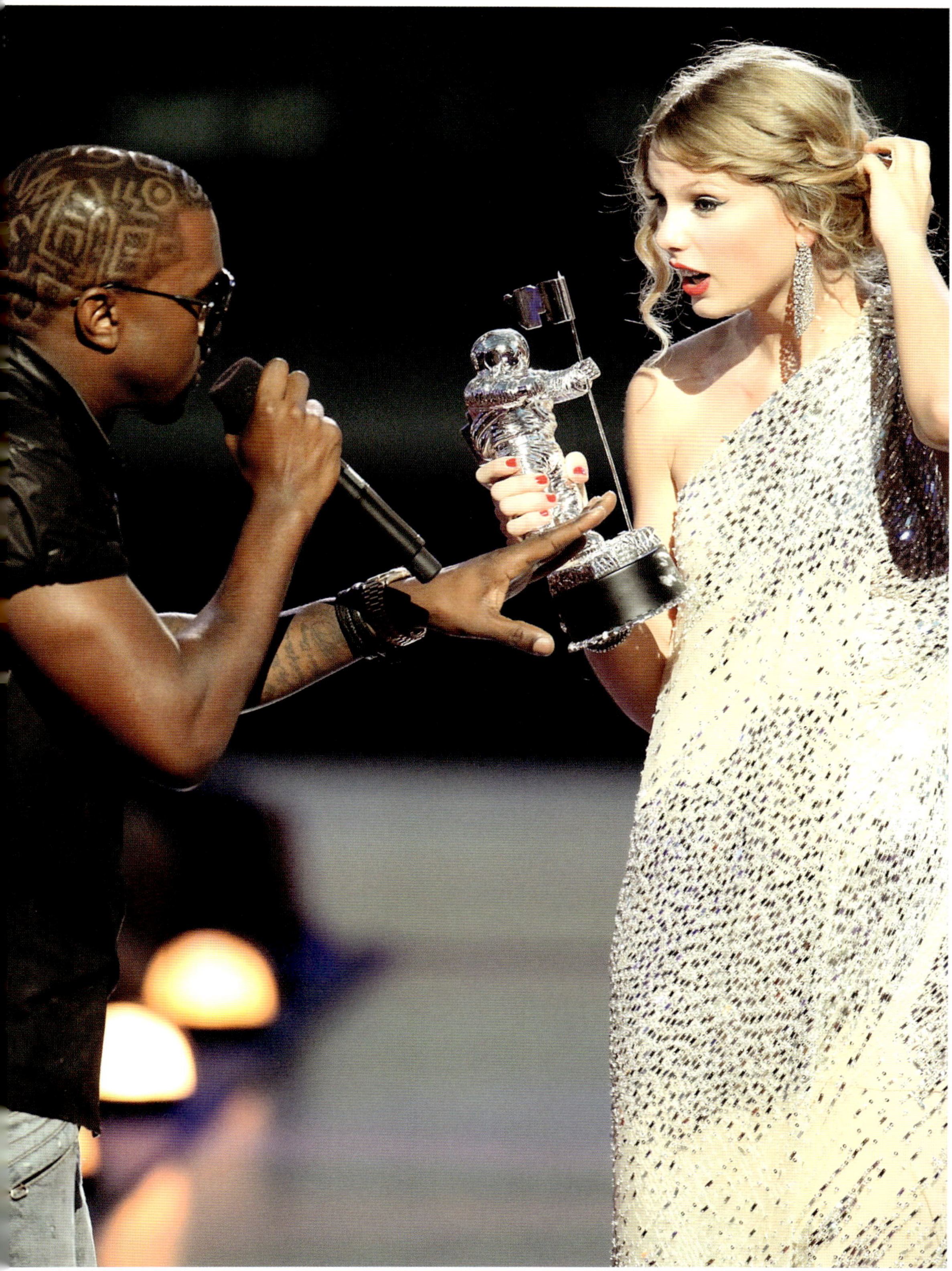

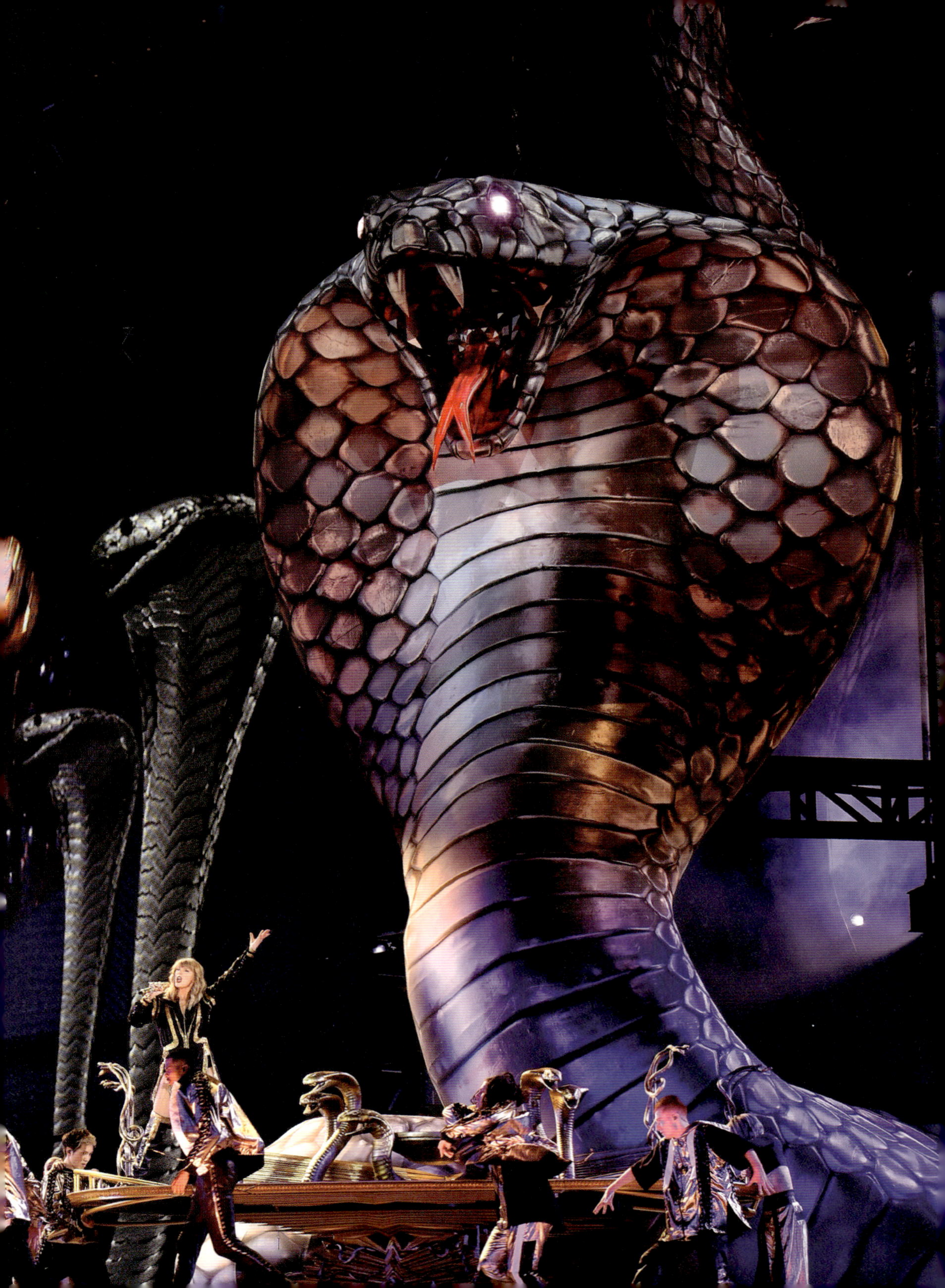

逐渐成熟，这些感情也会渐渐淡化。这一路上你也许会留下友谊，（无论如何）你一定会永远留下回忆。"

泰勒 vs 全世界

一直处于聚光灯下，不仅意味着泰勒的恋情和友情都要被抽丝剥茧般地分析，也意味着泰勒与别人的分歧和不和经常被残酷地公之于众。

她最为人熟知的一次与名人决裂的经历可能是和说唱歌手坎耶·维斯特，两人之间的摩擦可以追溯到10多年前。这一切始于2009年的MTV音乐录影带奖颁奖礼，当时19岁的泰勒凭借歌曲《天生一对》获得最佳女歌手录影带奖，结果坎耶在泰勒发表获奖感言时冲上台，抢过话筒说出那段臭名昭著的"我想让你说完"言论，并坚持认为应该是碧昂丝获奖。

"嘿，泰勒，我真为你感到高兴，我想让你说完，但碧昂丝的音乐 MV 才是有史以来最好的！"坎耶如此说道，而泰勒则只能一脸困惑地看着他，不知所措。碧昂丝本人看起来也很困惑，观众发出嘘声，本该属于泰勒的时刻，却在数百万人面前被粗鲁地毁掉了，据传她最后流着泪离开了舞台。

虽然坎耶后来道了歉，但这一时刻在流行文化历史上永远留下了印记，甚至连奥巴马总统都因为这一抢风头的举动给他贴上了"混蛋"的标签。坎耶后来在2010年收回了他的道歉，并在2013年接受《纽约时报》采访时再次表示：

— ✦ —

左图：泰勒在"举世盛名"巡演中用到了"蛇"这个元素，她在一条昵称为"卡恩"的巨型充气蛇前表演。

"我一点也不后悔……如果有人正在阅读这篇文章，还等着我会以某种形式彻彻底底道个歉，那赶紧别看了。"

几年后，坎耶和泰勒被拍到一起出席 2015 年格莱美奖，坎耶甚至谈到了与泰勒的合作，事情似乎出现了转机。尽管他接下来要做的事情，并不是泰勒想要的那种合作……

2016 年 2 月，坎耶发布了歌曲《出名》，这首歌很快因各种不恰当的原因而走红，其中有一句歌词是："我觉得我和泰勒可能还是会上床，为什么？因为我让那个婊子出名了。"这首歌的音乐 MV 更加过分，泰勒的裸体人像模型躺在一张大床上，旁边是其他著名流行文化人物和政治家，包括唐纳德·特朗普、蕾哈娜和美国《时尚》杂志编辑安娜·温图尔。

这句歌词引起广泛谴责后，坎耶在推特上为自己辩护，说这句话实际上是赞美。"我打电话给泰勒，和她聊了一个小时，她觉得很有趣，甚至对她是好事。"他在推特上说，还声称"婊子"的歌词实际上是泰勒的主意。泰勒通过一位发言人回应了这一说法，称她对这些歌词从不知情，同时"警告他不要发布带有如此强烈厌女态度的歌曲"。

就在几周后，在获颁《1989》的格莱美年度专辑奖时，泰勒似乎对坎耶进行了反击，说自己的成功与他无关。"这一路上，一定会有人想要抹杀你的成功，抢走你靠自己获得成就和名声的功劳，但你只要专注于作品，不要让这些人影响你。总有一天，当你站到足够高的地方，你就会发现是你自己和爱你的人支撑着你到这个地位——而这就是世界上最美妙的感觉。"她在发表获奖感言时说。

但这件事情并没有就此结束。坎耶的妻子金·卡戴珊发布了一段视频，视频中坎耶在与泰勒通话，泰勒表示非常认可这首歌，卡戴珊将视频上传到社交媒体，配上了"蛇"的表情符号。泰勒回应说，虽然她和坎耶的确通过电话，但她从未听过或认可过《出名》，并说坎耶"承诺为我播放这首歌，但他从未这样做过"。她在声明的最后说："我不希望自己再陷身于这件事情里了，从2009年开始，我就从没想成为其中的一部分。"

泰勒在2017年的专辑《名誉》中对过去几年的所有负面影响做出了回应：被不公审视的恋爱关系、与一些自认为是朋友的人的争吵和摩擦和对经常抛弃她的公众的愤怒。在专辑发行前，她清理了自己的照片墙，用蛇的视频来给专

——◆——

下图：在2015年MTV音乐录影带奖颁奖礼上，坎耶和泰勒似乎把恩怨抛在了身后，但几个月后坎耶发行了《出名》，恩怨又被重新点燃。

辑的发布增加话题和趣味，并在整个专辑宣传活动中都使用了蛇的图像，甚至用一条巨蛇作为专辑巡演的舞台布景。她想把自己是"一条蛇"这个说法的决定权握回自己手中。

"几年前，有人在网上发起了一场仇恨运动，说我是'一条蛇'。看到那么多人都跟风骂我，我的确十分沮丧。但每次我那条 63 英尺[1]高的充气眼镜蛇卡恩出现在 6 万名尖叫的粉丝面前时，天知道忍住不笑有多难。这就相当于用'哈哈哈'回复网络喷子在照片墙上的仇恨评论。"她在 2019 年接受《世界时装之苑》杂志采访时说道。

凯蒂在"举世盛名"巡回演唱会的首演当晚向泰勒伸出了真正的橄榄枝，似乎是在道歉。

泰勒在自我封闭后回归，专辑《名誉》的主打单曲《瞧你们让我做了什么》中提到了她与坎耶的恩怨。在音乐 MV 中，泰勒穿着在 2009 年 MTV 音乐录影带奖颁奖礼上的礼服，自嘲并重复说着"我不希望自己再陷身于这件事情里了"。

这一段争议在 2020 年 3 月再次成为头条新闻，当时坎耶和泰勒之间的电

1.1 英尺约合 0.30 米。

话录音被泄露到网上。这段录音暗示，金·卡戴珊之前发布的片段是经过编辑和处理的，坎耶在征得泰勒赞同时并未提及"婊子"这个词。对粉丝来说，这只能是姗姗来迟的清白。

坎耶·维斯特并不是唯一一个和泰勒闹翻的名人。她还与凯蒂·佩里长期不和，这段故事始于 2014 年，据称当时凯蒂直接从泰勒的巡演人员中挖走了一些舞者来参加她的"棱镜"巡演。当泰勒开始谈论她的歌曲《敌对》的灵感时，关于两人不和的谣言就开始漫天纷飞了。在接受《滚石》杂志采访时，她解释说这首歌是关于"另一位女艺人"的，但她不想透露那个人的名字。

"多年来，我一直不确定我们是不是朋友。她会在颁奖礼上走到我面前，说些什么然后走开。我会想，'我们是朋友吗，还是她刚刚给了我一生中最刻薄的侮辱？'。"

后来，泰勒坚持说这位不知名的女流行歌手越界了。"她做了一件很糟糕的事。我当时想，'好吧，原来我们就是彻头彻尾的敌人'。而且和男人根本没半毛钱关系！是事业上的事情。她根本就是想破坏整个巡演，从我手下挖走一群人。说出来你们可能不信，我根本没反抗——你们不知道我有多讨厌冲突，所以现在我得躲着她。这很尴尬，我不喜欢这样。"

2017 年，凯蒂发布了歌曲《嗖嗖》（"Swish Swish"），一些粉丝认为这首歌是关于泰勒的，歌词写的是赢得一场斗争："所以不如就冷静冷静，亲爱的，我还会屹立不倒，坚持到底，所以你最好习惯习惯。真是有趣，我的名字总是从你嘴里说出，因为我会一赢到底。"

不过翻过这一年，两位歌手似乎和好了，凯蒂在泰勒"举世盛名"巡演的首演之夜向她伸出了真正的橄榄枝，似乎是在道歉。如果这还不够明确证明她们的分歧已经是过去式了，那么到了 2019 年，凯蒂在泰勒的《你需要冷静一下》音乐 MV 中亮相，足以证明一切。在这个故事里，似乎时间真的可以治愈所有的伤口。

母带之争

2019 年，泰勒被迫面对也许是她迄今为止最大的商业纠纷，当时音乐界重量级人物斯库特·布劳恩通过收购泰勒以前的唱片公司"大机器唱片公司"获得了她的唱片版权，据报道这笔交易价值 3 亿美元[1]。斯库特·布劳恩是贾斯汀·比伯、阿里安娜·格兰德、亚瑟小子和坎耶·维斯特等歌手职业生涯背后的推手。

2018 年，当泰勒与她的第一家唱片公司"大机器唱片公司"的 12 年长合同结束时，她必须决定是续签合同还是转投另一家唱片公司。同年晚些时候，她宣布与环球音乐集团签订了一份多张专辑合约。至关重要的是，她与环球音乐集团的新协议让她有机会拥有自己为该公司制作的任何专辑母带。

"母带"简单来说就是歌曲或专辑的最终版本，黑胶唱片、CD、数字版本、流媒体文件等所有副本都是由它制作的。在泰勒与大机器唱片公司最初的协议中，她为该公司制作的专辑母带不归她所有，而是从歌曲的销售或使用中获得

— ✦ —

右图：2010 年，泰勒与凯蒂·佩里合影，几年后，两人的不和闹得举世皆知。

1.1 美元约合 7 人民币。

2010 年 1 月 30 日，贝弗利山庄，格莱美奖。

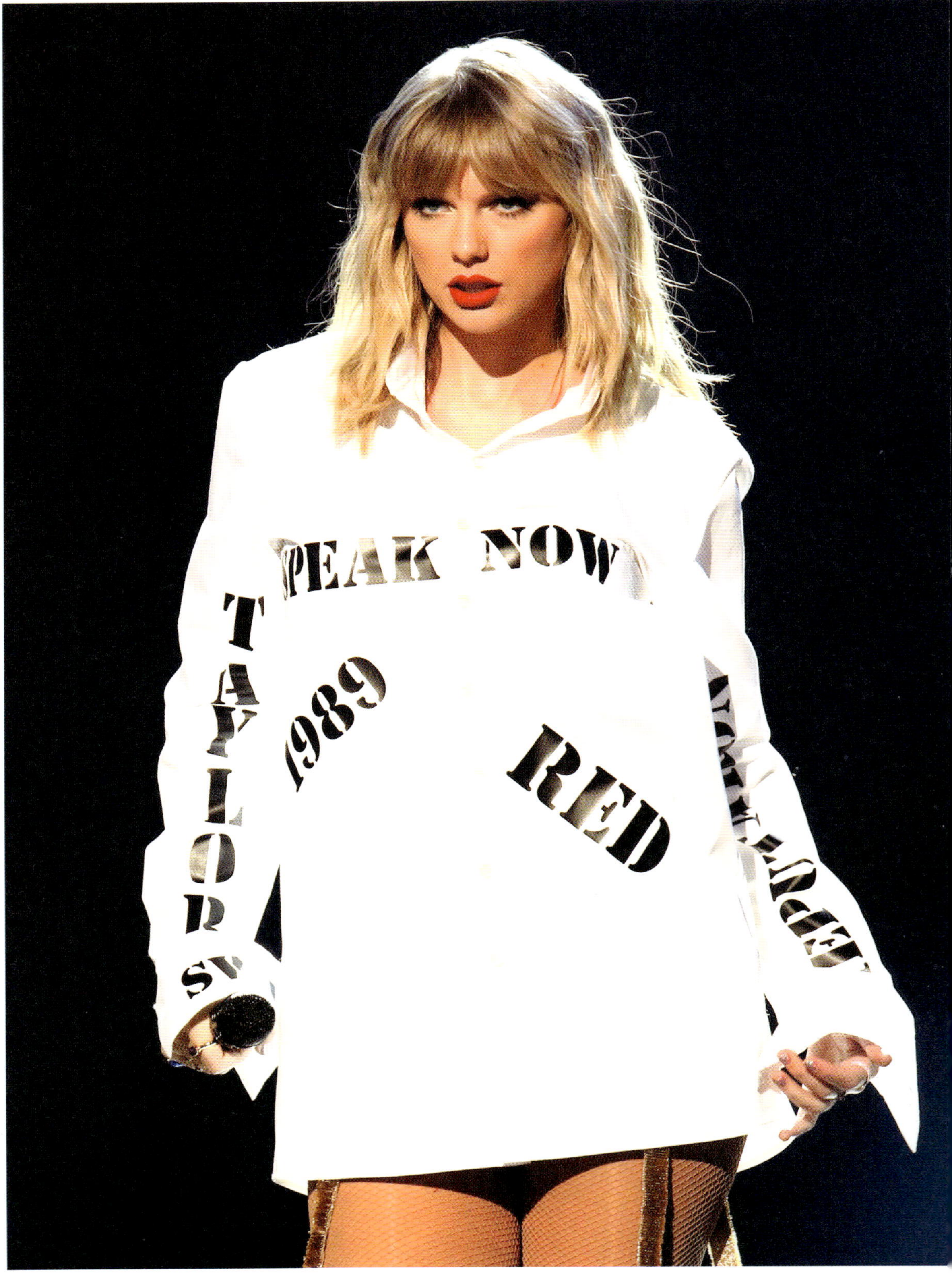
TAYLOR
1989
RED

一定比例的提成，而她的唱片公司保留原始母带的所有权。这是许多艺人与唱片公司签约的一种相当普遍的条款，因为唱片公司要确保能够赚回在歌手和其音乐上的投资。

> 泰勒不仅收回了自己歌曲的所有权，她还提高了人们对歌手版权问题的认识。

泰勒与环球音乐集团的新协议则有所不同，唱片公司有权制作她的音乐的副本来销售，但泰勒仍然保留作品的版权。这一关键的改变对泰勒来说是个好消息，因为这意味着她将对自己的音乐拥有更多的控制权。但她前六张专辑的母带，从《泰勒·斯威夫特》到《名誉》，仍然属于她的老东家，后来斯库特·布劳恩收购了那家唱片公司，连带也收购了她的母带时，泰勒对此并不满意。

"当我把母带交给斯科特（大机器唱片公司的首席执行官）时，我就已经接受了他最终会卖掉它们的事实。但就算是做最可怕的噩梦，我也从来没有想象过买家会是斯库特。"2019年6月30日，当拍卖的消息传出时，她在汤博乐上写道，"每次斯科特·波切塔听到'斯库特·布劳恩'这个名字从我嘴里蹦出来，都是在我哭或忍住不哭的时候。他知道自己在做什么，他们俩心里都

左图：2019年，在全美音乐奖上，泰勒穿着印有她前6张专辑标题的衬衫登上舞台。

清楚。那就是控制一个不想和他们有任何关系的女人，而且是永远。"

泰勒还补充说，多年来她一直试图从大机器唱片公司购买她的母带唱片，但斯科特·波切塔拒绝让步。"对他来说，'忠诚'这个词显然只是一个合同概念。"在她与曾经斯库特旗下歌手坎耶发生冲突之后，这成为她最大的噩梦。

泰勒写道："我满脑子想的都是他多年来对我无休止的欺凌。比如金·卡戴珊精心策划的那段非法录制的电话录音，斯库特还让他的两个客户在网络上霸凌我……还有他的客户坎耶·维斯特筹划拍摄了一段报复性的色情音乐MV，把我的身体扒光了。现在斯库特剥夺了我一生的心血，我甚至没机会把它们赎回来。从本质上讲，我的音乐作品将掌握在一个试图摧毁它的人手中。"

斯科特否认他曾经阻止泰勒买回她的唱片，他在大机器唱片公司的官方网站上发表声明说："在签署新协议后，泰勒·斯威夫特的所有资产100%将立即转移给她……就我们公司的规模而言，我给泰勒的报价已经非常不错了。当泰勒告诉我她想和其他唱片公司谈谈，看看有什么适合她的时候，我和泰勒也保持着很好的关系。我从来没有妨碍过她，一直都希望她一切顺利。"

与此同时，斯库特坚称："我想找到一个解决方案……我对所有的可能性都持开放态度。在过去的六个月里，我想要与你进行公开讨论的所有尝试，包括电话都被拒绝了。虽然你团队中的一些人以及我们共同的朋友都试图把你拉到谈判桌前，但都没有成功。好像是你自己对解决冲突没一点兴趣。"

泰勒回应说，如果有必要，她会重新录制这些老歌的新版本，许多名人都支持她。塞莱娜·戈麦斯在照片墙上写道："就这么说吧，对泰勒来说最重要的是她的家人、爱情、粉丝和音乐。我真的希望有的人能在这种糟糕的情况下回心转意。"粉丝们开始在推特上使用"#IStandWithTaylor（我与泰勒同在）"

的标签，许多人也开始跟风接力。

在 2020 年 11 月重新获得录制老专辑的权利后，泰勒没有浪费一分一秒。不到一年，她就发行了重制版的《放手去爱》和《红》。甚至在 2023 年繁忙的巡演期间，她还发行了重制版的《爱的告白》和《1989》。到目前为止，所有的新版本都取得了巨大的成功。

通过这个项目，泰勒不仅收回了自己歌曲的所有权，还提高了人们对歌手版权问题的认识。更重要的是，粉丝们向音乐界证明了粉丝忠诚度是多么强大而宝贵的财富。

上图：2019 年 5 月 25 日，法国巴黎，泰勒现身街头与粉丝贴面自拍。

第四章

时尚与个性

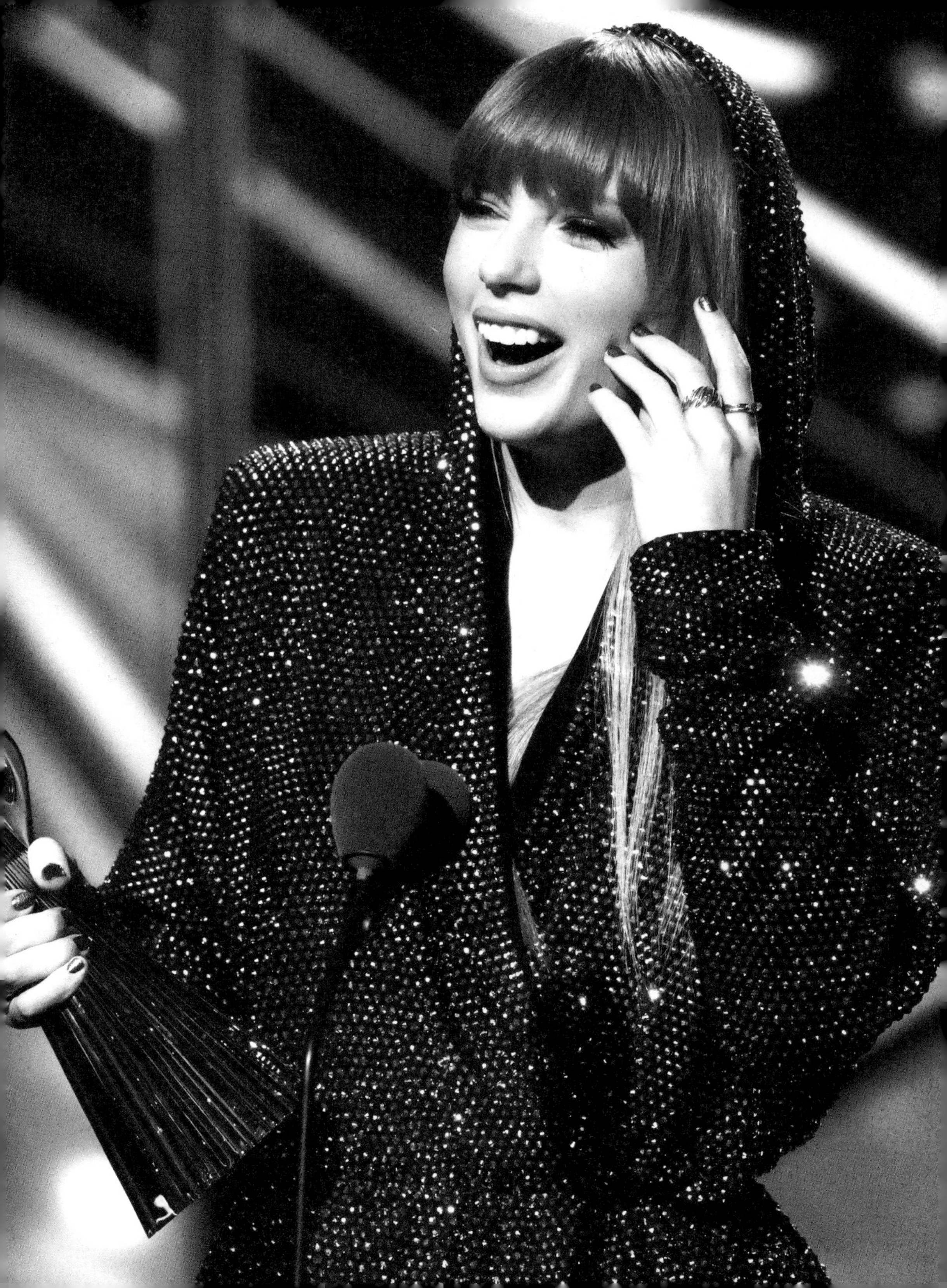

图片来源: Image Press Agency/Alamy

时尚与个性

在成为一位全球超级巨星的过程中，泰勒身上有很多方面都发生了转变，比如不断提升的时尚品位，以及越来越投身于社会活动和社会问题中。

泰勒的时尚风格随着时间的推移而改变实属正常，毕竟她的职业生涯至今已有20多年了。和所有人一样，她的时尚感从青少年时期就开始发展并逐渐成熟。但是泰勒的风格不仅仅关乎外表，她也素来有行好事的美名。作为世界上最著名和最有影响力的人之一，泰勒越来越积极地为她所信仰的事业挺身而出，利用她的平台和资源引起人们对各种问题的关注，并大力推进积极的改变。

时尚的进化

从十几岁到二十几岁，再到现在30岁出头的超级巨星，在聚光灯下长大，意味着泰勒时尚品位的演变会被整个世界看在眼里。任何回顾过自己青少年时期问题穿搭的人都会告诉你，很容易就会后悔自己年轻时的一些时尚选择，尤其是当网上有照片证明这些选择的时候！

左图：一些粉丝猜测，泰勒在2023年MTV音乐录影带奖颁奖礼上的造型可能暗示她下一部重新录制的专辑将是《名誉》。

上图：泰勒早期的风格深受乡村音乐的影响，经常穿着牛仔靴表演。

不过泰勒对此反而持无所谓的心态。在 2015 年接受《世界时装之苑》杂志采访时，她提到没必要否定自己以前的任何穿搭。"要说反对自己的想法或形象，我是觉得没必要把自己亲手建起来的房子掀翻重造，"她解释说，"我可以添砖加瓦，可以重新装修，毕竟是我一手建起来的。所以我不会说，'啊，真希望我 17 岁时不要卷头发，不要穿牛仔靴和背心裙出席颁奖礼，真希望我没有经历过每次都想穿公主裙参加颁奖礼那种向往童话的阶段'。因为本就是我自己做出的那些选择。"

随着泰勒音乐风格的不断发展，她的时尚品位也在不断进化。在 2006 年发行首张同名专辑并第一次参加红毯活动时，她的风格品位很大程度上受到了乡村音乐美学的启发，把头发烫得卷卷的，常穿牛仔靴和飘逸的长裙。

在《放手去爱》这张专辑发行的时期，她在这种风格上更进一步，在2009—2010年的巡演中，泰勒穿了一系列迷人的公主风礼服，代表的是她那首以《罗密欧与朱丽叶》的故事为灵感的《爱情故事》音乐MV。她还穿过一套军乐队服装，灵感来自她的《天生一对》音乐MV，这种打扮也延续到了《爱的告白》专辑时期。

但当泰勒在2012年发行《红》时，她在音乐风格往流行音乐靠近的同时，也带来了衣着方面的同步改变。毫不意外，这张专辑的名字意味着我们可以看到泰勒在舞台上和红毯走秀时的大胆红色造型，涂着红色唇膏，不过她也转向了更经典、更干净利落的风格：高腰短裤、衬衫、条纹上衣以及各式各样时尚的帽子。这也许是到目前为止泰勒时尚之路上最引人共鸣也最简单实用的时期，她摆脱了早期职业生涯中童话风格的造型，变得更平易近人，但也仍然时尚。"每位艺术家都有自己的重心，"她在2014年接受《卫报》采访时说，"说我性感？我可没注意到。但要是说我穿得好看，那我倒是希望这就是大家的印象。"

如果说《红》专辑时期泰勒的风格关键词是时尚、休闲随性，那么在《1989》时期她的风格则变得更加光彩照人了。在专辑世界巡演中，她穿着一套歌舞女郎风格的服装，包括亮片运动服、露脐上衣、A字裙和"恨天高"高跟鞋。几年后，在她的"举世盛名"巡演中，她穿上了布满黑色亮片的蛇纹紧身衣和及膝长靴，将专辑的黑暗美学展现得淋漓尽致。

泰勒最引人注目的时尚时刻，是她在2016年纽约大都会艺术博物馆慈善舞会上的造型。泰勒穿着一件极具未来感的银色连衣裙，配上一头蓬乱的白金色头发，涂着深紫色的口红。在红毯上，她形容自己是一个"未来机械角斗士"，这可能是她迄今为止最具摇滚气息的装扮，而且这种风格持续了好几个月，以至于到了 2016 年 5 月，当她烫着淡金色波波头、穿高跟长靴和闪闪发光的吊带裙出现在《时尚》封面上时，我们差点认不出这是她。这与 10 年前她第一次为人所知时的少女乡村音乐风相去甚远，但几年后，泰勒在 2019 年为《世界时装之苑》写的一篇文章中承认，她其实并不喜欢自己对这种风格的短暂尝试。她写道："如果你畏缩不前，不敢回头去看旧照片，看看那时自己的样子，那你就大错特错了。参见白金发[1]。"

在她的第七张专辑《恋人》时期，泰勒的造型灵感取自彩虹。她在舞台上下的服装都变得更柔和、更轻盈，主要依靠色彩的搭配和柔和的色调。与她在声名大噪时期黑暗、哥特式的风格相比，两段专辑时期之间的泰勒的美学风格发生了很大的变化。在发布新专辑之前，泰勒在照片墙上发布了一些神秘的线索，所有的帖子都以某种方式画上了蝴蝶。如果说在《声誉》这张专辑里，泰勒自己大玩特玩"一条蛇"这个说法，那么从《恋人》开始，她似乎已经展开翅膀，远离了这些戏剧性事件。

———✦———

右图：她在《红》时期的造型主打的就是红色，甚至专门制作了一把配有数百颗红色水晶的定制吉他。

---

1. 泰勒在这里原文写的是"Bleachella"，是"Bleach（漂白）"加上"Coachella（美国著名音乐节，许多名人出席该活动时的发型都会备受关注）"的合成词。——译者

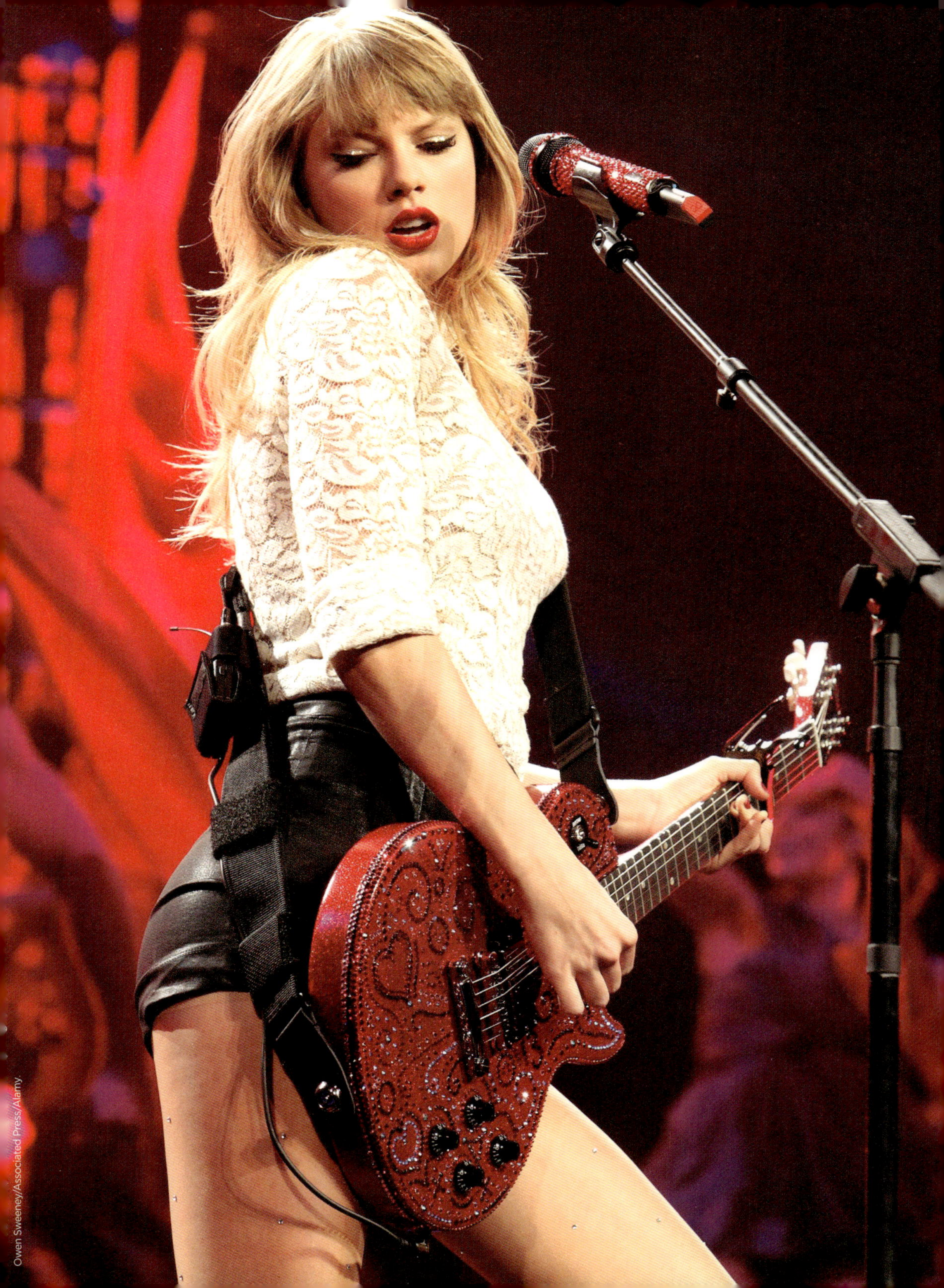

Owen Sweeney/Associated Press/Alamy.

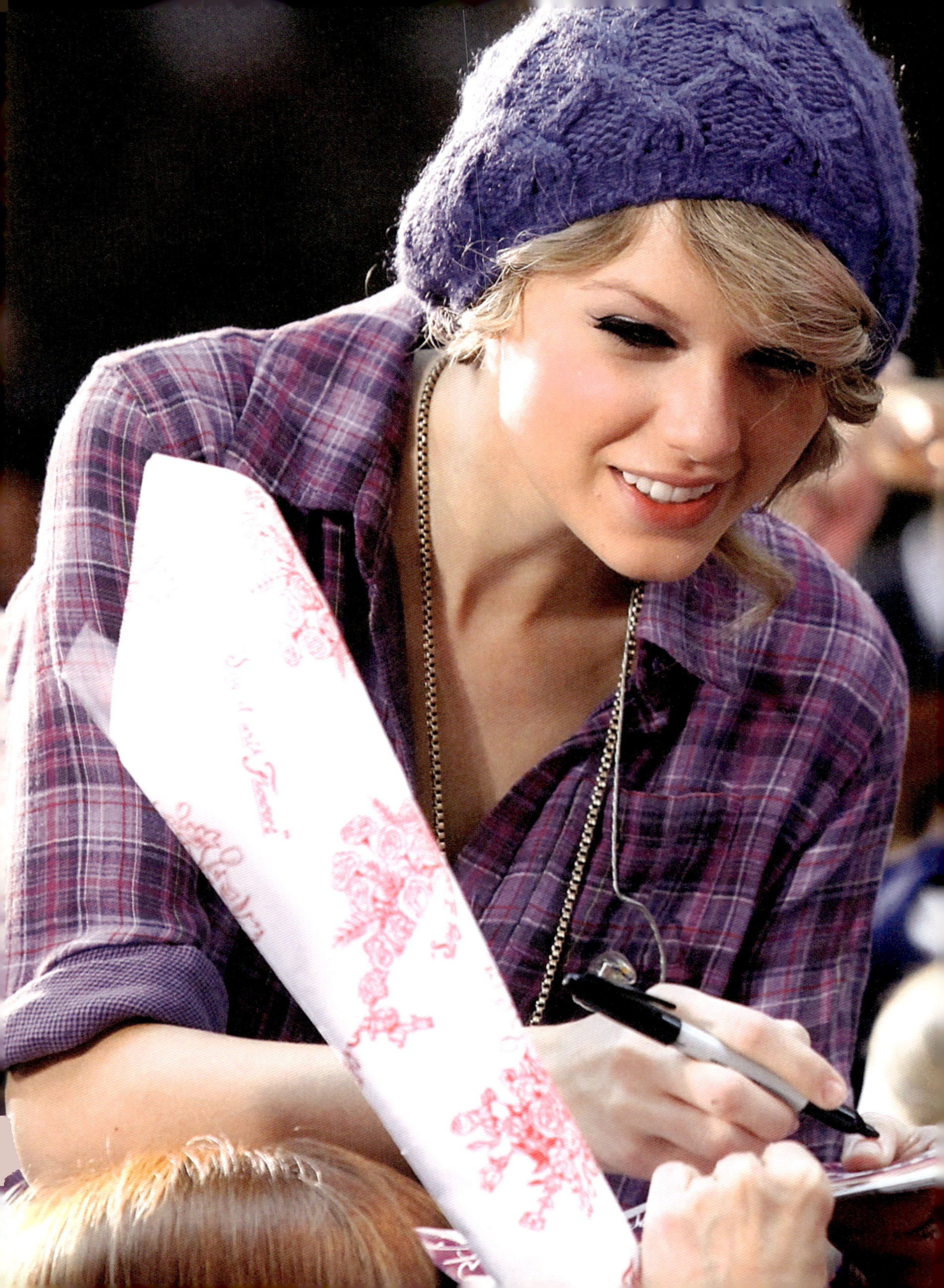

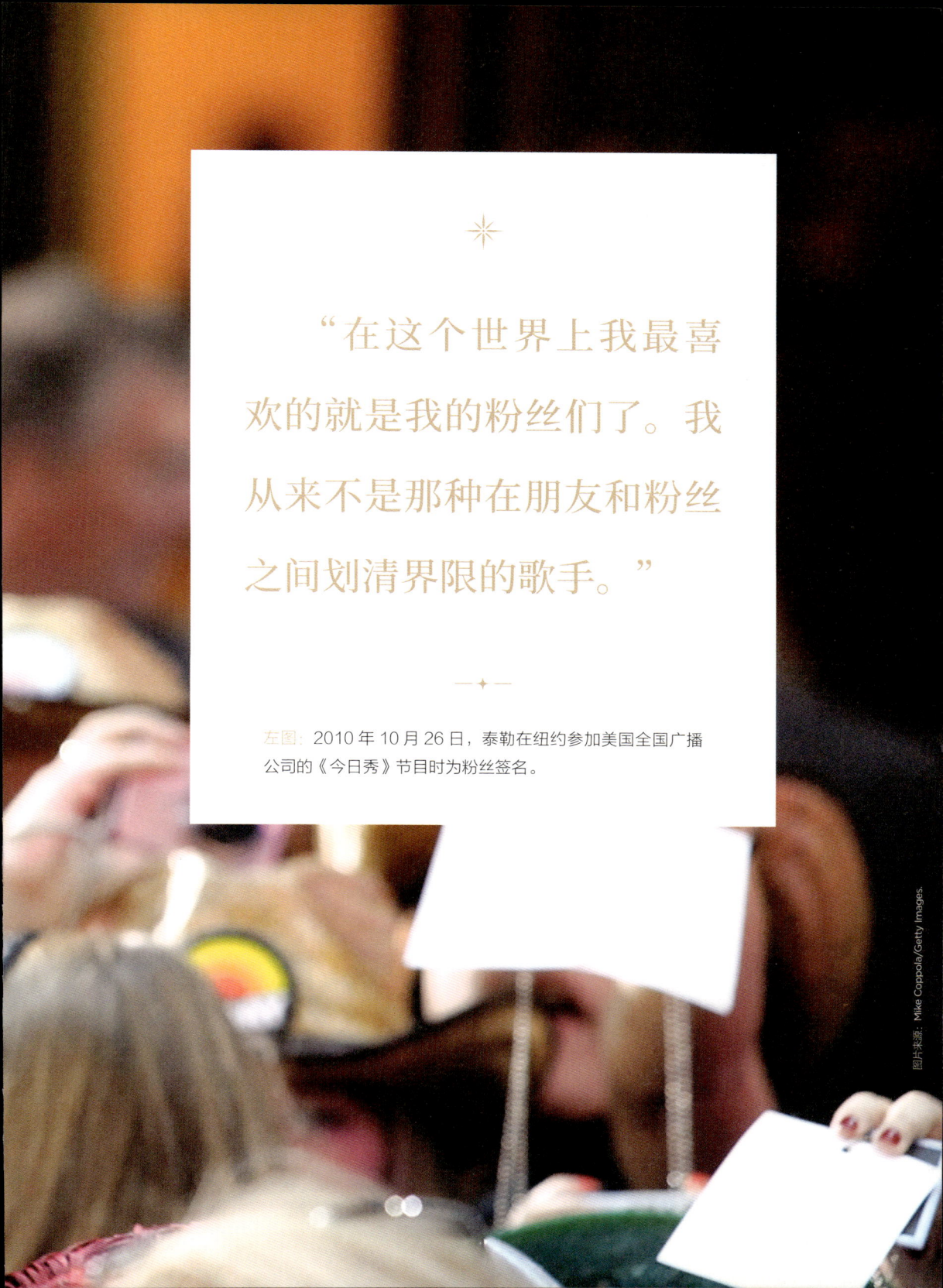

"在这个世界上我最喜欢的就是我的粉丝们了。我从来不是那种在朋友和粉丝之间划清界限的歌手。"

左图：2010 年 10 月 26 日，泰勒在纽约参加美国全国广播公司的《今日秀》节目时为粉丝签名。

图片来源：Mike Coppola/Getty Images。

在2020年疫情期间，泰勒给世界带来了两张令人惊喜的专辑《民间传说》和《永恒故事》，她的新独立民谣音乐与轻松的乡村音乐和空灵的"女巫"风格相辅相成。如果说《恋人》是彩虹，那么这一对民谣姊妹专辑则充满柔和、自然的色调，这段时期的泰勒喜欢舒适的针织衫、飘逸的连衣裙和相对休闲的发型和妆容。

在疫情结束之后，随着2022年《午夜》的发行，泰勒的风格再次改变。近年来，她开始穿一些以工作服为基底的服装，比如剪裁合身的运动夹克和西装，但她仍然混搭着自己最喜欢的风格，比如短上衣、紧身连衣裙和经典礼服。在跨越职业生涯的"时代之旅"全球巡演中，她展现的不仅仅是她的音乐，也展现了她多年来许多不同的服装和风格。奥斯卡·德拉伦塔、罗伯托·卡瓦利、

———✦———

下图：泰勒在2016年纽约大都会艺术博物馆慈善舞会上引人注目的服装。她后来开玩笑地把这种打扮称为"白金发"。
右图：在过去的几年里，泰勒在她的衣橱里加入了更多的工作服风格，优雅的西装和合身的运动夹克。

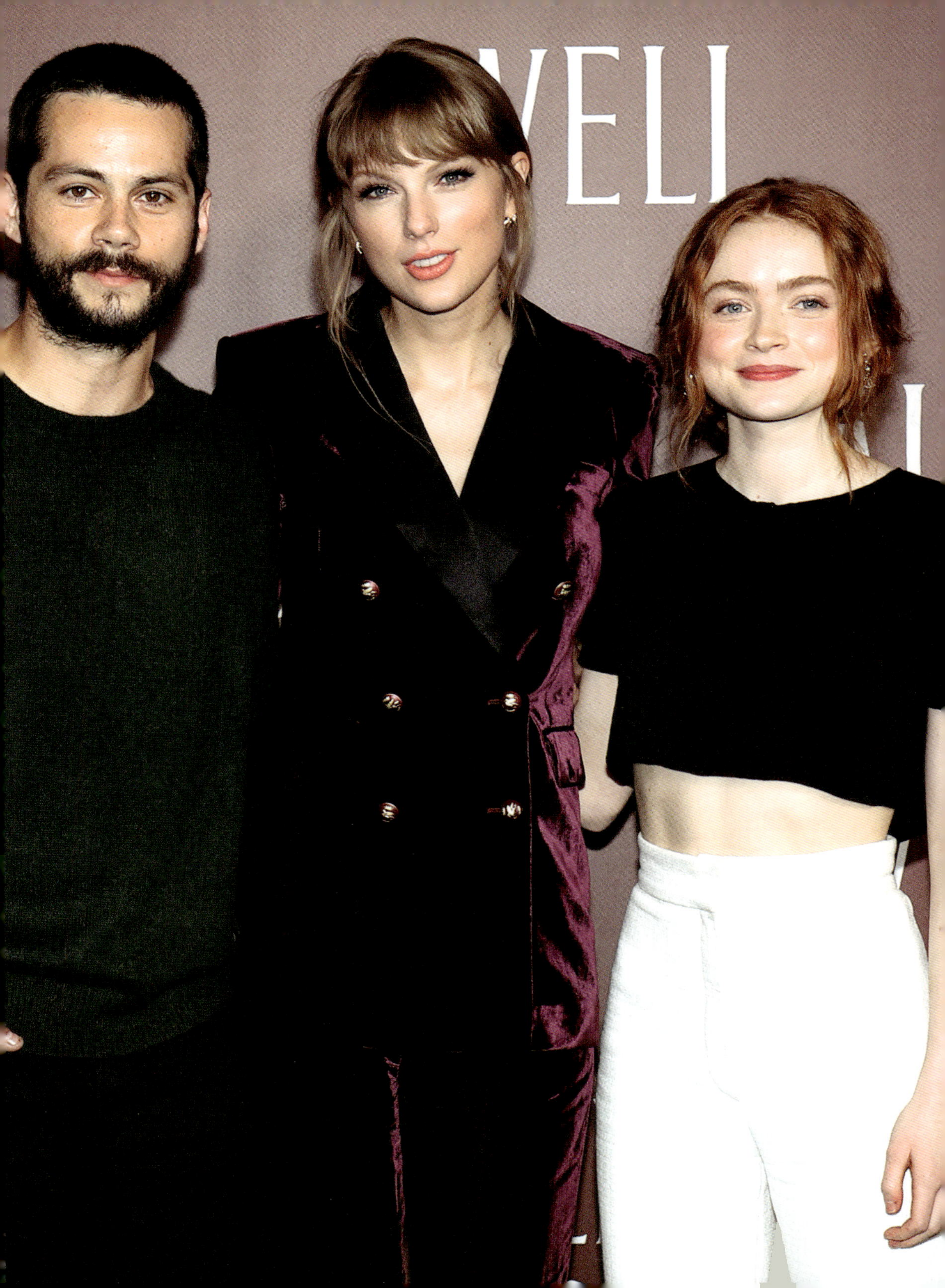
VELI

阿尔贝塔·费雷蒂和妮科尔·费利西娅等顶级时装设计师为泰勒设计了令人惊叹的舞台造型，将她最具标志性的造型重现舞台。

符号和线索

泰勒一直热衷于为粉丝创造一个丰富有趣的世界，到处布满各种线索、符号和彩蛋，将她的音乐世界紧密联系起来。"《我！》是《恋人》专辑发布的第一支音乐MV，视频中有很多伏笔、彩蛋，对粉丝们的期待给了很多暗示。在这支众星云集的音乐MV中，大本钟隐藏在其中一个镜头的地平线上，这是对专辑歌曲《伦敦男孩》的暗示，还有艾伦·德杰尼勒斯在前臂上文了一个写着"残酷夏日"的文身（灵感来自专辑内的同名歌曲），以及歌手海莉·吉优可将一支箭射向一个写着"5"的靶心（暗示第五首歌曲《弓箭手》），等等。

✦

初入行的时候，泰勒的成功很大程度上来自她与粉丝的联系。

后来，当泰勒发布《男中翘楚》音乐MV时，在其中加入了她个人生活中的彩蛋。这是她的导演处女作，在视频里她改头换面，变成了一副奸诈商人般的样子。其中有一个场景是在第十三街车站拍摄的，致敬了泰勒自己最喜欢的数字。当时她与音乐经纪人斯库特·布劳恩就收购她的前唱片公司大机器唱片以及她前6张专辑母带的纠纷闹得不可开交，于是我们可以看到在地铁站里有一个"滑板车禁止入内[1]"的标志，旁边还有一个写着"失踪——请回到泰勒·斯威夫特身边"的标志，暗指她仍在争夺音乐的版权。

泰勒之前的音乐 MV 中也充满了对她早期生活和职业经历的致敬。在 2017 年《瞧你们让我做了什么》的音乐 MV 中，泰勒在一个装满珠宝的浴缸里洗澡，旁边放着一张 1 美元的钞票：这代表着泰勒在 2016 年反诉前电台 DJ 戴维·米勒性侵犯的案子。在视频中，她还向一群模特发表演讲，讽刺那些批评她的"姐妹团"都长得又高又瘦、像一个模子里刻出来的的人。当她出了车祸，被狗仔队包围的时候，她的发型和凯蒂·佩里的发型很像，还拿着格莱美奖，据说是讽刺凯蒂还没得过这个奖项（而泰勒已经拿了 10 次）。"我喜欢用彩蛋来传递信息。我觉得加密过的暗语才是最棒的信息。"她在 2019 年接受《娱乐周刊》采访时说。

泰勒与粉丝的纽带

诚然，所有这些紧密联系的信息都很有趣，但这也体现了泰勒对粉丝的奉献精神，她想要为粉丝创造一个超越听觉的视觉和概念世界。在早期的职业生涯中，泰勒的成功很大程度上来自她与粉丝的紧密联系，她证明了乡村音乐不仅仅是一种适合成年人的音乐类型，还有一个尚未开发的庞大市场——少女群体。尽管粉丝们不了解泰勒本人，但泰勒直接而诚实的歌词，不加掩饰地大谈心碎和单相思的感受，都是许多粉丝在自己的生活中可能经历的事情。她不认为青少年的情绪琐碎又多愁善感，而是帮助大家表达了出来——而这背后的原

---

1. 斯库特（Scooter）的名字英文原意就是"滑板车"。——译者

2019年8月26日，新泽西州，MTV音乐录影带奖颁奖礼

因，往往是她在那个时期也经历了同样的事情。

"在这个世界上，我最喜欢的就是我的粉丝们了。"她在谈到自己与粉丝的关系时说，"我从来不是那种在朋友和粉丝之间划清界限的歌手，这条界限在我这里很模糊。演出前、演出后，我都愿意和粉丝一起玩。如果我在商场里遇见粉丝，我也会站在那儿和他们聊上10分钟。"

除了演出结束后在现实生活中与粉丝们一起出去玩，她与粉丝的关系也延伸到了网络上。泰勒在2014年加入了汤博乐，在粉丝们伤心的时候发送安慰的信息，转发有趣的表情包，给他们的帖子点赞，从而证实或否认他们对专辑的看法。她还给粉丝们送过礼物和现金，帮助他们偿还学生贷款或帮助他们摆脱经济困境。

泰勒有一次一时兴起做慈善的事情在2020年8月成为头条新闻，当时她向伦敦的年轻学生维多利亚·马里奥捐赠了2.3万英镑[1]。维多利亚从葡萄牙搬到英国，由于没有资格获得学生贷款或助学金，她为筹集在大学学习数学所需的资金耗尽了心神。当她刚筹到目标金额的一半时，泰勒找到了她的主页并写道："维多利亚，我在网上看到了你的故事，你把梦想变成现实的劲头和奉献精神让我深受鼓舞。剩下的钱就由我送给你吧。祝你一切顺利！爱你的泰勒。"维多利亚本人在得到捐款后欣喜若狂："她真的把我的梦想变成了现实。"

——◆——

左图：众所周知，泰勒在红毯上非常慷慨大方，不吝于和粉丝见面、签名和拍照。

---

1. 1英镑约合9人民币。

> 泰勒的音乐帮助她的许多粉丝度过了生命中最艰难的时刻。

在 2012 年的一段油管视频中,泰勒解释了为什么她觉得回馈社会如此重要:"说实话,知道有这么一群人支持我,而且他们总是不离不弃,真是一种奇妙的感觉。我一直在想方设法感谢他们。"

毫无疑问,泰勒的音乐帮助她的许多粉丝度过了生命中最艰难的时刻,但反过来,粉丝们也一样毫不犹豫地在危机时刻支持她。在斯库特·布劳恩于 2019 年收购她的老歌母带后,她在推特上发帖请求说:"请大家帮帮我。请让斯科特·波切塔和斯库特·布劳恩知道你对此的感受。"粉丝们用"我与泰勒同在"的标签动员起来,并向斯科特和斯库特发送了数千条信息,要求他们公平对待泰勒。

右图:克丽·肯尼迪、文森特·A. 马伊和弗兰克·穆吉沙与泰勒一起在纽约罗伯特·F. 肯尼迪中心参加 2012 年"正义与人权希望涟漪"晚会。

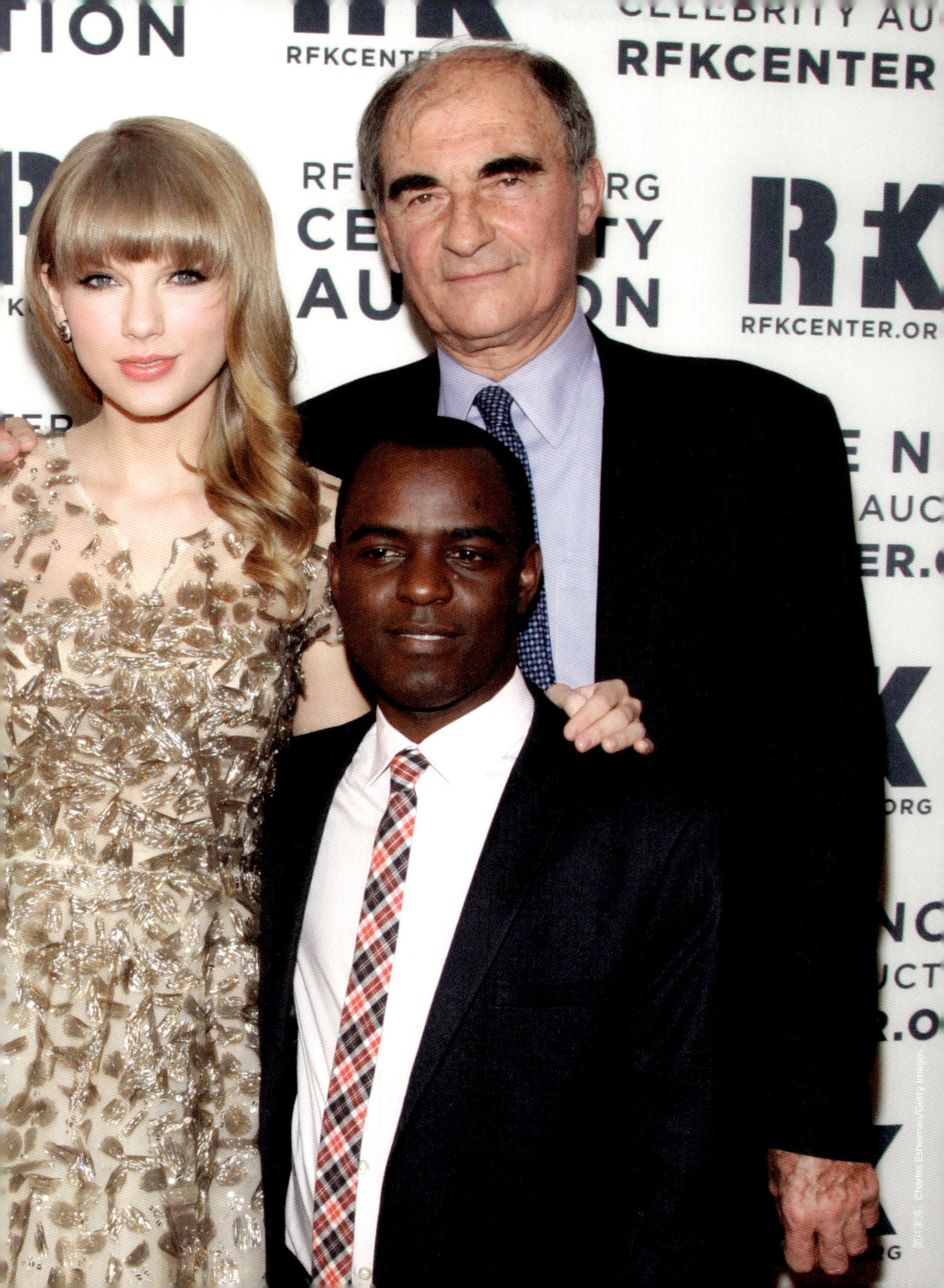

图片来源：Charles Eshelman/Getty Images

泰勒的粉丝也不全都是……人。众所周知，泰勒非常爱猫，她养了三只猫：梅勒迪斯·格蕾、奥利瓦·本森和本杰明·巴顿。2011 年，泰勒收养的小猫梅勒迪斯成为她猫咪家庭的第一位成员，梅勒迪斯这个名字取自她最喜欢的电视剧《实习医生格蕾》中的一个角色。2014 年，她收养了奥利瓦，以《法律与秩序》中的角色命名。2019 年，本杰明·巴顿到来，以布拉德·皮特在 2008 年的电影《本杰明·巴顿奇事》中饰演的角色命名。2014 年，她在接受《卫报》采访时开玩笑说："关于我的私人生活，他们爱怎么说就怎么说，因为我知道自己的生活是什么样子，不过就是很多电视节目、猫和女性朋友罢了。"

活动家泰勒

虽然泰勒在一开始成名时写的是她的个人生活，事业的重心也主要放在音乐上，但随着年龄的增长，她开始把视角转向外界，对许多她以前不愿谈论的政治问题发表意见——尽管也许是经历了很长一段时间的压力才不得不发声。

与许多名人不同，对于 2016 年美国总统大选，泰勒没有明确支持的候选人。这让许多人觉得，往好了说是她并不关心，往坏了说，她其实是右翼共和党候选人唐纳德·特朗普的秘密支持者。随着大选的临近，泰勒好像还在忙着做其他的事情，她在照片墙上发布了自己参加纽约时装周的照片、与德雷克的合影、拥抱考拉的照片，甚至在国庆节派对上与她的明星朋友们一起挥舞美国国旗，与此同时她对自己的任何政治观点都保持缄默。一些粉丝认为她保持沉默是因为害怕失去她的部分粉丝群体，考虑到她的乡村音乐背景，这个观点没准是真的，毕竟这类音乐在历史上一直受到许多南方保守派选民的欢迎。她一直没有公开提及这次选举，直到选举当天，她才发布了一张自己排队投票的照片，并配文："今天是投票的日子。出门投出你的一票吧。"

然后一切都变了。几年后，泰勒谈到她后悔没有更公开地表达自己的政治观点，并表示今后她想为自己认为正确的事情大力发声。在 2019 年接受《卫报》采访时，她解释说："你生活中发生了什么事，你的政治观点就是什么样。在奥巴马在任的那 8 年，我们过了天堂般的日子，出门、投票，然后我们投票支持的人自然而然赢得选举，大家都很开心！在过去的三四年里，这整件事完全打了很多人一个措手不及，包括我。"

由于之前经纪公司的要求，她过去也不愿公开谈论社会或政治问题。"在我的整个职业生涯中，唱片公司的高管们都会说'好女孩不会把自己的观点强加给别人'。"她在《美国小姐》纪录片中解释道，并补充说，"我真的很高兴自己不再被迫装哑巴，而这都是我自己的功劳。"

下图：2017 年，在泰勒与戴维·米勒的法庭诉讼中，泰勒的粉丝们在街对面一栋大楼的窗户上贴出支持她的标语。（"人们总是会向那些闪光的东西扔石子"，意思是"有些人就是看不惯别人比他好"。）

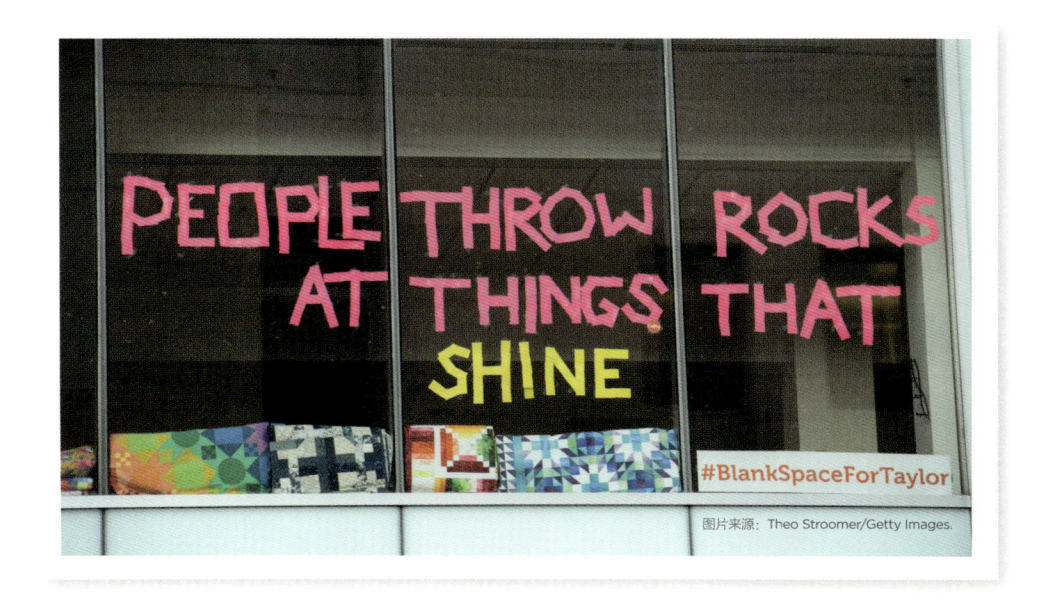

图片来源：Theo Stroomer/Getty Images.

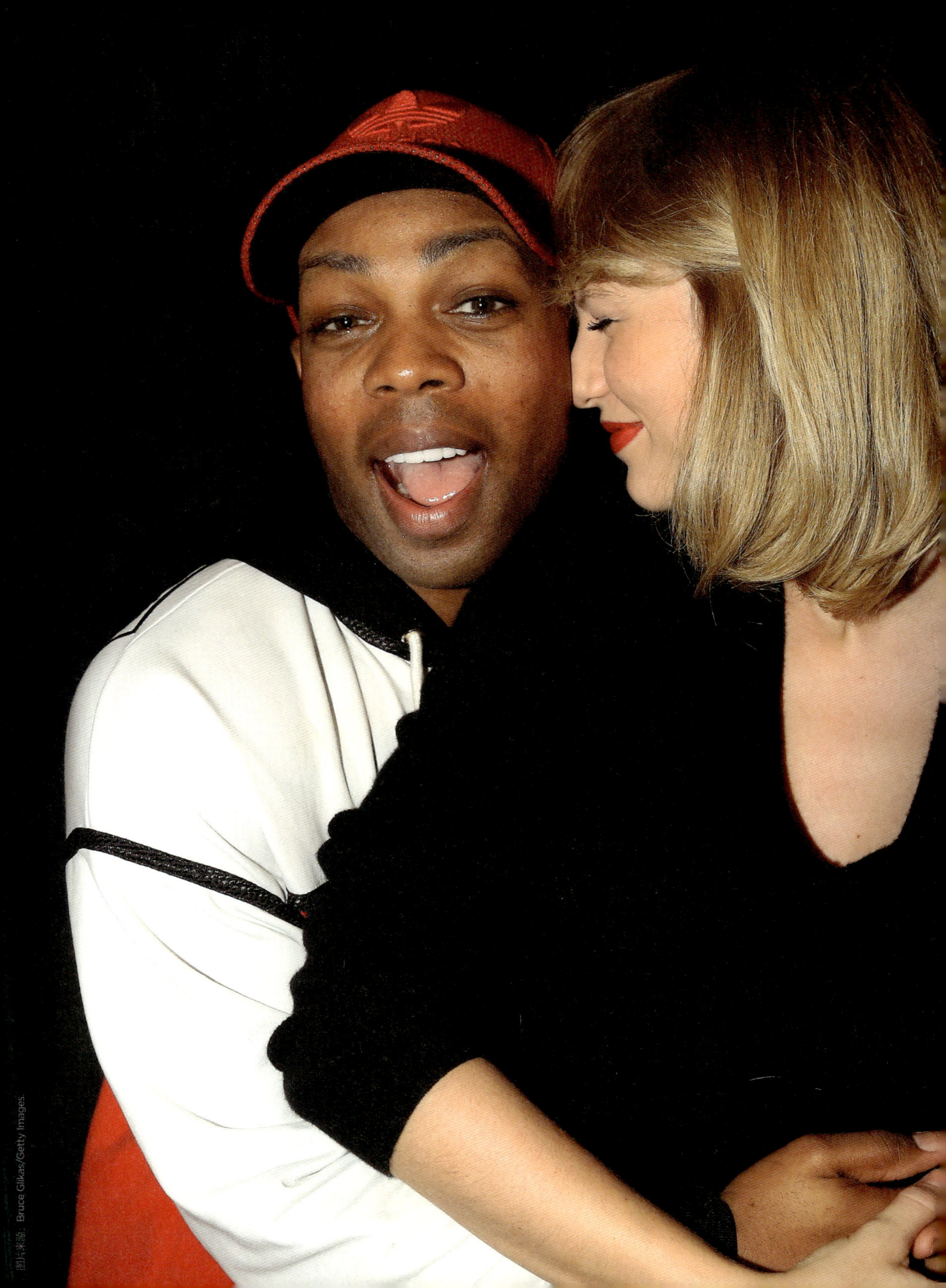

图片来源：Bruce Glikas/Getty Images

"我很高兴能够帮助她意识到,她的声音是很有用的工具。有的人从不把同性恋视为人,如果没有她,这些人也许永远也不会改变观点。"托德里克在谈到和泰勒的友谊时说。

左图:2016 年,泰勒和托德里克·霍尔在百老汇舞台剧《长靴皇后》的后台。

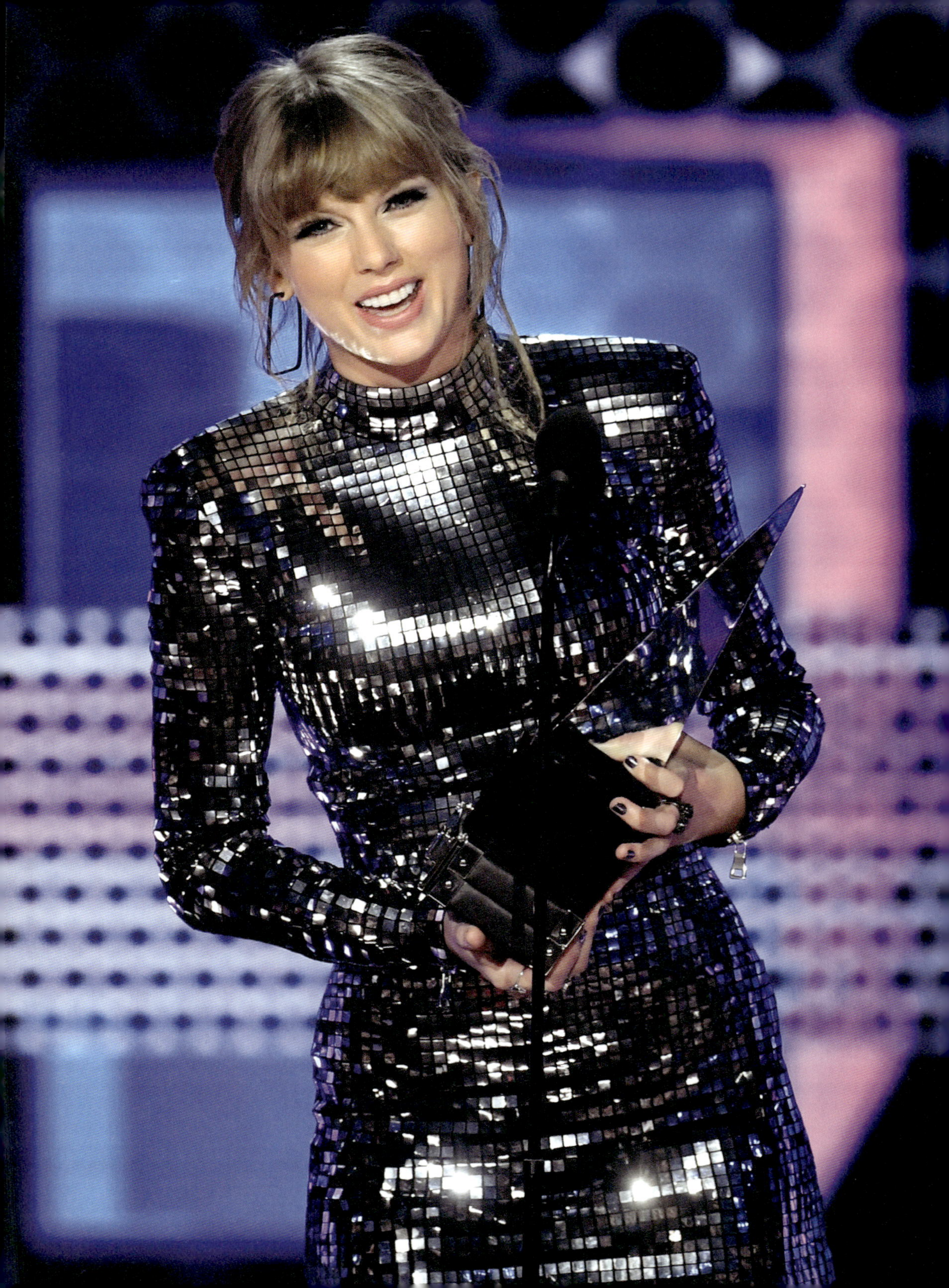

当下一次投票机会来临时,她没有选择继续保持沉默。她在照片墙上发帖支持来自家乡田纳西州的民主党候选人菲尔·布里德森参加2018年的参议院竞选。这一举动直接导致登记投票的人数激增,在她发帖后的24小时内,新登记的选民数量超过了6.5万人,媒体称这种效应为"斯威夫特式提振"。至于唐纳德·特朗普对此的回应,他说:"这么说吧,我现在对泰勒音乐的喜爱程度降低了25%。"

"说来惭愧,我觉得我在这方面的认知实在有限,"她后来解释说,"因为我从没有积极尝试以一种我认为有必要的方式去学习政治,去学习如何面向数亿人发表声明。"

但现在泰勒成长了,更加睿智,所面临的情况也不一样了。在2020年总统大选前夕,她明确表达了自己的政治倾向,并继续鼓励群众投票。针对特朗普试图破坏邮政投票系统一事(要知道媒体预估在新冠疫情期间通过邮件投票的人数将创新高),她在推特上回应说:"特朗普精心策划的解散美国邮政行动,再明确不过地证明了一件事:他很清楚我们不希望他成为总统。他选择公然欺骗,把数百万美国人的生命置于危险之中,从而保住权力。"她接着说:"唐纳德·特朗普无能的领导使得我们当下的危机更加恶化,他现在正在利用这一点来颠覆和摧毁我们投票并且安全投票的权利。请大家尽早申请选票,提前投票。"显然,泰勒已经不再退缩了!

泰勒近年来发声的领域不仅是投票选举。2018年3月,她首次呼吁控制

———◆———

左图:在照片墙上打破政治沉默后不久,泰勒在2018年全美音乐奖颁奖礼上发表了获奖感言,鼓励人们在美国中期选举中投票。

枪支，给"为生命游行"集会捐赠了一笔数额不详的资金，这是一场由斯通曼·道格拉斯高中枪击事件的幸存者发起、由学生领导的反对枪支暴力运动。"让学生在对枪支暴力的恐惧之下去上学是不应该的。去酒吧也好、去听音乐会也好、去电影院也好，抑或是去做礼拜的地方，都不应心怀这种恐惧。"泰勒在照片墙上写道。据估计，这次集会的参加人数在 120 万到 200 万人之间，是美国历史上规模最大的抗议活动之一。她补充说："我捐款是为了表达我对学生群体的支持，对'为生命游行'运动的支持，对受悲剧影响的每个人的支持，以及对枪支政策改革的支持。"

> 数百万人敬仰她……泰勒的一言一行都很重要。

2017 年，泰勒上法庭为自己辩护，指控电台 DJ 戴维·米勒在 2013 年的一次见面中实施猥亵，随后戴维被解雇。之后，泰勒发现自己又卷入了另一场重要的社会和政治运动，在 2017 年 10 月，"#MeToo（我也是）"标签迅速走红网络，世界各地的女性和一些男性在这个标签下分享了他们遭受性骚扰和性侵犯的经历，现已名誉扫地的电影制片人哈维·韦恩斯坦遭到多起性侵指控。

——✦——

右图：在 2019 年 MTV 音乐录影带奖颁奖礼上，《你需要冷静一下》获得了年度录影带奖，该奖项颁发给带有社会和/或政治信息的音乐 MV。

2019 年 8 月 26 日，新泽西州，MTV 音乐录影带奖颁奖礼。

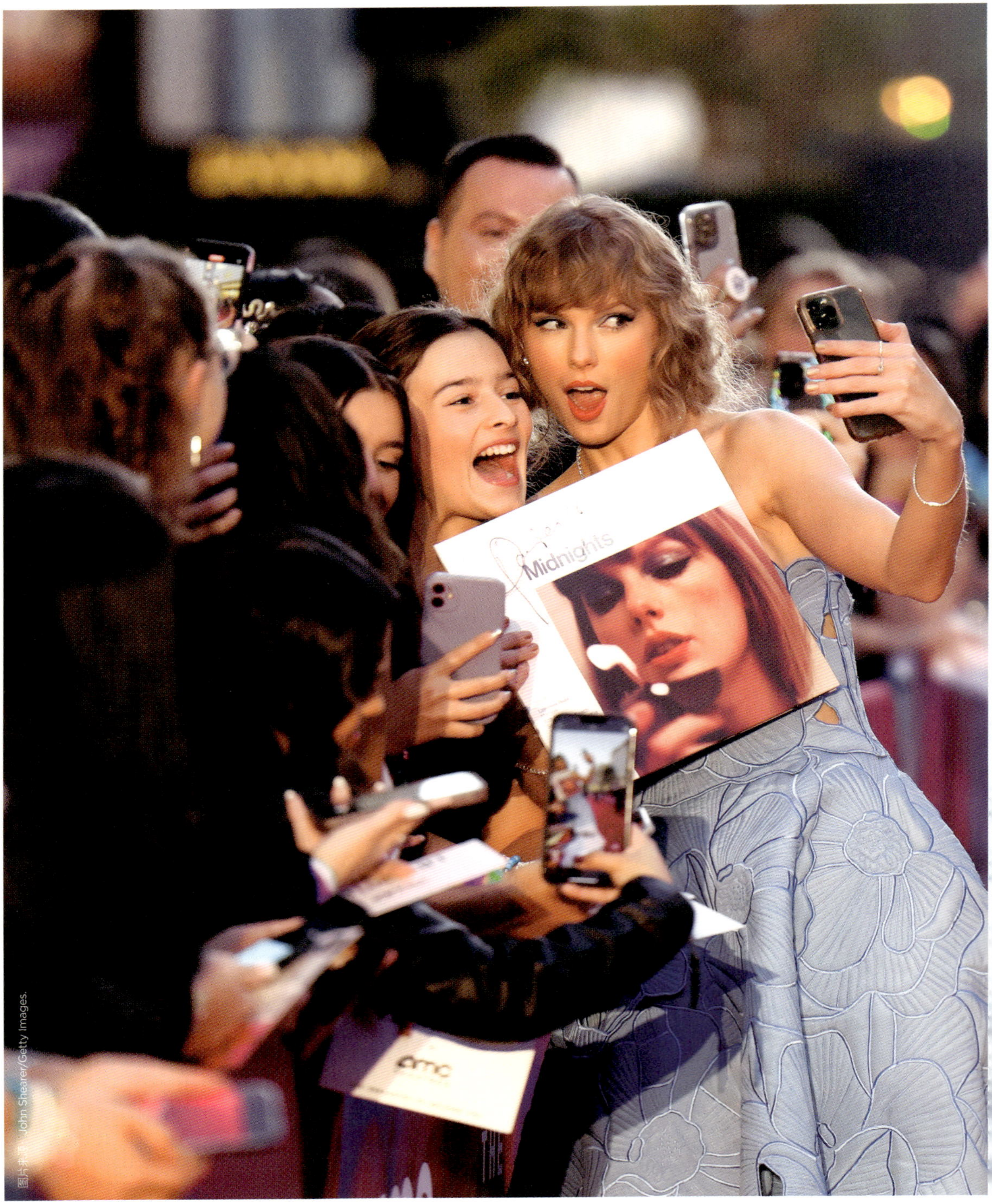

图片来源：John Shearer/Getty Images.

泰勒的故事成为这场运动中讨论的众多话题之一，《时代》杂志将她作为"打破沉默者"之一列入了 2017 年的年度特别人物，这份名单囊括了来自不同行业和背景的一群人，他们勇于公开反对骚扰和性侵犯。泰勒在照片墙上解释说："我觉得这对提升人们的意识是一个重要时刻，不仅对于父母如何与孩子交谈，同时也关乎受害者如何处理他们的创伤，无论是新伤还是旧伤。那些勇敢站出来的男男女女让人们知道，这种滥用权力的行为不应该被容忍。"

泰勒也直言不讳地谈到了人们对性少数群体的歧视，她在《恋人》专辑的单曲《你需要冷静一下》中直接提到了这一点，歌词是："你只需要乖乖坐下冷静一会儿，然后试着恢复平静，控制自己对你讨厌的人尖叫的冲动，因为你投下的阴影不会破坏任何人的快乐。"她还创建了一份请愿书，支持利于性少数群体的《平等法案》，并在这首歌众星云集的音乐 MV 的最后展示了这份请愿书。超过 80 万人签署了请愿书，《平等法案》最终在拜登政府时期重新引入，截至 2023 年 12 月，该法案正在等待参议院审议。

更重要的是，多亏了歌词"你为什么生气？你明明可以成为同性恋者反诋毁联盟的一员"，这首歌的发布也直接带来了同性恋者反诋毁联盟的捐款增加。该联盟是一个非营利性质的媒体监督机构，倡导对性少数群体的公平和包容。许多粉丝象征性地捐了 13 美元，以纪念泰勒的幸运数字。

尽管泰勒近年来对性少数群体的权利更加直言不讳，但她也对自己过去没有做更多努力表示遗憾。"大概一两年以前，我和我的朋友托德里克·霍尔一起坐车，他问我：'如果你儿子是同性恋，你会怎么做？'"她在 2019 年接受《时

— ✦ —

左图：泰勒惊喜亮相"时代之旅"演唱会电影首映式，粉丝见到她非常开心，因为她从来没有公开确认会出席该活动。

尚》杂志采访时说，"我很惊讶他居然需要开口问我这件事，这也让我意识到我的立场还不够明确，我的声音也不够响亮。如果我儿子是同性恋，他就开开心心做一个同性恋。这个问题没有意义。"她补充说："如果连他都这么想，我无法想象我的性少数群体粉丝会怎么想。这时候我才意识到我没有公开明确过这一点。"

2020 年 6 月，明尼阿波利斯黑人男子乔治·弗洛伊德被一名警察误杀后，全球爆发了抗议活动，泰勒利用自己的平台公开指责警方对种族主义行为缺乏问责。"种族不平等的观念已经深深植根于地方和州政府，这一点必须改变。为了改变政策，我们需要选出那些反对警察暴行和任何形式种族主义的人。"她在"#BlackLivesMatter（黑人的命也是命）"标签下发推文表态。在发给唐纳德·特朗普的文字中，她补充道："在整个总统任期，你不仅煽动白人至上主义和种族主义的火焰，现在竟然还有胆量在威胁使用暴力之前装出一副道德优越感？我们会在 11 月投票让你下台。"

泰勒从一个用真诚的声音唱出青少年生活而赢得粉丝的女孩，成长为一位引领和倡导重要社会问题的全球超级巨星，这表明她的影响力越来越大。但这也提醒我们为正确的事情大力发声有多么重要，即使这些事情不会直接影响到我们。正如泰勒在 2019 年接受《时尚》杂志采访时所总结的："直到最近我才意识到，其实我可以为一个我不是其中一员的社会群体发声。"

偶像榜样

简而言之，泰勒不仅仅是一位时尚偶像，她已经成为世界各地粉丝的榜样。在公众的视野下成长并不容易，但她以令人敬佩的成熟和智慧处理了自己的早期事业生涯，以及成名带来的巨大压力。在经历了这一切之后，泰勒仍一直保持着那种让人感同身受、脚踏实地的态度，正是这种态度让大家从一开始就爱上了她。

过了这么多年，她与粉丝之间的独特纽带仍比以往任何时候都更加牢固，这也是她不可阻挡地踏上成功之路的重要原因。在《泰勒·斯威夫特：时代巡回演唱会》电影的首映式上，泰勒告诉观众席中的粉丝："我想你们一定会发现，你们才是这部电影的主角。因为你们的魔力，你们对细节的关注，你们的幽默感，以及你们对于我的所作所为和对我音乐的理解，才让这次巡演成为我生命中最棒的经历！"

对这一代人来说，我们觉得自己好像是和泰勒一起长大的。她为我们最难忘的时刻提供了配乐，从坠入爱河到心碎，从孤独到快乐，仿佛她一直陪伴着我们，为每一种美妙而又复杂的情感伴上歌声。正是有这种与数百万粉丝的紧密联系，泰勒才能成为世界上最有影响力的人之一。

当然，力量越大，责任越大。事实上，有数以百万计的人将她当作榜样，尤其是年轻女孩。她的一言一行对人们都很重要，也许会产生显著的影响（比如2018年的"斯威夫特式提振"）。但泰勒不再怯于表达自己的想法，她利用在平台上的影响力成为一名直言不讳的活动家，提升大众对许多社会和政治问题的认识，鼓励她的粉丝投票、签署请愿书或尽其所能捐款。

泰勒同时也以身作则，是最慷慨地回馈社会的名人之一。无论是出人意料地给需要经济援助的粉丝捐款，还是给巡演城市的食品银行捐款，又或是给团队发大笔的奖金，在回馈社会时泰勒从不犹豫。这种善良和慷慨的精神永远不会过时。

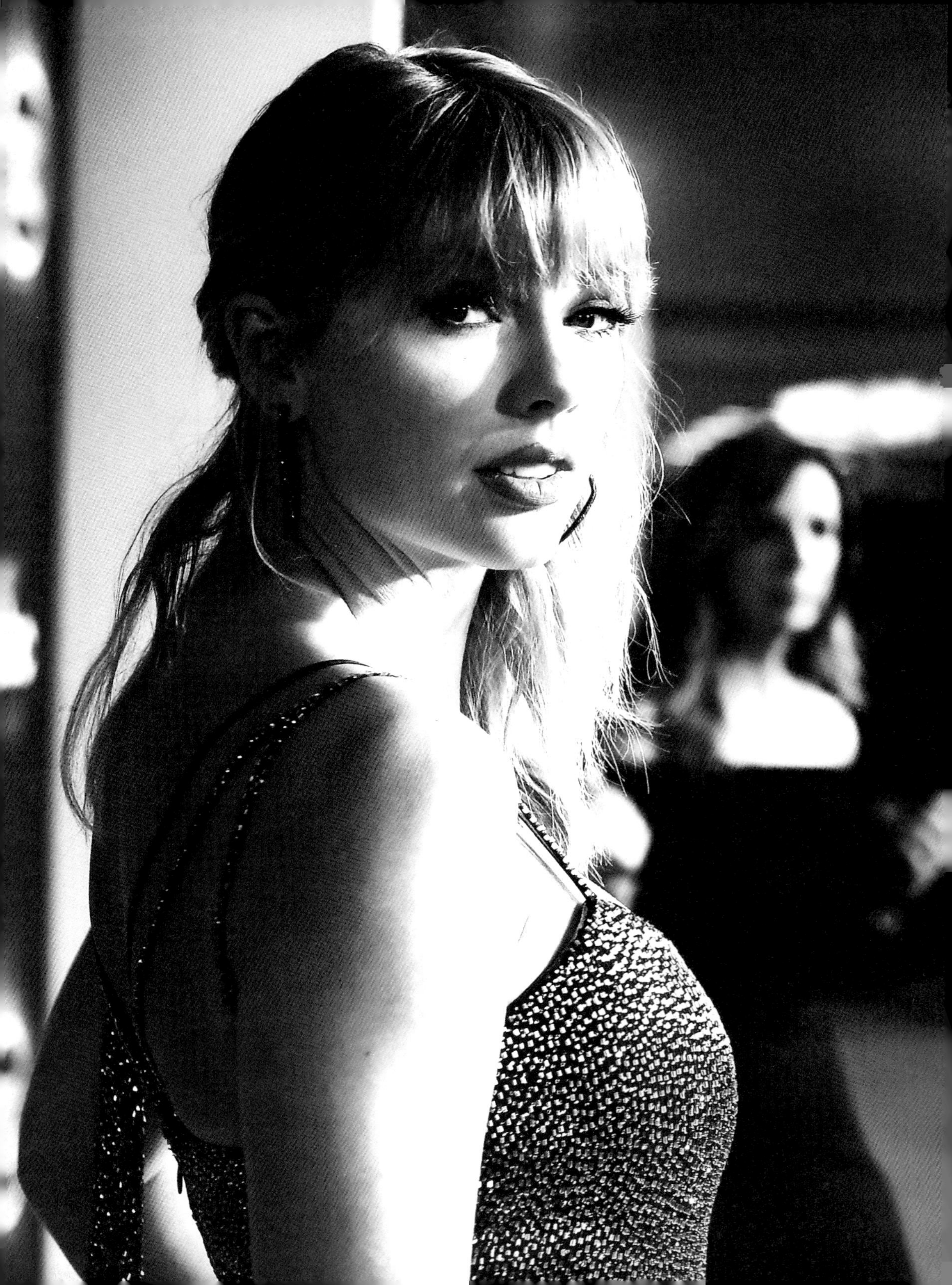

第五章

成为超级巨星

成为超级巨星

泰勒一路走来取得了很多的成就，成为世界上最具影响力的流行文化偶像之一。她是一颗闪耀的明星，光辉熠熠，无可比拟。

毫无疑问，泰勒现在是地球上最有名的人之一。随着"时代之旅"全球巡演的展开，感觉好像我们正在见证一个明星走到辉煌的顶峰。有数百万忠实的粉丝为她加油，有无数的奖项，甚至有专门为研究她的作品而开设的大学课程，到目前为止，泰勒的职业生涯确实堪称具有历史意义。

奖项和荣耀

泰勒自出道以来获得了惊人的荣誉，赢得了 600 多个奖项，并获得了 1200 多次奖项提名。截至 2023 年 12 月，她 12 次斩获格莱美奖，是历史上第一位获得过 3 次格莱美年度专辑奖的女歌手。事实上，她现在与弗兰克·西纳特拉、史蒂维·旺德和保罗·西蒙并列，是获得年度专辑奖最多的人。她还获得了两次全英音乐奖，包括久负盛名的全球偶像大奖，26 次获得全美青少年

右图：2019 年 11 月，泰勒在全美音乐奖颁奖礼上表演了她的大热单曲集锦。

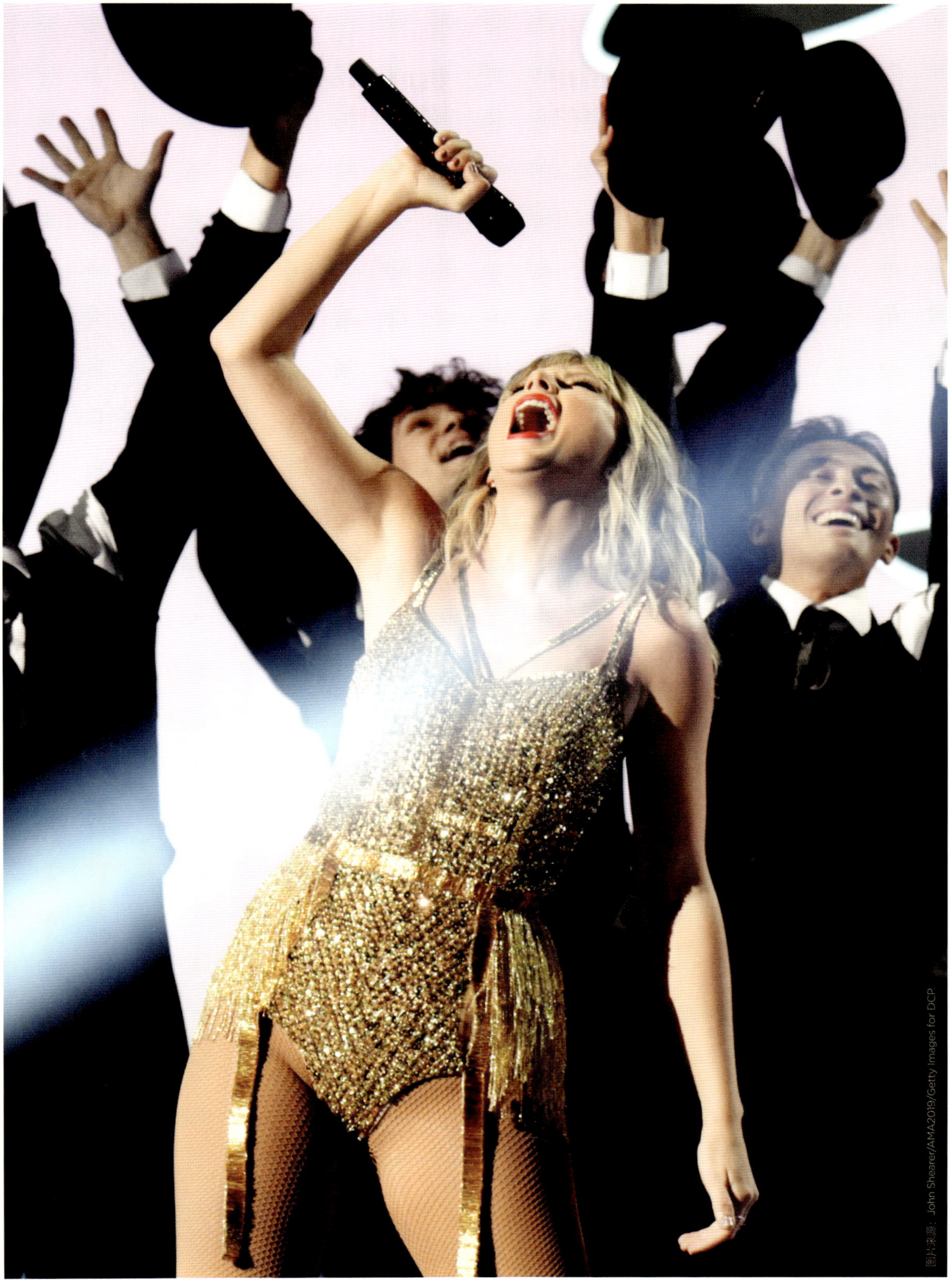

图片来源：John Shearer/AMA2019/Getty images for DCP

选择奖，还凭借 2015 年的演唱会电影《AMEX 未上演：泰勒·斯威夫特体验》将艾美奖收入囊中。此外还有 16 项人民选择奖、3 项新音乐快递杂志大奖、23 项 MTV 音乐录影带奖、40 项全美音乐奖、8 项乡村音乐学院奖等等。

如果这还不够的话，泰勒还打破了 100 多项吉尼斯世界纪录，其中包括"美国公告牌 200 强专辑榜连续获得最多冠军的录音室专辑的纪录"和独唱女歌手"在美国单曲排行榜上获得最多冠军的纪录"等。流媒体唱片领域也是她的主宰。2022 年，《午夜》的发行打破了女歌手专辑在"声破天上首日专辑播放次数最多的纪录"。2023 年 11 月，泰勒也超过了加拿大歌手威肯，打破并维持在声破天上"每月听众最多的纪录"，超过 1.09 亿人次。

2019 年，泰勒一长串的成就单上又添了两项大奖，为她踏入乐坛的第一个 10 年增添了华光。她在全美音乐奖上被评为"十年艺人"，并被评为公告牌"十年杰出女性"。对于后者，泰勒发表了热情洋溢的获奖感言，讲述了她入行以来所面临的挣扎，所取得的成就，还谈到了培养和照顾后辈年轻女性流行歌手的重要性。

她说："在过去的 10 年里，我亲眼见证了这个行业的女性受到批评，人们将她们做对比，挑剔她们的身材、感情生活和时尚品位。'我真的很喜欢他的歌，但我也说不清为什么，我就是不喜欢他这个人。'你们听过有人这样评价男歌手吗？没有！这种批评都是专门针对我们的！"

她继续说道："本来可以把我们压垮的压力反而把我们锻造成了钻石。杀

右图：泰勒在 2023 年格莱美颁奖礼上走红毯。

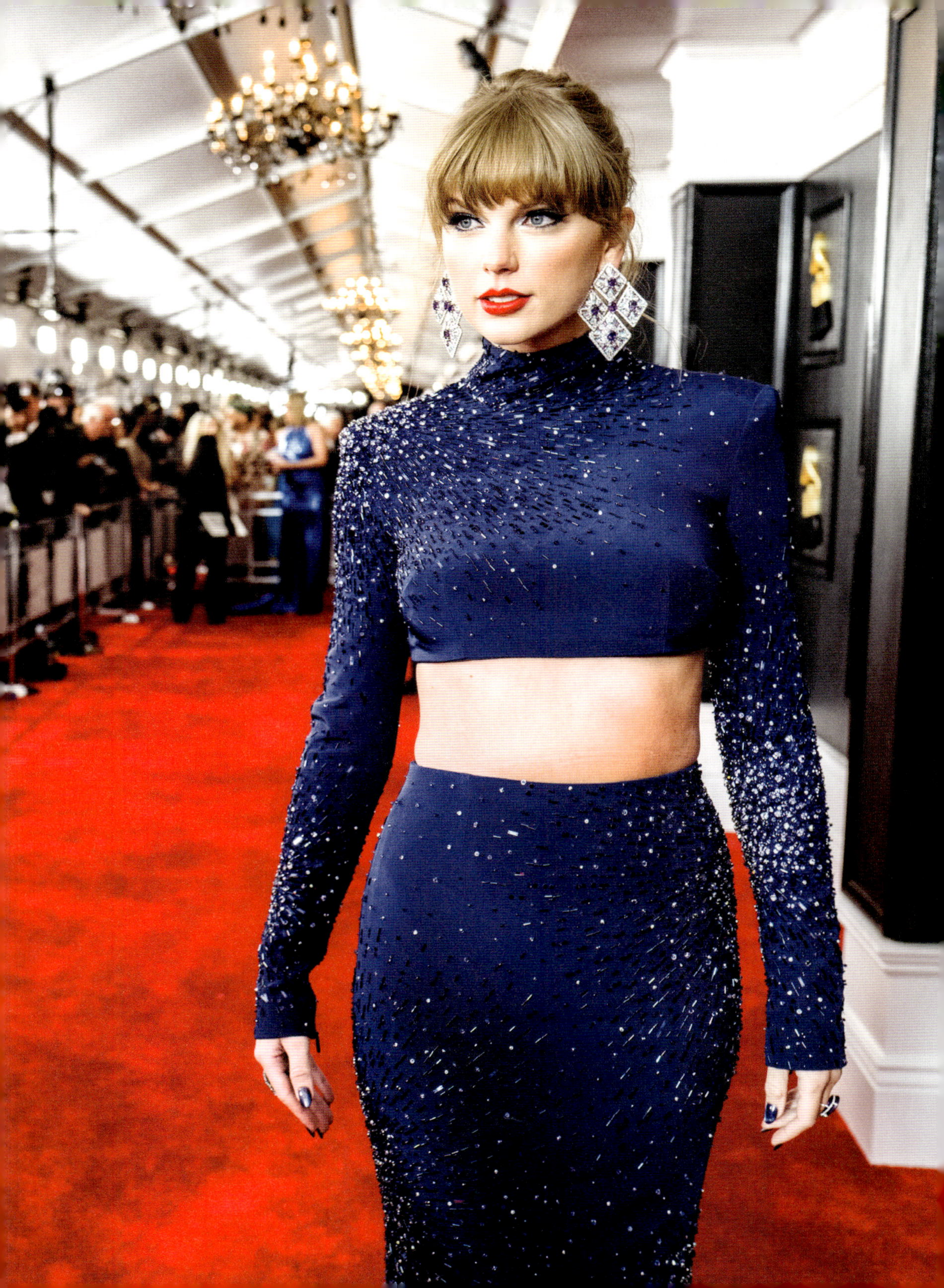

不死我们的，反而让我们变得更强大。但我们需要继续在录音室、在调音台后面、在艺人与制作部会议上为女性发声，因为女性努力的目标并不是在自己的领域中得到重视，而是仍在努力争取一个能入行的机会。"

在这次讲话中，她还谈到了她所面临的来自公众和媒体的巨大压力，以及要达到公众眼中女性不可能达到的标准有多么困难。"他们说我20多岁的时候约会太多了？好吧，我不约会，我单身好了，而且单身了很多年。现在他们又说我的专辑《红》里的分手歌曲太多了？好吧，好吧，那我就做一张专辑，讲搬到纽约，并发现和朋友们在一起的生活更有趣。啊，他们说我的音乐风格变化太大，越来越不像乡村音乐了？好吧，好吧，于是我来个风格大转变，推出了流行音乐专辑《1989》。现在人们说看够了我和朋友们的照片，那我也可以不再展示。后来，他们不再说我是聪明的女商人，开始编派我是精于算计的操纵者？好吧，我从公众视野中消失几年好了。如今，我又成了人们眼中的反派？好吧，我发行了专辑《名誉》，里面到处都是蛇一样奸佞诡诈的小人。"

登上大银幕

除了音乐事业，泰勒还涉足演艺圈，从入行以来出演过几部影视剧。她曾在2009年出演过一集《犯罪现场调查》，这是她扮演过的第一个角色。她扮演的角色名叫海莉·琼斯，是一个叛逆少女，死因非常可疑。她的头发染成了深色，打了唇环，还有一个贩毒的男朋友，这个角色与现实生活中的泰勒没有一点相似之处！

《犯罪现场调查》是泰勒在小银幕上的首次亮相，她第一次出演剧情电影，则是在2010年的《情人节》。这是一部浪漫喜剧电影，讲述了一群相互联系的人在 2 月 14 日这一天挣扎于爱情狂潮中的故事。泰勒饰演费利西娅，是个很讨人嫌又过分热情的高中女生，与威廉是男女朋友，两个人都是彼此的初恋。扮演威廉的是泰勒的前男友泰勒·劳特纳（粉丝们称他们为"泰勒平方"），他们第一次见面是在片场。他们在 2009 年拍摄这部电影时约会了几个月，但到第二年电影上映时，他们已经分手了。劳特纳后来承认，泰勒的另一首歌《重回十二月》唱的正是他们之间的恋情。"他是我最好的朋友之一，"泰勒在 2011 年接受《魅力》杂志采访时谈到二人分手时这样表示，"他很棒，我们会一直保持亲近的关系。对此我非常感激。"

✦

泰勒还利用自己的力量，为那些在音乐行业中苦苦挣扎的人发声。

2012 年，泰勒尝试为改编自苏斯博士经典作品的电影《老雷斯的故事》配音，她配音的角色是奥德丽。与她之前现场演绎歌曲或饰演角色不同，这部电影见证了泰勒第一次为动画角色配音所面对的挑战。"这是一个完全不同的领域。"她解释说，"和唱自己写的歌很不一样。做配音的时候，你要一个人坐在隔间里，不与任何人交谈。"

迄今为止，泰勒在《猫》中所扮演的角色是她被讨论最多的角色。这部电影改编自安德鲁·劳埃德·韦伯的音乐剧，演员阵容可谓明星云集，除了泰勒，詹姆斯·柯登、朱迪·登奇、贾森·德鲁罗、伊德里斯·埃尔巴、里贝尔·威

2019年12月16日，纽约，《猫》首映礼。

尔逊等人都有参演。泰勒饰演邦贝鲁琳娜一角。她的高光戏份在电影的最后，她用英国口音演唱了音乐剧中的歌曲《马卡维提》（"Macavity"），接着，其他猫身上都被撒了猫薄荷。

泰勒在电影中的出场时间只有几分钟，但她还参与了幕后工作，与制片人安德鲁·劳埃德·韦伯合作，为影片创作了一首新歌，名为《美丽的幽灵》（"Beautiful Ghosts"）。这首歌在电影中由主角（或者说主猫？）维多利亚演唱，这一角色由芭蕾舞演员弗朗西丝卡·海沃德饰演。朱迪·登奇饰演的老杜特洛诺米在影片后期也演唱了这首歌的缩减版，而在滚动播出演职员表时，可以听到泰勒演唱的完整版。据泰勒说，这首歌是关于寻找归属感的："《美丽的幽灵》由年轻的声音演唱，她想知道自己能否创造辉煌。她渴望得到每个人都能找到的归属感。她苦苦寻找，非常害怕等到垂垂老矣，却没有昔日的美好岁月可以回忆。"

这部电影票房不佳，恶评如潮，但泰勒说她只是很喜欢创作电影的过程。"参与那部奇怪的电影，我度过了非常愉快的时光。"她在接受《综艺》杂志时这样表示，"我不会事后认定那次经历不好。如果不是这部电影，我就不可能认识安德鲁·劳埃德·韦伯，也没有机会看到他是怎么工作的，而现在他是我的好朋友。我和无比投入的舞者和表演者一起工作过，不会有任何抱怨。"

虽然泰勒多年来出演了不少角色，但很明显，音乐仍然是她唯一的真爱，她只会出演她真正感兴趣的角色，不会只为了出名或赚钱而去出演（反正她早

———◆———

左图：泰勒出席《猫》在纽约的全球首映式。她还与音乐界的传奇人物安德鲁·劳埃德·韦伯一起为这部电影创作了歌曲《美丽的幽灵》。

"泰勒获得了惊人的荣誉，赢得了600多个奖项，并获得了1200多次奖项提名。"

右图：泰勒以29次获奖成为2019年全美音乐奖历史上获奖最多的歌手。在2022年的颁奖礼上，她将这一纪录扩大到了令人瞩目的40个奖项。

图片来源：Tommaso Boddi/Getty Images.

AMERICAN MUSIC AWARDS
AMERICAN MUSIC AWARDS
AMERICAN MUSIC AWARDS

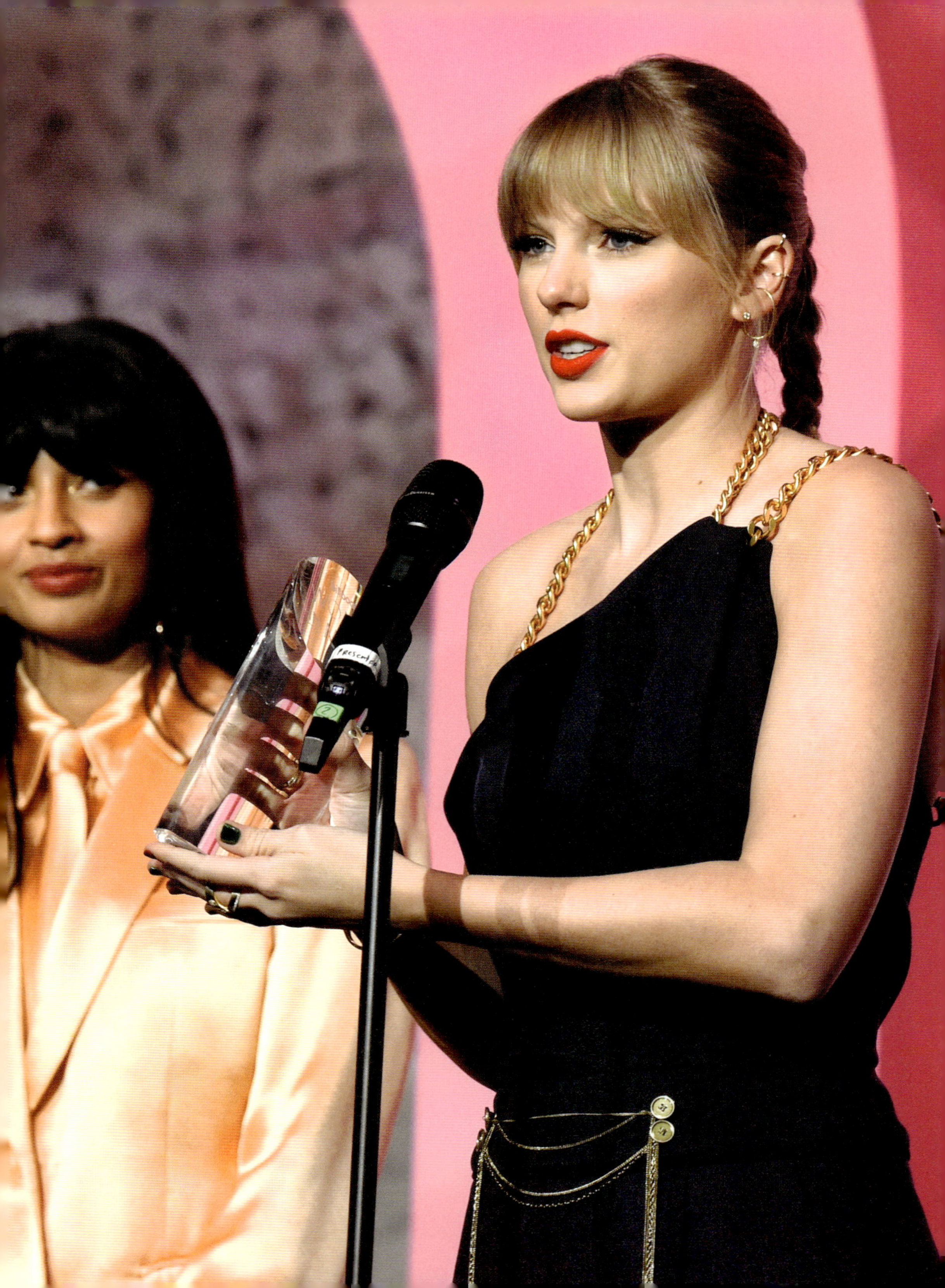

就功成名就了！）。她解释说："看着我真心欣赏的其他人的演艺事业，我会发现这是一个精准的决策过程。他们根据自己的喜好做决定，只做感兴趣的事。他们只扮演能激发他们一直思考的角色。"

除了涉足演艺圈，泰勒也证明了自己有在幕后做导演的才华，近年来她的多部音乐 MV 都由她本人执导。她还在 2021 年执导了《回忆太清晰》，她凭借这部音乐微电影赢得了多个奖项，并获得了很多的好评。

在音乐领域的影响力

在过去的几年里，泰勒不仅利用自己的影响力为政治和社会问题发声，还为在音乐行业里苦苦挣扎的从业者发声，尤其是歌手，从而为经验不足的后辈年轻歌手们铺平道路。

在 2014 年至 2017 年期间，她"抵制"声破天，从其流媒体服务中下架了她的专辑，因为她认为声破天支付给音乐创作者的费用并不公平。泰勒在接受雅虎采访时解释了这一决定："我能说的是，音乐变化太快了，音乐产业本身的格局也变化太快了，所有的新事物，比如声破天，对我来说都有点像一个巨大的实验。在我看来，有的实验对音乐的创作者、制作人和歌手来说没有给予公平的补偿，那么我是不愿意把自己一生的作品贡献给这样一个实验的。我不同意那种认为音乐没有价值、应该免费的观念……我的想法是，'我要试试这

左图：2019 年 12 月，贾米拉·贾米勒在公告牌举办的音乐界女性活动上向泰勒颁发了十年杰出女性奖。泰勒在接受这一荣誉时发表了鼓舞人心的讲话。

图片来源：David M. Benett/Getty Images.

上图：2021 年 5 月，泰勒成为第一位获得英国全球偶像大奖的女歌手（也是第一位非英国人）。

个，我来看看感觉如何'。而这件事让我感觉很有问题。"

很难准确计算流媒体平台每播放一首歌会给歌手支付多少钱，这通常基于各种因素，比如听众的位置、订阅者是免费账户还是付费账户、特定艺人可能协商的版税率不同，以及不同地区之间的相对定价或货币转换。然而，流媒体经常因为没有向创作者支付合理的费用而受到抨击，尤其是与实体音乐销售相比。据估计，声破天每次播放只支付 0.004 美元，这并不是一笔大数目，毕竟包括歌手、词曲作者、制作人和唱片公司在内的所有人都要分一杯羹！这个系统对新兴歌手来说尤为苛刻，毕竟他们的歌很难有成千上万的播放量，而达不到这个播放量，就赚取不到合理的利润。

她的批评不止针对声破天。2015年6月，当发现苹果音乐不会为用户在3个月免费试用期中播放的流媒体歌曲支付任何版税时，泰勒批评了苹果音乐，说这件事不仅"令人震惊"，还"叫人失望"。泰勒在汤博乐上写道："这件事其实与我无关。谢天谢地，我已经出了5张专辑，可以通过现场演出养活自己、乐队、工作人员和整个管理团队。这件事关乎那些新歌手、新乐队。他们刚刚发行了第一首单曲，可即便歌火了，他们也得不到任何收入。这件事关乎年轻的词曲作者，他们刚刚写了第一首歌，还认为拿到版税就能还清债务。"

　　仅仅过了几天，苹果音乐就做出了让步，宣布将为免费试用期内播放的歌曲向所有歌手支付版税。接下来的一周，泰勒宣布她将继续在该平台上播放她的过往作品，以及新专辑《1989》。"这是我第一次发自内心地感觉在网上播放自己的专辑是对的。"她在推特上写道，"苹果，谢谢你改变了我的认知。"2016年，她出现在苹果公司的一则广告中，广告中她一边在跑步机上跑步（后来又从跑步机上摔了下来），一边听着苹果音乐歌单"GYMFLOW（健身曲目）"，由此可见，他们之间的矛盾已经彻底化解了。

　　2017年6月，泰勒的歌曲在声破天重新上架。她或许没能为歌手争取到更高的流媒体播放收入，但在2018年与环球音乐签署新唱片协议时，她确实为他们做了一件很了不起的事。那年在与大机器唱片公司的第一张唱片合约结束后，泰勒决定与环球音乐集团和共和唱片公司签署一份新的唱片合约。但是，有一点很不同寻常，那便是泰勒在合同中指明，唱片公司必须承诺将其在声破天上的部分销售收入交给歌手，唱片公司同意了。泰勒说，在她的新合同中，该条款"对我来说比任何其他约定都更重要"，而且，该合同还规定她对自己今后的母带都拥有所有权。"我们正在努力推动对创作者有利的转变，为了实现这个目标，我会一直尽我所能出一份力。"

除了强调歌手获得公平报酬的重要性，泰勒还谈到了她如何努力使音乐行业更加公平，以便年轻女性得到支持。在 2014 年获颁公告牌年度女性奖时，她表示："我真的觉得我们需要继续努力为年轻一代的音乐人提供一些帮助。此时此刻，未来的年度女性可能正在上钢琴课，也可能在少女合唱团里唱歌，所以现在我们需要为她们做些事。"

几年后，当她再次走上公告牌的舞台，接受十年杰出女性奖时，她提到了自己在 2014 年的获奖感言。"我后来才知道，就在那个时候，加利福尼亚州真有一个 11 岁的女孩在上钢琴课，她也确实是一个少女合唱团的成员。今年，17 岁的她被评为年度女性。她的名字叫比莉（艾利什）。"她沉思后说，"这些都是我们这些行业从业者在每天工作时都需要思考的故事。在这些故事里，人们的梦想实现了，他们可以创作音乐，唱给人们听。在这些故事里，粉丝感到自己与音乐有联系，而音乐会让他们的日子轻松一点，让他们的夜晚愉悦一点，让他们的爱更加神圣，让他们即使伤心也不会感到孤单。"

泰勒外表看起来优雅自信，其实她给自己施加了难以置信的压力。

右图：2022 年 9 月，泰勒在纳什维尔歌曲作者国际协会创作人大奖颁奖礼上获得十年唱作歌手大奖。

Terry Wyatt/TAS Rights Management/Getty Images.

泰勒不仅影响了年轻的流行女歌手，还影响了各个阶层对音乐感兴趣的年轻女性。2018 年，吉他制造商芬德发现，50% 的新吉他销量都来自年轻女性，他们称之为"泰勒·斯威夫特因素"。这表明，虽然泰勒最近演唱的歌曲已经远离了最初使她成名的吉他乡村音乐，但那些歌仍然对世界各地的女孩产生了影响。

《美国小姐》：揭露泰勒不为人知的一面

2020 年 1 月，纪录片《美国小姐》对泰勒的生活和事业进行了最深入的了解。这部由拉娜·威尔逊执导的纪录片记录了泰勒在制作第六和第七张专辑《名誉》和《恋人》期间的一系列采访、档案录像、家庭录像和演唱会表演。

泰勒的确有着优雅自信的外表，但这部纪录片深入挖掘了她的内心，并揭示了她给自己施加的巨大压力：一定要做出好的音乐，要对粉丝好，按她自己的话说，还要"给人们留下一个好印象"。

"我的道德准则就是要给人们留下一个好印象。"她在纪录片开头承认道，"别人认可我，我就会觉得非常满足。我变成了每个人都希望我成为的人。"有件事特别有启发意义，当得知专辑《名誉》没有获得格莱美任何一项主要奖

— ✦ —

右图：2019 年 5 月，泰勒和布伦登·尤里在公告牌音乐大奖颁奖礼上表演《我！》。后来，布伦登带着他的乐队迪斯科恐慌与泰勒再次合作《触电感受》。

2019年5月1日，拉斯维加斯，公告牌音乐大奖颁奖礼。

项的提名时，她没有为专辑辩解，只是说了句："没关系，我以后会把唱片做得更好。"

在这部纪录片中，泰勒还坦率地谈到了一个事实：尽管在事业上成绩斐然，但她也难免会感到孤立和孤独。这种成功有时会在她和周围人之间制造距离，让她很难找到能和谐相处的人。在谈到第二次获得格莱美年度专辑奖时，她透露："就是这样……我的生活从来没有这么好过。这就是你想要的。这就是你所关心的……（但是）当你到达山顶，环顾四周，你会想，'天啊，现在该做什么？'，我身边连个可以陪我一起攀登、一起庆祝的伙伴都没有。我没有可以倾诉的人，没有能理解并和我产生共鸣的人……我只有妈妈，但我在想，我现在是不是应该找一个可以打电话的人？"

她还第一次承认自己曾患有饮食失调症，而由于公众的关注，这个问题变得更为严重。在纪录片的一个场景中，她坐在汽车后座，坦诚地承认："多年来，我明白了一个道理，每天看自己的照片对我来说不是什么好事。有些情况会刺激我，比如在一些照片里，我感觉自己的肚子很大，或者别人说我像是怀孕了，这样一来，我就会让自己饿肚子，不再吃东西。"

值得庆幸的是，随着时间的推移，她学会了应对。"我现在对自己更满意了。"她又说，"就算有人说我胖了，我也不会在意。我穿 6 码而不是 00 码，这让我的生活变得更美好了。"

这部纪录片还让粉丝们更深入地了解了成名的阴暗面，揭示了一个特别可怕的事件：有一次，一个跟踪狂闯入她的公寓……还睡在她的床上！这件事和许多事件导致她最终在政治上更加开放，并公开反对田纳西州参议员玛莎·布莱克本，后者投票反对重新授权《针对妇女施暴法》，并投票反对同性婚姻。

她为政治事件发声的决定并没有得到团队中所有人的支持，他们担心这会让她遭到公众的反对，人身安全也可能受到威胁。泰勒以南方小鸡乐队为例，该乐队在2003年批评布什总统入侵伊拉克时遭到了强烈抵制，不光歌曲被乡村音乐电台列入黑名单，而且由于当时美国处于"9·11"事件后的爱国主义氛围中，他们因为这些言论还受到了死亡威胁。泰勒后来在纪录片中表示："我想热爱闪闪发光的东西，也愿意捍卫我们社会中存在的双重标准。我想穿上粉红色的衣服，告诉你我对政治的看法。我不认为这些事情必须相互抵消……我需要站在历史正确的一边。"

这部纪录片也有一些温馨感人的时刻，泰勒谈到了她和当时的男友乔·阿尔文的关系。乔在纪录片中出镜，但镜头并不多，泰勒承认这是因为他们决定维持低调的恋情。她透露："我爱上了一个人，他过着非常正常、平衡、脚踏实地的生活。我们都希望维系一段私密的关系，这是我们一致的决定。"

多年来，她一直与所有人分享自己的隐私，从别人对她的看法中寻找快乐，现在他们两人的恋情帮助她在不受他人影响的情况下找到了快乐。她解释说："我从别人教我的寻找快乐的方式中没有找到快乐。但我现在很快乐，这是没有其他人介入的幸福。"

在和儿时的朋友阿比盖尔在家一起吃晚餐时，她们聊到最近有哪些朋友有了孩子，泰勒谈到了自己对生儿育女的想法："有时我感觉自己已经57岁了，但还有些时候，我肯定还没有准备好要孩子。"她沉思着说："我没有那么多的时间去处理各种事情，毕竟我的生活是提前两年就做好了计划。两个月后他们会告诉我下次巡演的日期。"

《美国小姐》揭开了我们习以为常的名人泰勒那冷静自持的面纱，让观众有机会看到背后那个不设防、深思熟虑的女人。即使是获得泰勒所取得成就的

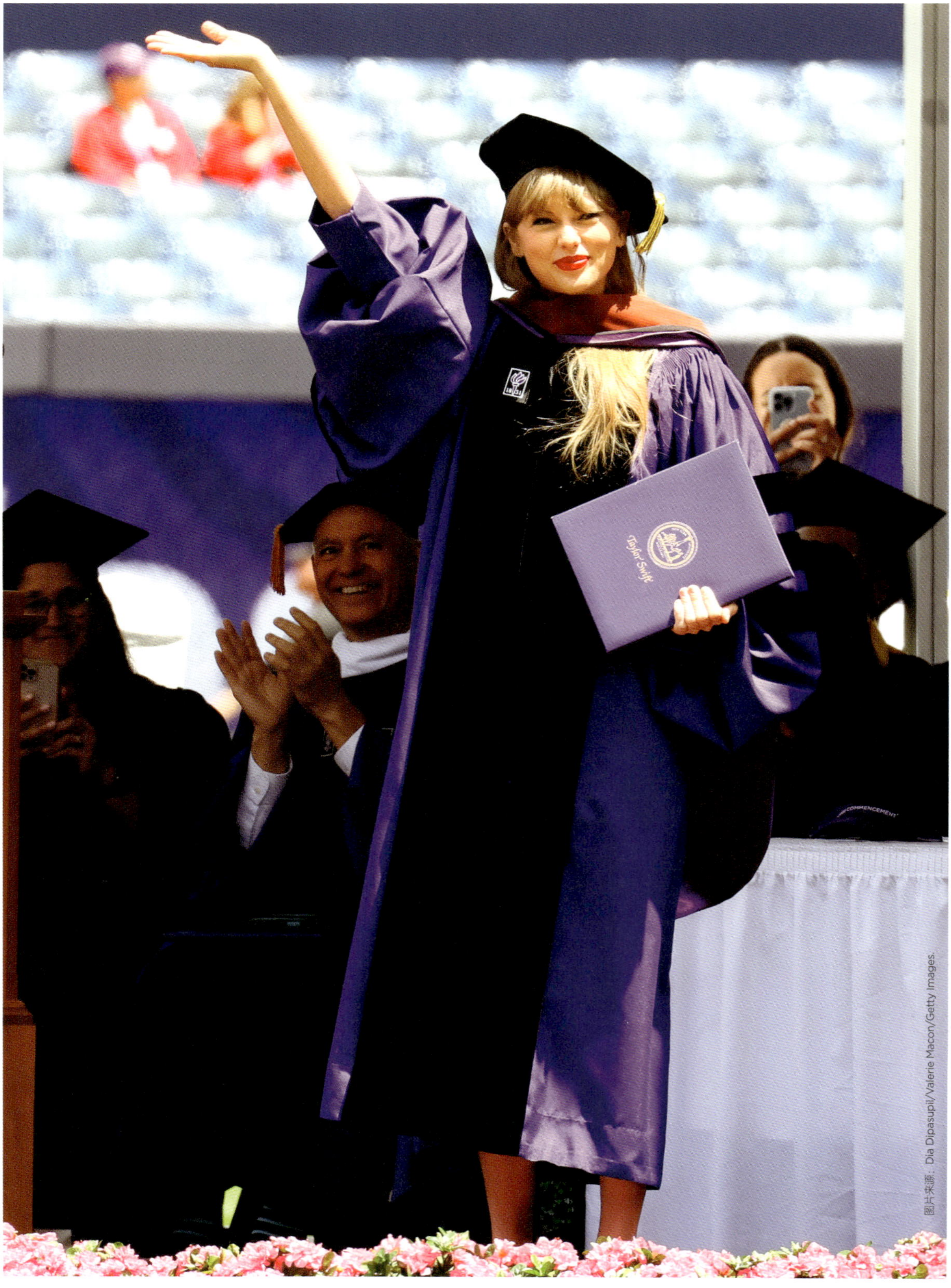

图片来源：Dia Dipasupil/Valerie Macon/Getty Images.

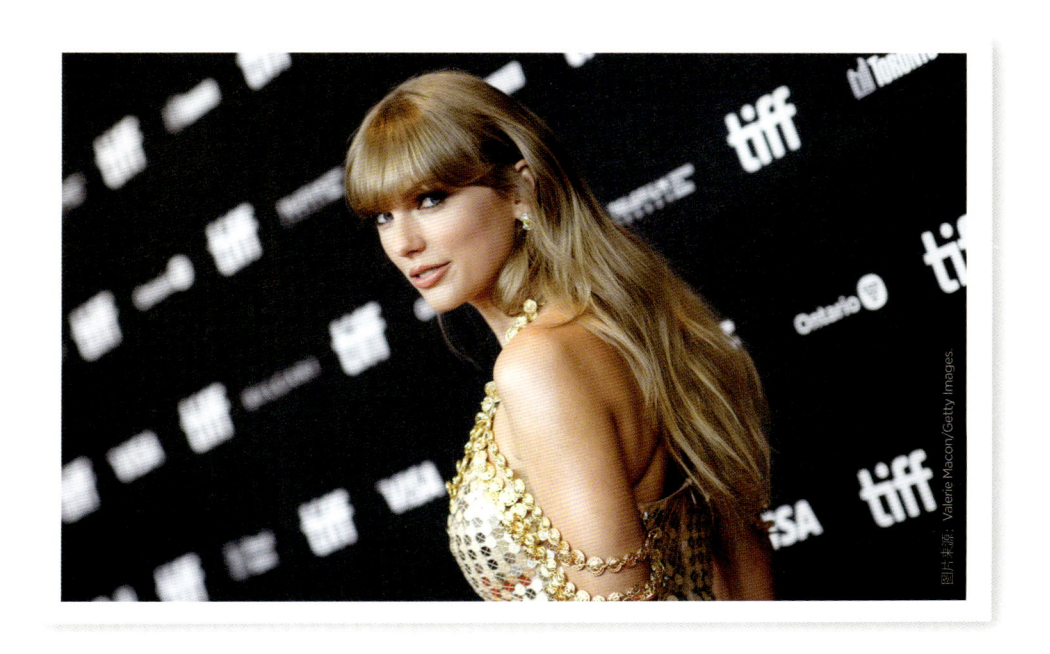

一半，也需要有难以置信的决心，还要付出非同一般的努力，同时承受成名的压力。但是，尽管如此，她还是表现得举重若轻，而这正是一个真正的超级巨星的标志！

— ✦ —

左图：2022年5月，泰勒被纽约大学授予荣誉博士学位，并在毕业典礼上发表了鼓舞人心的演讲。

上图：摄于2022年9月的多伦多国际电影节。近年来，泰勒因为做导演而受到了许多批评。

"在一个分裂的世界里，太多的制度都走向了败落，泰勒·斯威夫特则找到了一种超越界限、成为光明之源的方法。今天，地球上没有人能打动这么多人。"《时代》杂志总编萨姆·雅各布斯解释了泰勒当选 2023 年年度人物的原因。

右图：泰勒在 2019 年《时代》杂志世界百大人物盛典上。2023 年 12 月，她被评为年度人物。颁奖后，她表示："我真的在反思这一年，以及所有这些年的经历。我是发自内心地感激。"

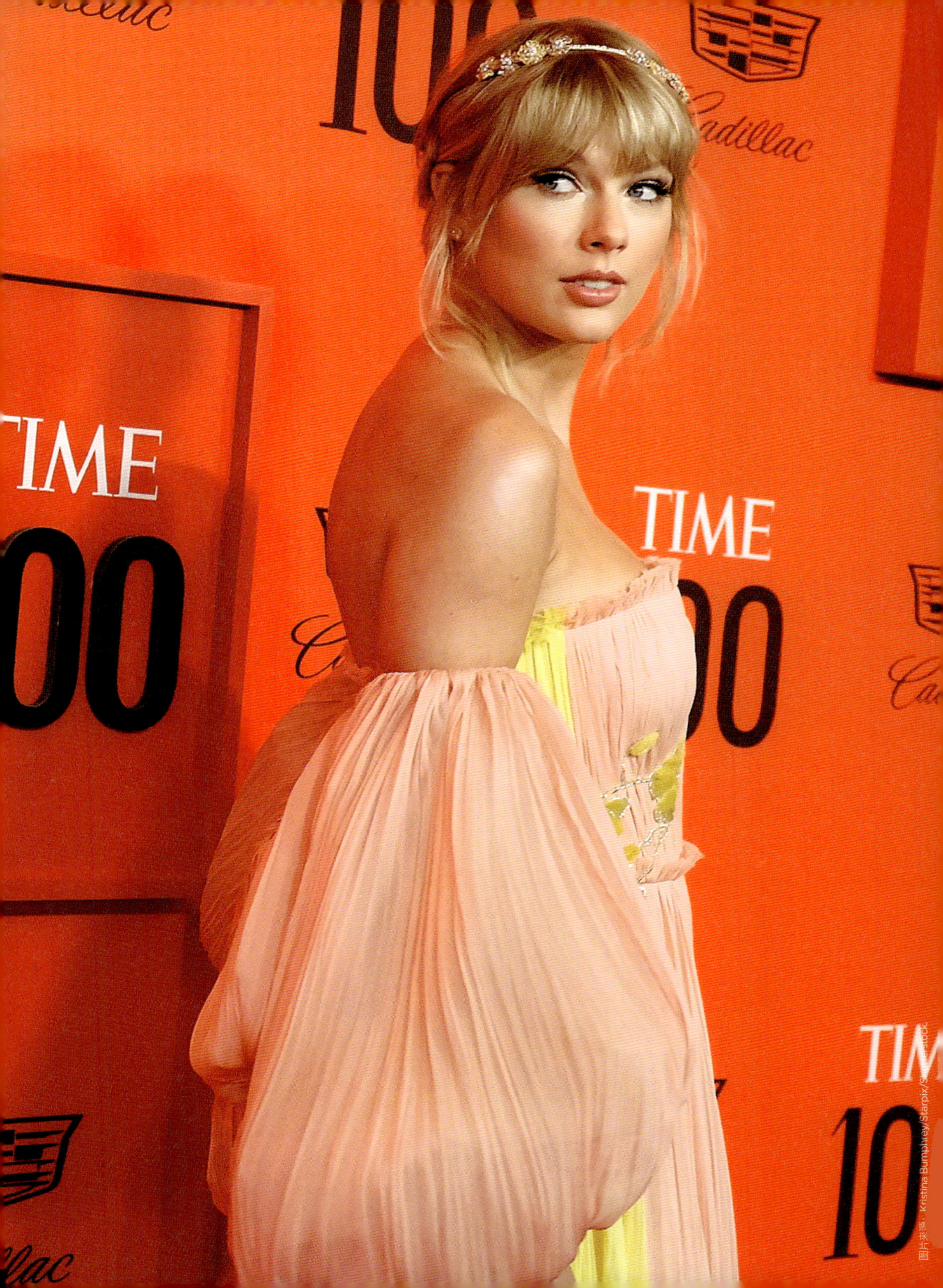

图片来源：Kristina Bumphrey/Starpix/S…stock.

第六章

"时代之旅"全球巡演，
以及再创辉煌

图片来源：Emma McIntyre/TAS23/Getty Images.

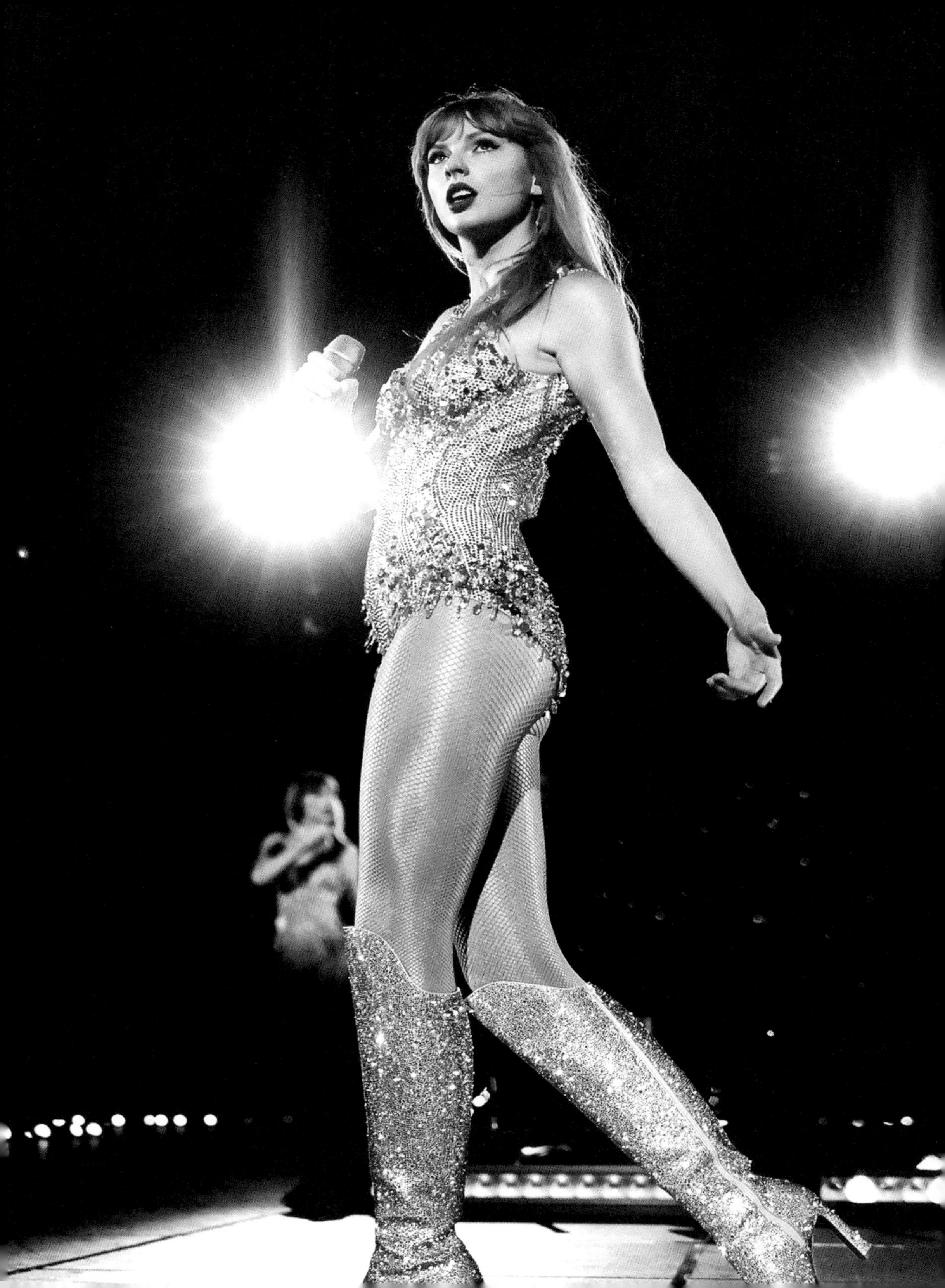

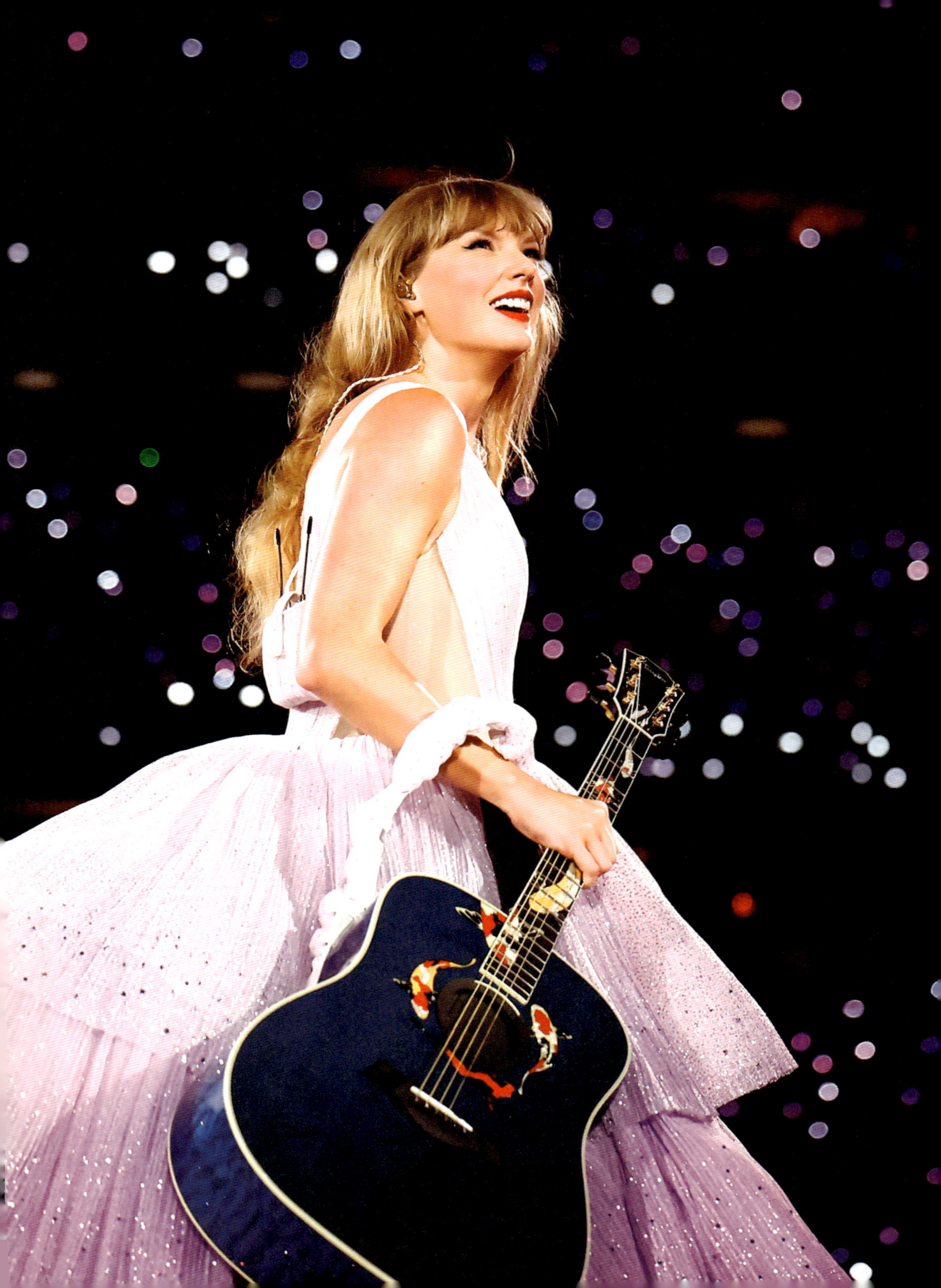

"时代之旅"全球巡演，以及再创辉煌

泰勒在风靡全球的巡演中演唱了多首精彩的大热歌曲，将职业生涯推到了辉煌的新高度。她的下一个时代将走向何方？

现如今"偶像"这个词已经泛滥，但用这个词来形容泰勒·斯威夫特，无疑是实至名归的。一个歌手能在近20年里一直创作出热门歌曲已经是世所罕见，多年来，她还不断地获得评论界和商界的认可和赞扬，在全球长红不衰，地位无与伦比，那更是闻所未闻了。

随着"时代之旅"精彩巡演席卷全球，泰勒的明星影响力可谓直冲云霄。然而，等到囊括她出道以来很多热门歌曲的大型演出结束后，她又将走向何方？现在我们来着眼于轰动世界的"时代之旅"全球巡演，看看泰勒在未来的几年里会有怎样的发展。

左图：泰勒说，"时代之旅"全球巡演"无疑是我一生中最激动人心的经历"。

"一路走来，长途漫漫……"

现在我们回到 2019 年的夏天，当时，《恋人》高居榜首，《我！》《你需要冷静一下》和《男中翘楚》等热门歌曲风靡一时，充斥在电波里！泰勒计划举办"恋人的节日"巡演，以宣传新专辑，她也很高兴自己将在 2020 年重返舞台。作为英国巡演的一部分，她还将在当年的格拉斯顿伯里音乐节上担任重磅嘉宾，对任何歌手而言，这都是职业生涯中难忘的亮点。

可就在这时，新冠疫情暴发了。这场疫情在全球蔓延，极具破坏性，而泰勒做出了明智的决定，先是推迟后又彻底取消了巡演计划。她表示："今年不能在演唱会上与你们见面，我感到很难过，但我知道这是正确的决定。大家都要健健康康，平平安安。我会尽快在舞台上与你们相见的，但现在最重要的是进行隔离，这对我们所有人都好。"

当全世界都进入了封控状态，泰勒依然推出了《民间传说》和《永恒故事》两张专辑，用这样的惊喜让粉丝保持振作的情绪。但随着 2020 年过去、2021 年到来，人与人之间依然要保持社交距离，再次观看现场音乐会简直如同天方夜谭。我们开始怀疑生活是否还能回归正常。但由于医护人员和科学家的不懈努力，新冠病毒疫苗得以开发和推出，隔离可能逐渐开始放松，社交聚会和活动也将恢复如初。

时间快进到 2022 年 11 月，在《午夜》发行后不久，泰勒在《早安美国》上宣布："我现在要宣布一件事，这件事我期待了很久，也计划了很久，现在我终于可以告诉你们，我又要巡演了。这次巡演名叫'时代之旅'，会涵盖我音乐生涯中的所有阶段。"

这将是泰勒的第六次巡演，也是自 2018 年"举世盛名"巡演后时隔 5 年

上图："时代之旅"是女性经济实力的显著证明。

的第一次巡演。在这期间，她发行了 4 张新专辑和两张重制专辑，所以出一张专辑举办一次巡演的常规流程已经行不通了，正如泰勒在演出中解释的那样，"以前我办巡演……都是制作一张专辑，办一次巡演。"她说，"可到了这个时候，我们发现，我都出了 5 张专辑，却还没有办过巡演。于是有人来找我说，喂，你现在要怎么做？你要办一次包括所有这几张专辑在内的巡演吗？那样的话，演出时长会有 3.5 个小时？我说，是的，就这么办。我打算给这次巡演取名为'时代之旅'。到时见。"

"时代之旅"全球巡演

2023 年 3 月 17 日，泰勒在斯威夫特城（即亚利桑那州的格伦代尔市，以她的名字临时命名）开启了 10 年来最受期待的音乐活动。除了重温她的各个音乐阶段，观众们其实并不清楚自己会看到什么。泰勒要怎么把这么多热门歌曲和不同的音乐风格融入一场演出中？事实证明演出精彩绝伦。根本没有理由怀疑她！

在激动人心的首演之夜，她对观众说："我无法表达我有多想念你们。"泰勒显然非常高兴能再次与粉丝进行重要的现场交流。当晚，有6.9万名观众到场观看这场演唱会，就此打破了一项长期保持的纪录，"时代之旅"成为美国历史上观看人数最多的女歌手演唱会。该纪录此前由麦当娜保持，自1987年以来一直无人能打破。

这是泰勒迄今为止最具雄心壮志的演唱会。整场演出近200分钟，演唱了40多首歌曲，有完美的舞蹈编排，有可移动的液压平台，有氛围感十足的布景设计，还有令人眼花缭乱的灯光和特效。此外，泰勒还更换了多套服装，来展示一系列令人惊叹的总体效果。在演唱会上，泰勒职业生涯的所有10个时期都有一个专门的部分，每个部分都配有不同的服装，每一套衣服都是向泰勒最具标志性的造型致敬。

虽然绝大部分曲目保持不变，但泰勒很喜欢为观众准备一些惊喜。在每场巡演中，她都会使用原声乐器演奏不同的歌曲，一首用吉他，另一首用钢琴，因此，巡演中的每一场演出都是独一无二的。她还会在演唱会上当场发布特别公告，这样粉丝们就能第一时间听到重制专辑的消息，还能看到音乐MV的首播。

———◆———

右图："时代之旅"演唱会以《恋人》拉开序幕，第一首歌是《美国小姐和心碎王子》。

图片来源：Kevin Mazur/Getty Images for TAS Rights Management.

2023 年 3 月 18 日，亚利桑那州，"时代之旅"全球巡演。

不出所料，"时代之旅"全球巡演打破了
各个地方的纪录。

有些场次的演唱会还邀请了特别嘉宾，带给观众惊喜。除了海姆乐队、菲比·布里杰斯和帕拉莫尔乐队这样的全明星嘉宾来进行暖场演出，泰勒有时还会邀请杰克·安东诺夫、亚伦·德斯纳和艾斯·斯派斯等合作伙伴上台与她一起表演。在2023年7月的堪萨斯城演唱会上，泰勒与观众分享了《我能看见你》音乐MV，这是该音乐MV第一次播出，播放完音乐MV，在其中出过镜的明星泰勒·劳特纳、乔伊·金和普雷斯利·卡什出现在舞台上，而这是泰勒给观众的第二个惊喜。

不出所料，从门票销售到一流的场地，从到场观众人数到总收入，"时代之旅"都打破了各个地方的纪录。打破的纪录太多，无法在这里一一列举，但到目前为止（截至2023年11月），有两项成就最为惊人：一是一天内售出巡演门票最多的歌手，二是有史以来巡演票房最高的女歌手（超过了之前的纪录保持者麦当娜）。随着2024年泰勒的全球巡演继续进行，她肯定还会打破更多的纪录。

"时代之旅"被称为"十年来最大的音乐盛事"，就其纯粹的文化和经济

左图："时代之旅"全球巡演的第二部分是《放手去爱》，泰勒再次使用她著名的比心手势向粉丝们表达爱意。

影响而言，确实很难看出其他歌手如何能超越这一非凡的现象。

全新的重制专辑

似乎时长 3 个小时、场场满座的大型全球巡演还不足以让人忙碌，自"时代之旅"全球巡演开始到 2023 年 11 月，泰勒还发行了两张重制专辑。

根据一些蛛丝马迹，粉丝猜测，继 2021 年的《红》之后，《爱的告白》将是她的下一张重制专辑，事实证明粉丝猜对了。《午夜》专辑里有几首单曲的音乐 MV 中暗含几个《爱的告白》的彩蛋，此外，分发给"时代之旅"全球巡演观众的发光腕带在结束时会变成灰紫色。除了这些悬念，2023 年 5 月 5 日，泰勒在纳什维尔的第一场演唱会上官宣即将发行《爱的告白》（重制版），两个月后的 7 月 7 日，这张专辑正式发行。为了庆祝专辑的发行，泰勒将歌曲《不朽》加入了演唱会《爱的告白》环节，而这一部分之前只有《着迷》一首歌。

专辑《1989》（重制版）也有类似的暗示。例如，当歌曲《珠光宝气》的音乐 MV 在 2022 年 10 月发布时，眼尖的粉丝们发现，泰勒在音乐 MV 中先乘电梯到 3 楼，然后又上了 5 楼，这分别代表她的第三张和第五张专辑。在歌曲《我能看见你》音乐 MV（在 2023 年 7 月的堪萨斯城演唱会上首次公开）的最后，主人公们驱车离开的地方有一座大桥的限高标志，上面写的是"1989TV 版"。果然，在她第一段美国巡演的最后一站洛杉矶的演唱会上，泰勒证实了粉丝们的怀疑，宣布《1989》（重制版）将于 10 月 27 日发行。在那场演出中，她还穿了一些巡演服装的蓝色新版本，作为最后的悬念。

雄心勃勃的专辑重制计划几乎全部完成，虽然辛苦却乐在其中，此外，这也是一个原则问题。与此同时，我们将密切关注她的新音乐 MV 和巡演照片，寻找更多的线索！

泰勒热潮

"时代之旅"引发了粉丝们的期待，让他们兴奋不已，甚至如痴如狂。可以说，自20世纪60年代中期人气处在巅峰时期的披头士乐队以来，还从未有过如此盛况。"披头士热"是一种文化现象，观众们陷入了狂热，粉丝们追捧和崇拜他们，程度之甚，一直以来任何名人都无法企及。

在这方面，泰勒与"披头士四人组"存在着相似之处，一点也不令人意外。门票一票难求，到场观众人数屡破纪录，再加上黏度最高的粉丝群，"时代之旅"将泰勒的名气提升到了前所未有的高度。粉丝们想尽一切办法去弄"时代之旅"的门票。从社交媒体上的照片可以看到，有的人使用多种不同的设备在线抢票，还有人在街上排队，购买线下门票。一些粉丝为了保证能坐在前排，甚至还在场馆外露营好几个星期。

如果把披头士乐队的影响比喻成一场地震，那么，泰勒的影响就是一场"真正"的地震。在2023年7月的两场西雅图"时代之旅"演唱会上，地震学家记录到某群体活动的活跃程度相当于2.3级地震，据信，这是由观众、音响系统或两者共同作用产生的结果。真可谓惊天动地！

尽管巡演在大型体育场进行，泰勒还是决心让观众体会到参与感，觉得自己是演唱会的一部分。每个人都得到了一条LED腕带，在整个演出过程中，这些腕带会闪烁、跳动，并形成协调的图案。例如，在《名誉》部分的歌曲《瞧你们让我做了什么》中，腕带制造出了一条巨蟒在体育场蜿蜒爬行的效果。高科技腕带并不是粉丝手腕上唯一的装饰品。受《孩子，你正孤身独行》中一句

"时代之旅"引发了粉丝们的期待,让他们兴奋不已,甚至如痴如狂。可以说,自 20 世纪 60 年代的披头士乐队以来,还从未有过如此盛况。

右图:在《名誉》部分,舞者们穿着泰勒过去最具代表性的一些服装,向《瞧你们让我做了什么》音乐 MV 致敬。

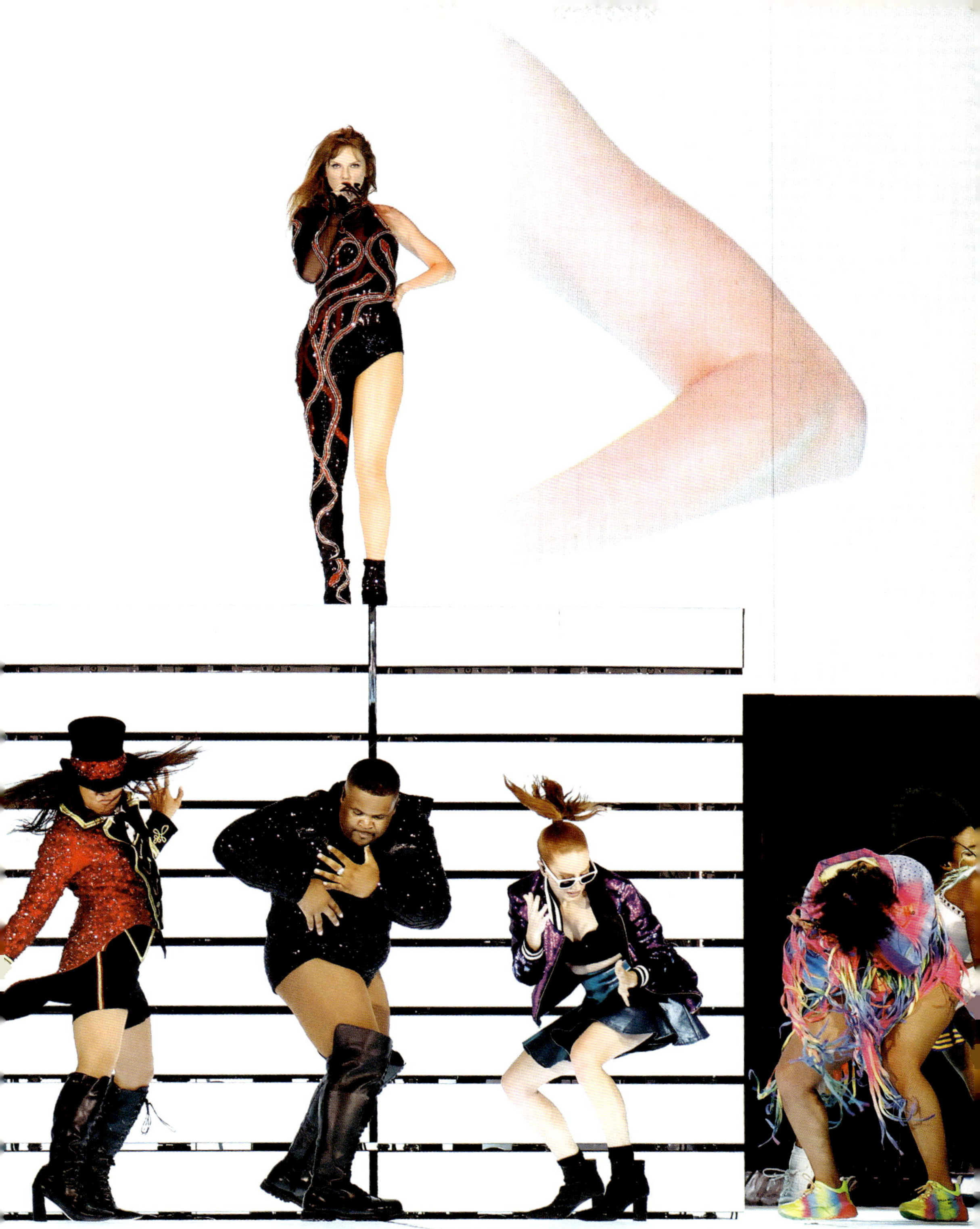

右图：泰勒在《民间传说》部分穿了一件华丽飘逸的连衣裙。这件绿色服装是由阿尔贝塔·费雷蒂设计的。

上图：在《永恒故事》部分，舞台被设计成了一个缥缈超凡的林地，钢琴上还覆盖着青苔。

歌词的启发，粉丝们还开始了制作友谊手链的惯例，他们会在演唱会开始前与其他观众交换手链。这种风尚非常有趣，可以让陌生人建立起联系，感觉自己是泰勒粉丝群中的一员。

观众在"时代之旅"演唱会上体验到的强烈情感也产生了一些奇怪的后果。很多粉丝都说自己经历了演唱会后失忆症。在演唱会之夜，他们都拥有绝妙的体验，但当他们试着回忆当时都发生了什么时，却什么也记不起来。根据心理学家的说法，这种奇怪的现象可能是由于粉丝们在演出期间经历了非常强烈的情感和感官体验，音乐、舞蹈、特效、寻找彩蛋、享受观众之间的友情，这一切所带来的感受都很强烈。大脑一次要吸收很多信息，但并不是所有的信息都有机会得到处理。值得庆幸的是，据说重听一遍演出曲目可能会让粉丝的记忆

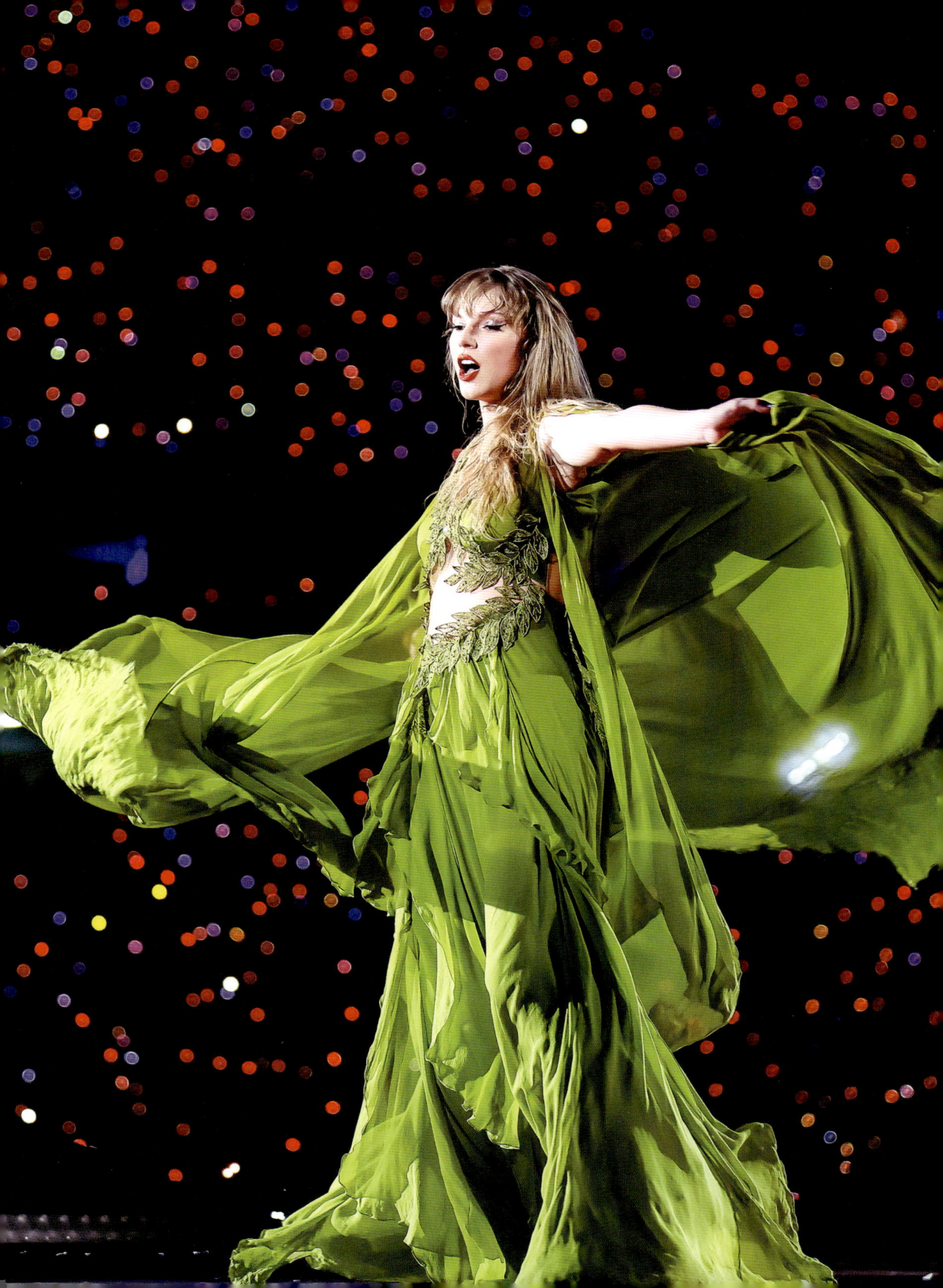

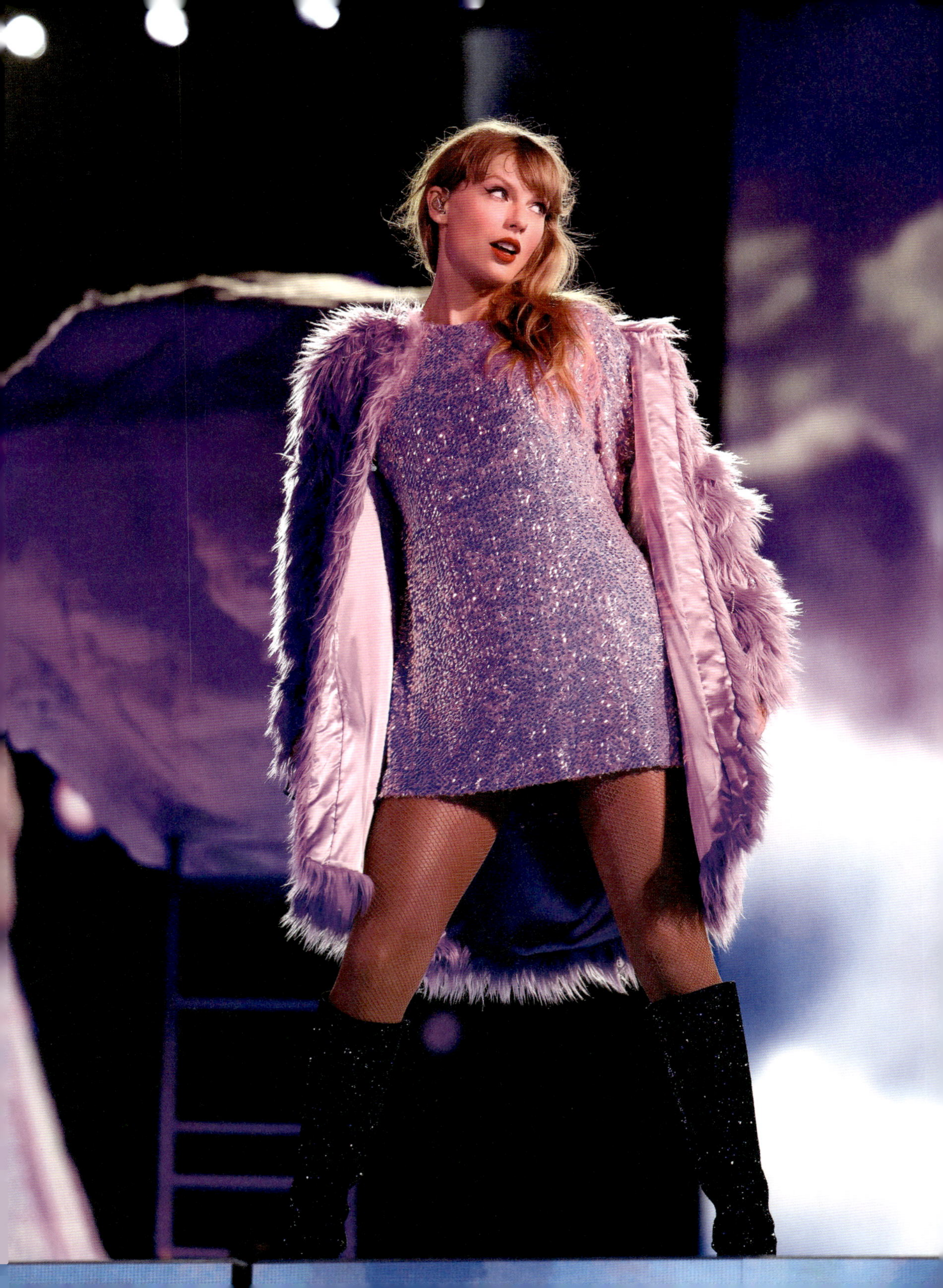

如潮水般涌回。或许再看一次"时代之旅"演唱会，就能帮助他们记起当时的一切……

"时代之旅"演唱会电影

泰勒宣布"时代之旅"也将走进影院，这让数百万买不到票无法去现场听演唱会的歌迷（以及演出后失忆者）高兴不已。她在社交媒体上透露："'时代之旅'是迄今为止我生命中最有意义、最激动人心的经历，我很高兴地告诉你们，它很快就会被搬上大银幕。"

《泰勒·斯威夫特：时代巡回演唱会》电影结合了美国首站期间在洛杉矶举行的 3 场演唱会的片段，给电影观众带来了独特的体验。泰勒采取了一种不同寻常的方式来发行这部电影，她绕开了电影公司，直接与美国的连锁电影院 AMC 达成发行协议。这意味着她有权设定票价（可以是具有象征意义的 19.89 美元，也可以按照她的幸运数字，设定为优惠票价 13.13 美元），并指定播放时间。这是一个前所未有的举动，只是为了证明泰勒具有令人难以置信的明星影响力，足以颠覆这个行业，挑战现状，并以她自己的方式做事。

2023 年 10 月 11 日，洛杉矶的格罗夫露天购物中心关闭，以接待众多粉丝前来观看"时代之旅"演唱会电影的首映。成千上万的粉丝站在街道两旁，希望能见到泰勒，而泰勒不光走了红毯，还与粉丝们签名和合影。她还参观了格罗夫 13 家放映这部电影的电影院，其观众包括受邀的粉丝、记者、名人和"时

左图：演唱会的最后部分《午夜》从梦幻般的《薰衣草迷雾》开始。

上图：2023年10月，泰勒在《泰勒·斯威夫特：时代巡回演唱会》电影全球首映式走红毯。

代之旅"的团队，泰勒在放映前发表了3分钟的讲话。

"我想粉丝们会看到，还有舞者们，你们也会看到，你们都是这部电影的主角。"她解释道，"我很爱很爱你们。很感谢你们的到来，今晚对我来说是最重要的记忆，而你们是其中的一部分。"

就像巡演一样，演唱会电影也打破了纪录，成为有史以来票房最高的演唱会电影，超过了2011年的《贾斯汀·比伯：永不言败》。"时代之旅"只用了3个小时，就打破了AMC电影院历史上单日预售票房最高纪录。事实上，《泰勒·斯威夫特：时代巡回演唱会》的预售额堪比《复仇者联盟4：终局之战》

和《星球大战7：原力觉醒》等重量级大片。截至2023年11月，尽管该片只在周四至周日的有限时间上映，但在全球范围内的票房收入高达2.5亿美元。

为了那些没能在电影院看到"时代之旅"的人（让我们面对现实吧：还有数百万想要一再重刷这部电影的粉丝），泰勒宣布，这部影片的加长版很快就将上线视频点播平台。加长版中多了3首歌曲《狂野的梦》《弓箭手》《不朽》，而为了缩短影片的播放时间，公映版中删去了这3首歌。加长版影片将于2023年12月13日首先在美国和加拿大上线（是庆祝她34岁生日的一份大礼），随后将在更多国家推出。

斯威夫特经济学

泰勒缺乏安全感，觉得自己是个怪物，"慢慢地向你最喜欢的城市蹒跚而行"，与此形成鲜明对比的是，泰勒不管出现在什么地方，都是一件值得庆祝的事。高兴的不仅仅是她的粉丝。名人会吸引更多的人，极大地促进当地经济。

这不仅仅关乎门票销售，对许多粉丝来说，"时代之旅"是一次千载难逢的经历，就像度假一样。粉丝旅行、预订住宿、外出就餐、购买商品等的累积效应为当地带来了巨额收入。据《时代》杂志报道，每花费100美元去看现场表演，通常要花费平均300美元在这些额外支出上。然而，对于"时代之旅"，这个数字上升到了1300—1500美元。

在泰勒在俄亥俄州辛辛那提市举办两场"时代之旅"演唱会期间，当地旅游局估计，她吸引了12万左右的观众，为该地区带来了9000万美元的收入。当她在亚利桑那州格伦代尔市演出时，首演之夜给当地企业带来的收入超过了当年早些时候在同一体育场举行的超级碗橄榄球比赛。

美国金融咨询公司贝特曼的达恩·伊根在接受英国广播公司采访时表示："这不仅仅关乎音乐、讲故事或品牌，她开创了一种经济模式。各个城市都缺钱。泰勒·斯威夫特经济产生了很大的影响，城市有了收入，就能把钱投在公共基础设施、交通、安全和规划方面。"

右图：泰勒和她出色的伴唱歌手星光合唱团。从左至右分别是：杰斯林·戈尔曼、梅拉妮·涅马、泰勒、卡米拉·马歇尔和艾略特·妮科尔。

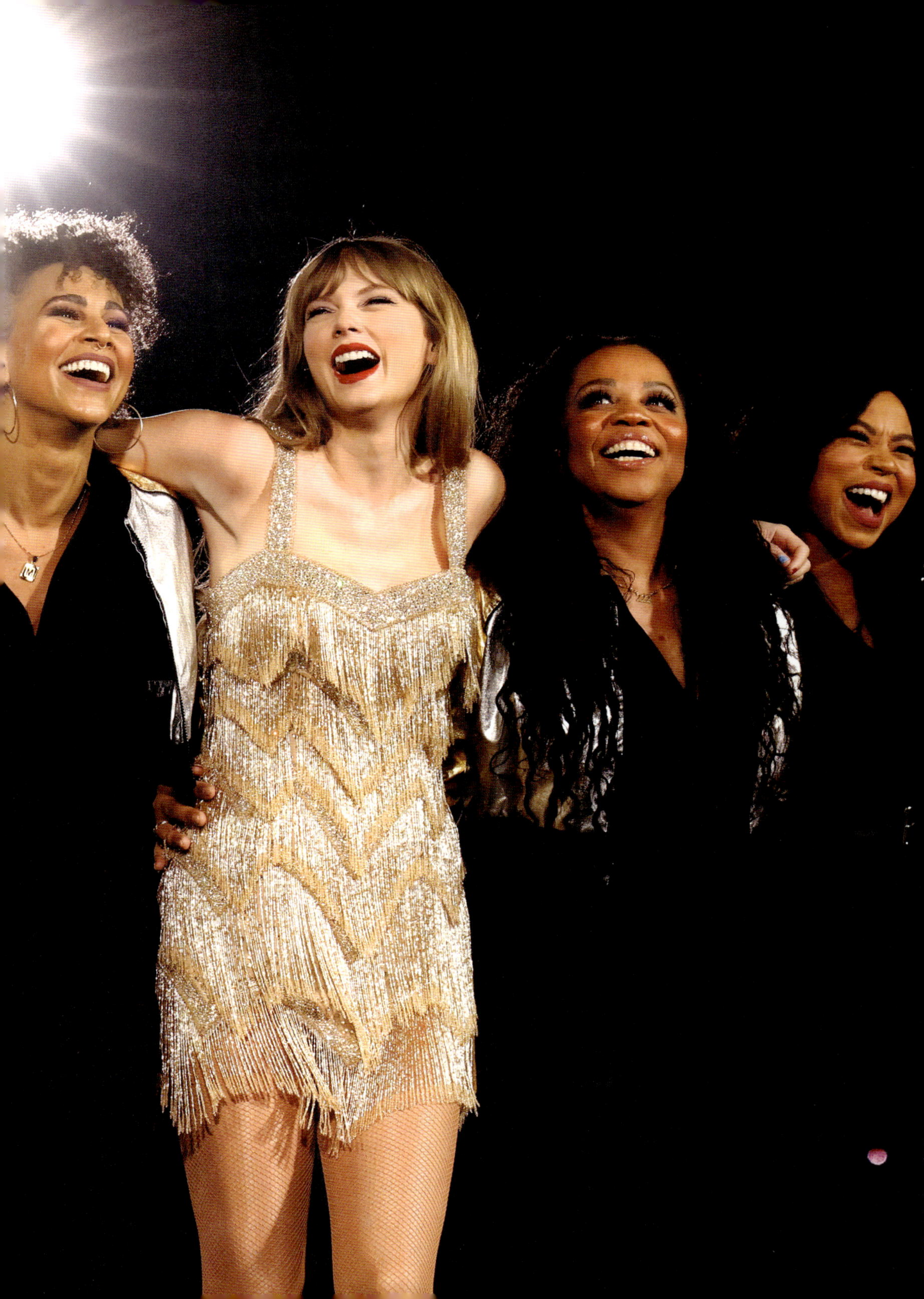
图片来源：John Shearer/Getty Images.

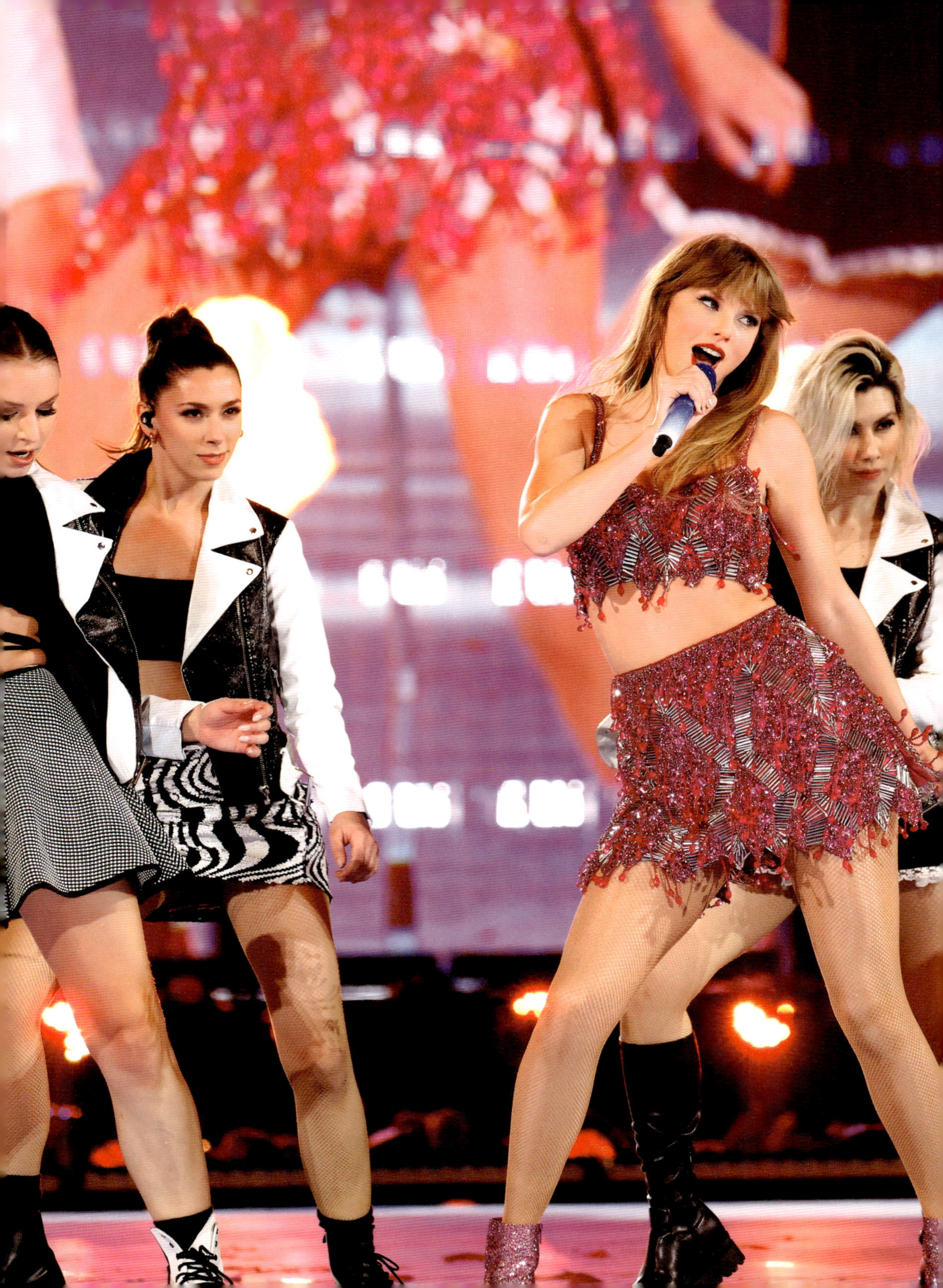

✳

粉丝们很好奇泰勒将在下一个阶段
走向何方……

2023年6月，市场调查软件QuestionPro估计，"时代之旅"为美国经济带来了50亿美元的增长。考虑到当时她的巡回演出才进行了4个月，这确实堪称惊人的壮举。从这个角度来看，该软件公司负责市场研究的总裁达恩·弗利特伍德解释说："如果泰勒·斯威夫特是一个经济体，那规模已经超过了50个国家。"

这次全球巡演本身也是一个盈利动力源。在全部140场巡演进行还不到一半的时候，现场音乐刊物《明星选票》就报道说，"时代之旅"已经成为历史上票房最高的巡演，超过了埃尔顿·约翰330场"告别黄砖路"巡演创造的纪录。"时代之旅"也是有史以来第一次票房超过10亿美元的巡演。

从这次大型巡演中受益的不仅仅是经济。2023年10月，《福布斯》报道称，年仅33岁的泰勒正式晋升为亿万富翁，估计净资产为11亿美元。其中大约一半来自音乐版税和巡演。"时代之旅"在北美的首阶段演出为她带来了税后近2亿美元的收入，而《泰勒·斯威夫特：时代巡回演唱会》电影仅在上映的前两周就让她将3500万美元的收入划入了口袋。另据估计，她的收入中有5亿美元来自她过往的作品，由于她一直在重制以前的专辑，这些歌曲的价值也大幅提升。

据《福布斯》报道，对于"时代之旅"这一壮举，最令人印象深刻的是，

— ✦ —

左图："时代之旅"的第八部分是《1989》，以高能舞蹈、火焰效果和烟火为特色。

上图：虽然难以说清楚泰勒的首张专辑属于她职业生涯的哪个"时代"，但她经常使用原声乐器演奏《泰勒·斯威夫特》专辑里的歌曲。她会演奏两首惊喜曲目，一首用吉他，另一首用钢琴，每场演唱会都有不同的组合。

泰勒是第一位完全通过音乐和现场表演达到这一财富里程碑的歌手。亿万富翁俱乐部的其他音乐人往往在音乐行业外还有利润丰厚的副业和投资，比如蕾哈娜的美妆品牌 Fenty Beauty 或 Jay-Z（原名肖恩·科里·卡特）的香槟品牌黑桃 A，他们的财富也是因此才积累起来。

泰勒凭借自己的经典风格，在巡演中一直在寻找方法回馈社会。在"时代之旅"沿途的每个美国城市，她都会做出意外之举，向食品银行捐款。泰勒并不是一个自吹自擂的人，她并没有将这些慈善行为宣传得尽人皆知，但一些接受捐款的组织在新闻媒体或社交媒体上分享了他们的故事，感谢泰勒的慷慨支持。

2023 年 8 月，据美国娱乐新闻网站 TMZ 和美国东部电视台报道，泰勒还向"时代之旅"巡演美国第一站雇佣的所有司机每人发放了 10 万美元的奖金，总额约为 500 万美元。迈克·舍肯巴赫的运输公司曾与泰勒合作过几次巡演，他透露说，这笔奖金大约是与泰勒同等知名度的艺人通常给司机的标准奖金的10倍。

舍肯巴赫在接受《滚石》杂志采访时表示："她给的这笔钱将改变这些人的生活。很多司机都没有房子，像这样一次性支付的奖金让他们有能力支付房屋的首付款。我很高兴。对这些人来说，这种慷慨能改变现状。"

接下来呢？

在撰写本书时，泰勒最近刚刚发行了《1989》（重制版），只剩下两张专辑有待重新录制，即《泰勒·斯威夫特》和《名誉》。有人猜测，她有意将这两张专辑作为最后一组，也许会同时发行，这样她就可以象征性地收回自己的名字和名誉，为重制计划画上一个句点。事实是否如此，我们还得拭目以待。无论如何，我们都可以想象，能够完成这个雄心勃勃的项目，泰勒本人将会多么轻松。她终于可以拥有她所有专辑的母带，这样一来，她将重新获得对她以往作品的控制权。

至少到2024年12月，泰勒都将忙着完成"时代之旅"剩下的巡演场次，前往南美洲、亚洲、大洋洲和欧洲，然后返回北美洲进行最后一站。随着泰勒的最后一场演唱会的结束，粉丝们都很好奇，她将在下一个阶段走向何方。也就是说，在这次里程碑式的巡演进行期间，她会不会发行第十一张专辑呢？承认吧，泰勒并不是一个安于现状的人。全球暴发疫情本来是个很好的借口，况且她也应该休个假，但泰勒在2020年封控期间依然发布了两张唱片。如果专辑灵感来袭，全球巡演也很难阻止她。2023年秋天，她还多次出现在纽约的电子夫人录音室，所以谁知道呢？她去录音室，也许是为了重制歌曲，但泰勒的下一个时代也可能比我们想象的更快到来。不过话说回来，如果泰勒打算去度个长假，我们也会完全支持她，她当然有权好好休个假！

除了音乐，我们知道泰勒将在不久的将来再次担任导演。2022 年 12 月，有消息称她已经写好了原创电影剧本，这将是她的导演处女作，由探照灯影业（制作过奥斯卡获奖影片《无依之地》和《水形物语》的电影公司）制作。探照灯公司总裁大卫·戈林鲍姆和马修·格林菲尔德在一份声明中说："泰勒是一位百年难遇的歌手，也很会讲故事。在她踏上这段激动人心的全新创作之旅时，我们很荣幸能与她并肩合作，这是一件叫人非常开心的事。"

虽然故事的细节和演员阵容目前还处于保密状态，但从泰勒的许多音乐 MV 和微电影《回忆太清晰》中，我们已经看到她是一位才华横溢的导演。如果这个新项目进展顺利，好莱坞可能会为她提供另一个途径，让她继续讲引人入胜的故事。

除此之外，谁知道呢？泰勒就是有本领带给我们惊喜，即使是最敬业、目光最敏锐的粉丝也预料不到。从她的巡回演出中可以看出她对百老汇戏剧的热爱，也许有一天泰勒会写一部点唱机音乐剧[1]？到时候我们肯定第一个去买票！

我们为什么要期望她只专注于音乐和电影呢？泰勒是世界上最有影响力的人之一。她头脑聪明、口齿伶俐、机智风趣，是一位富有激情的活动家，还很有商业头脑……也许有一天能看到泰勒当上总统？反正比这更奇怪的事都会发生。这种可能性当然不能排除。

泰勒拥有非凡的能力，能够超越评论家的期望，超越粉丝的期待。凭借她的职业道德和创造力，她的事业将永远没有止境。无论泰勒的未来如何，我们都会支持她的每一步。

---

1. 指先有歌，再有剧，把已发表的经典歌曲用一个故事串联起来的音乐剧形式。

Scott Eisen/TAS23/Getty Images

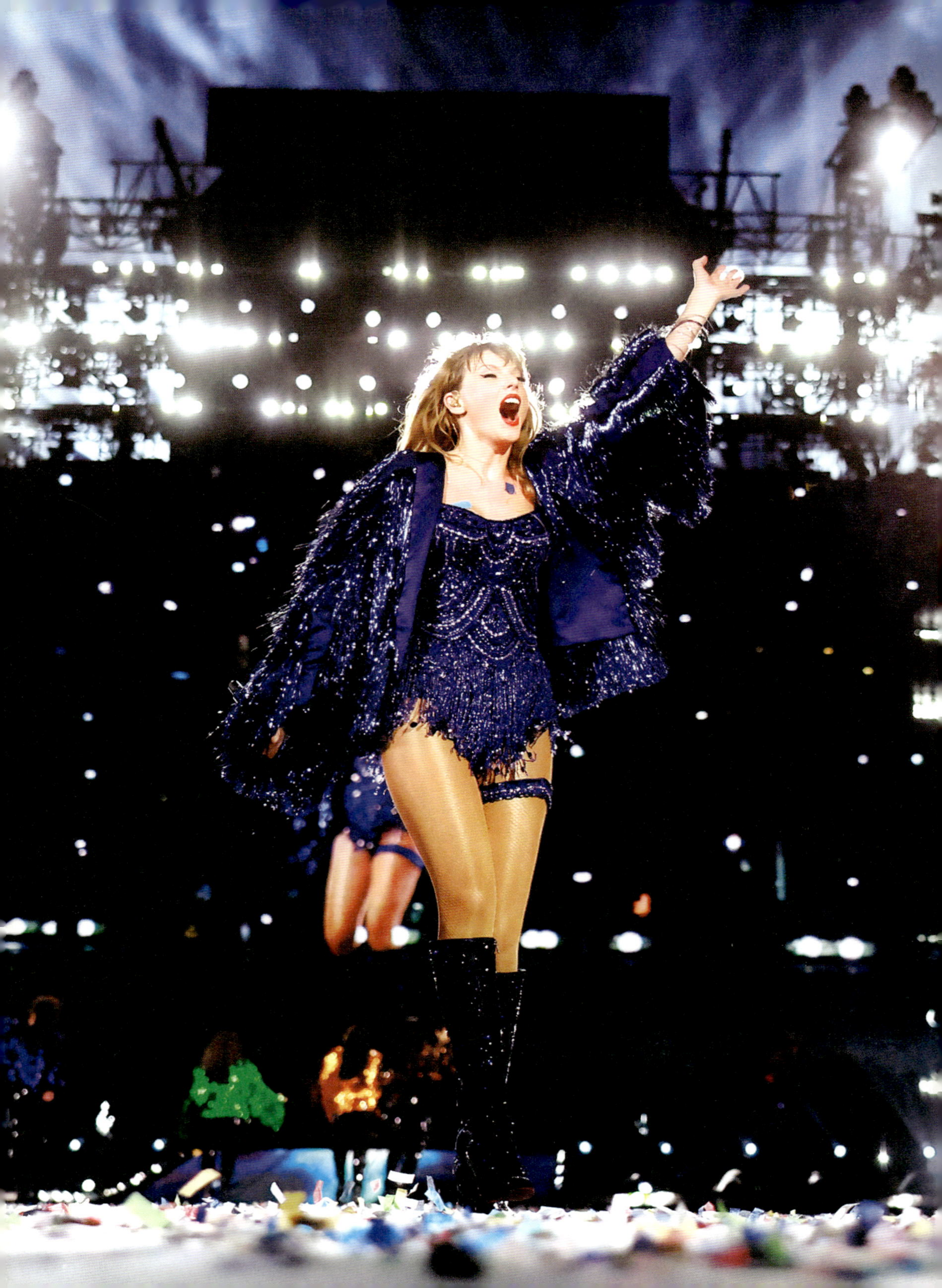

"无论生活的境遇如何，都要善待他人。对别人好，是我们留给后人的一笔很好的遗产。"

左图：作为盛大的压轴曲目，泰勒表演了《因果报应》，烟花齐放，五彩纸屑飞舞，在派对一般的气氛中结束了演唱会。

Articles in this issue are translated or reproduced from Rise of an lcon - Taylor Swift and are the copyright of or licensed to Future Publishing Limited, a Future plc group company, UK 2024. Used under licence.All rights reserved.
Cover image： Allen J Schaben / Los Angeles Times via Getty Images.

© 中南博集天卷文化传媒有限公司。本书版权受法律保护。未经权利人许可，任何人不得以任何方式使用本书包括正文、插图、封面、版式等任何部分内容，违者将受到法律制裁。

著作权合同登记号：字 18-2024-186

图书在版编目（CIP）数据

泰勒·斯威夫特：一代巨星的崛起 /（英）杰奎琳·斯诺登（Jacqueline Snowden）主编；刘勇军译.
长沙：湖南文艺出版社，2024. 12. -- ISBN 978-7-5726-2092-8

Ⅰ．K837.125.76
中国国家版本馆 CIP 数据核字第 2024Z6V425 号

上架建议：明星传记

TAILE · SIWEIFUTE： YIDAI JUXING DE JUEQI
泰勒·斯威夫特：一代巨星的崛起

主　　编：	[英] 杰奎琳·斯诺登（Jacqueline Snowden）
译　　者：	刘勇军
出 版 人：	陈新文
责任编辑：	张子霏
监　　制：	邢越超
特约策划：	李齐章
特约编辑：	王珩瑾
营销支持：	周　茜
版权支持：	王立萌
封面设计：	主语设计
内文排版：	利　锐
出　　版：	湖南文艺出版社
	（长沙市雨花区东二环一段 508 号　邮编：410014）
网　　址：	www.hnwy.net
印　　刷：	北京中科印刷有限公司
经　　销：	新华书店
开　　本：	715 mm×955 mm　1/16
字　　数：	255 千字
印　　张：	16.75
版　　次：	2024 年 12 月第 1 版
印　　次：	2024 年 12 月第 1 次印刷
书　　号：	ISBN 978-7-5726-2092-8
定　　价：	89.00 元

若有质量问题，请致电质量监督电话：010-59096394
团购电话：010-59320018